航运业务与海商法

主编 ◉ 刘芳武 李锋

『十三五』江苏省高等学校重点教材
2020-2-228

大连海事大学出版社

图书在版编目(CIP)数据

航运业务与海商法 / 刘芳武, 李锋主编. — 大连 : 大连海事大学出版社, 2022.1(2025.1 重印)
"十三五"江苏省高等学校重点教材
ISBN 978-7-5632-4253-5

Ⅰ. ①航…　Ⅱ. ①刘… ②李…　Ⅲ. ①航运—高等学校—教材②海商法—中国—高等学校—教材　Ⅳ. ①U6 ②D922.294

中国版本图书馆 CIP 数据核字(2022)第 015724 号

大连海事大学出版社出版

地址:大连市黄浦路523号 邮编:116026 电话:0411-84729665(营销部) 84729480(总编室)
http://press.dlmu.edu.cn　E-mail:dmupress@dlmu.edu.cn

大连金华光彩色印刷有限公司印装　　大连海事大学出版社发行

2022 年 1 月第 1 版　　2025 年 1 月第 2 次印刷
幅面尺寸:184 mm×260 mm　　印张:16.25
字数:404 千　　印数:2001~3000 册

出版人:刘明凯

责任编辑:杨玮璐　　责任校对:王　琴
封面设计:解瑶瑶　　版式设计:解瑶瑶

ISBN 978-7-5632-4253-5　　定价:46.00 元

内容简介

本书共分十一个模块。模块一为船舶港口业务，模块二为定期船运输业务，模块三为不定期船运输业务，模块四为集装箱运输与国际多式联运，模块五为海上旅客运输与海上拖航，模块六为船舶碰撞，模块七为海难救助，模块八为共同海损，模块九为海事赔偿责任限制与油污损害赔偿，模块十为海上船舶保险与船东互助保险，模块十一为海事争议处理。本书内容尽可能搜集、采用了国际、国内的最新资料，并适当反映了本领域的最新科研成果。

本书可作为航海技术、水路运输安全管理、水路运输与海事管理、港口与航运管理、集装箱运输管理等高职专业教材，亦可供参加海船驾驶员职务晋升的学员以及海事航管人员使用。

前　言

联合国贸易和发展会议（UNCTAD）2017 年报告称，80%以上的全球贸易量和 70%以上的全球贸易额均由船舶运输并由全球海港处理。《亚的斯亚贝巴行动议程》和《2030 年可持续发展议程》的全球政策框架都确认了航运部门的战略功能，强调了贸易包括海运贸易作为包容和可持续增长与发展的动力的作用。

党的十九大报告首次提出建设“交通强国”的发展战略，航运业便是其中的重要组成部分。我国作为世界第二大经济体、第一大货物贸易国、第一大资源进口国，迫切需要培养一批既懂航海又懂国际航运业务的高素质复合型人才。

为有效履行《1978 年海员培训、发证和值班标准国际公约》2010 年马尼拉修正案，进一步提高船员教育与培训质量，提高船员素质，适应不断变化的新形势，满足不断发展的航运新要求，交通运输部在 2004 年开始施行的《中华人民共和国海船船员适任考试、评估和发证规则》的基础上，于 2020 年颁布了新修订的《中华人民共和国海船船员适任考试和发证规则》。交通运输部海事局也分别于 2016 年、2021 年修订了《中华人民共和国海船船员培训大纲》与之配套实施。此外，教育部也启动了《职业教育专业目录》和《高等职业学校专业教学标准》修（制）订工作。在此期间，国际海事公约与国内法律法规也做出了很多修订。水上运输类专业迫切需要编制一本符合国际公约与国内法律法规最新要求的《航运业务与海商法》教材。

本书以国际公约、国内法律法规、标准等为依据，以职业岗位的需求为出发点，以航运司法风险管控为目标，以航运业务合同与海事侵权为主线设计课程体系，具有较强的岗位针对性。本书根据航运司法风险设计十一个学习模块，每个模块力求吸收最高人民法院海事海商司法解释、审判指导意见、指导案例与典型案例、航运实务案例等精华，集航运实务与法律理论于一体。模块一为船舶港口业务，介绍了《国际贸易术语解释通则》、货运单证、港口使费、船舶代理、船舶进出港手续等知识。模块二为定期船运输业务，介绍了调整海上货运运输合同的我国《海商法》、《海牙规则》、《维斯比规则》、《汉堡规则》、《鹿特丹规则》以及提单等方面的知识。模块三为不定期船运输业务，结合我国《海商法》、《民法典》以及“金康”合同范本、“土产格式”合同范本、“波尔的姆”合同范本，介绍了航次租船合同、定期租船合同的条款。模块四为集装箱运输与国际多式联运，介绍了集装箱单证、提单条款及国际多式联运的责任承担形式等。模块五为海上旅客运输与海上拖航，介绍了调整海上旅客运输合同的相关法律法规，海上拖航中承拖方与被拖方的权利与义务等。模块六为船舶碰撞，介绍了船舶碰撞的概念、构成要件、损害赔偿的责任基础等。模块七为海难救助，介绍了海难救助的概念、构成要件以及相关公约等。模块八为共同海损，介绍了共同海损的概念、构成要件、共同海损牺牲与共同海损费用的表现形式等。模块九为海事赔偿责任限制与油污损害赔偿，介绍了我国《海商法》中有关海事赔偿责任限制的主体、限制性债权和非限制性债权，《1992 年国际船舶油污损害民事责任公约》《2001 年国际燃油污染损害民事责任公约》的相关规定等。模块十为海上船舶保险与船东互助保险，介绍了船舶保险的基本知识、中国人民保险公司船舶保险条款、中国船东互保协会船舶保赔险条款。模块十一为海事争议处理，介绍了和解、调解、仲裁、诉讼等海事争议处理的途径以及涉外海事法律关系的法律适用等。

本书由江苏航运职业技术学院刘芳武、李锋担任主编。其中，李锋船长负责全书题库的编写，李锋船长和曹石勇老师参与了模块一的编写，刘雅奇船长参与了模块十一的编写，江苏远洋运输有限公司石煜洲船长参与了模块三的编写。全书由刘芳武负责统稿。本书在编写过程中还得到了其他很多同行的关心和支持，在此表示衷心的感谢。

由于编者水平有限，书中难免有错误和疏漏之处，恳请读者批评指正。

编者

2021 年 10 月

目　录

模块一 船舶港口业务

单元一 国际贸易术语解释通则

【学习目标】

通过本单元的学习,应达到以下目标:

1. 掌握国际贸易术语的作用;
2. 熟悉 FAS、FOB、CIF、CFR 四个贸易术语的概念及买卖双方的权利和义务;
3. 掌握 FAS、FOB、CIF、CFR 四个贸易术语中风险转移的界限。

【相关内容】

《国际贸易术语解释通则》(以下简称 Incoterms®规则)是国际贸易中应用最为广泛的国际商事规则。第一版 Incoterms®规则由国际商会(以下简称 ICC)于 1936 年正式发布,并先后于 1953 年、1967 年、1976 年、1980 年、1990 年、2000 年和 2010 年进行了修订和补充。为适应国际贸易实务的最新发展,ICC 于 2016 年 9 月正式启动了 Incoterms®规则 2020 的起草工作。2018 年 10 月,ICC 商法与惯例委员会秋季会议审议并讨论通过 Incoterms®规则 2020 终稿。2019 年 9 月 10 日,ICC 正式向全球发布了 Incoterms®规则 2020。该规则于 2020 年 1 月 1 日生效。

Incoterms®规则解释了一套最常用的由 3 个字母组成的 11 个贸易术语,反映了企业之间货物买卖合同的实务。Incoterms®规则 在引言部分明确规定:如果要使合同适用 Incoterms®规则 2020,应在合同中明确表明,例如:所选择的 Incoterms®规则,指定港口、地方或地点。因此,Incoterms®规则 2020 的实施,并不意味着之前各版本的失效,合同当事人有权自主约定其想适用的版本。

一、国际贸易术语概述

(一)国际贸易术语的概念

在国际贸易中,买卖双方分别处于不同的国家或地区。为了保证国际贸易的顺利进行,买卖双方在磋商贸易合同条款时,必须确定实际交货地点和交货方式、负责办理货物的运输和(或)投保货物保险的一方、货物风险转移的时间和地点、买卖双方的费用负担等问题。由此,在国际贸易的长期实践中形成了贸易术语并被广泛使用。

国际贸易术语,又称价格术语或交货条件,是指在国际贸易长期实践中逐渐形成的,表明在买卖过程中货物的单价构成和买卖双方各自承担的费用、责任与风险划分界限的术语。习惯上用简短的概念或英文缩写字母表示。

(二)国际贸易术语的性质

国际贸易术语是国际商务惯例的一种,具有任意性的特点,由当事人选择后予以使用。

(三)国际贸易术语的作用

国际贸易术语的应用可以简化交易手续并降低交易费用,并可以明确如下事项:

(1)实际交货地点和交货方式。

(2)负责办理货物的运输和(或)投保货物运输保险的一方。实践中买卖双方都争取办理运输和保险,这样可以选择运输和保险公司,更好地控制风险,而且运输和保险成本最终计入货物价款,表面看是义务,实际上是权利。

(3)货物风险转移的时间和地点。货物风险的转移与货物所有权的转移没有关系。在投保的情况下,转移的是索赔权;在没有投保的情况下,转移的是损失,是在买卖双方间的转移。

(4)买卖双方的费用负担。

(5)负责办理并提交各种装运单据以及领取货物进、出口所需的其他单据的一方。

二、与海上运输有密切联系的贸易术语

经常使用且与海上运输有密切联系的贸易术语有 FAS、FOB、CIF 和 CFR 等。下面根据 Incoterms®规则 2020,分别介绍 FAS、FOB、CIF 和 CFR 这 4 个国际贸易术语的含义以及买卖双方的主要义务。

(一)国际贸易术语的含义

1. FAS 的含义

FAS(Free alongside Ship),指船边交货(……指定装货港),简称“船边交货”,是指卖方在指定的装货港将货物交到买方指定船舶的船边(如置于码头或驳船上),或者当卖方取得已经如此交付的货物时,即完成交货。货物灭失或损坏的风险在货物交到船边时发生转移,同时,买方承担自那时起的一切费用。如果买方指定的船只无法靠岸,需要通过驳船等中介将货物运抵指定的船边,则卖方需要负担之前的一切费用,包括可能的装货费。本规则不适合于货物在交到船边之前已经移交给承运人的情形。

2. FOB 的含义

FOB(Free on Board),指船上交货(……指定装货港),简称“船上交货”,是指卖方在指定的装货港将货物装上买方指定的船,或买方取得已经如此交付的货物。买方承担在货物交到

船上时起货物灭失或损坏的一切风险和费用。本规则不适合于货物在交到船上之前已经移交给承运人的情形。在我国,FOB 价格通常也被称为“离岸价格”。

3. CIF 的含义

CIF (Cost Insurance and Freight),指成本加保险费和运费(……指定目的港),简称“成本加保险费、运费”,是指在装货港将货物装上船后,或买方取得已经如此交付的货物,卖方即完成交货。货物灭失或损坏的风险在货物交到船上时发生转移,这样卖方即被视为已履行了交货义务,而不论货物是否实际以良好的状态、约定的数量或是否确实到达目的地。在我国,CIF 价格通常也被称为“到岸价格”。

4. CFR 的含义

CFR(Cost and Freight),指成本加运费(……指定目的港),简称“成本加运费”,是指在货物装上船后,或买方取得已经如此交付的货物,卖方即完成交货。卖方支付将货物运至指定的目的港所需的运费和费用,但交货后货物灭失或损坏的风险,以及由于各种事件造成的任何额外费用,由卖方转移到买方。

(二)买卖双方的义务

FAS、FOB、CIF 和 CFR 这 4 个国际贸易术语中买卖双方的主要义务详见表 1-1。

表 1-1　FAS、FOB、CIF 和 CFR 中买卖双方的主要义务

序号	项目	FAS(船边交货)		FOB(船上交货)		CIF(成本+保险费+运费)		CFR(成本+运费)	
		卖方 A	买方 B	卖方 A	买方 B	卖方 A	买方 B	卖方 A	买方 B
1	一般义务	卖方必须提供符合销售合同约定的货物和商业发票,以及合同可能要求的其他与合同相符的证据。卖方提供的任何单据,根据双方约定可以是纸质或电子形式,如果没有约定,则按照惯常做法提供	买方必须按照销售合同约定支付货物价款。买方提供的任何单据,根据双方约定可以是纸质或电子形式,如果没有约定,则按照惯常做法提供	同 FAS	同 FAS	同 FAS	同 FAS	同 FAS	同 FAS
2	交货与提货	卖方必须在买方指定的装运港内的装货点(如有),以将货物置于买方指定的船舶旁边、或以购得已经如此交付的货物的方式交货。 卖方必须按照下述要求交货:①在约定日期;或②在买方按照 B10 所通知的约定期限内的交货时间;③如果未通知上述时间,则在约定期限届满之时;④按照该港口的习惯方式。 如果买方未指定具体的装货点,卖方则可以在指定的装运港内选择最符合其目的的装货点	当卖方按照 A2 完成交货时,买方必须提取货物	卖方必须在买方指定的装运港内的装货点(如有),以将货物置于买方指定的船上,或以取得已经如此交付的货物的方式交货。 卖方交货的具体要求同 FAS	同 FAS	卖方必须已将货物装上船,或以取得已经如此交付的货物的方式交货。在这两种情况下,卖方均必须在约定日期或期限内,按照该港口的习惯方式交货	当卖方按照 A2 交货时,买方必须提取货物,并在指定目的港自承运人处收取货物	同 CIF	同 CIF

续表

序号	项目	FAS(船边交货)		FOB(船上交货)		CIF(成本+保险费+运费)		CFR(成本+运费)	
		卖方 A	买方 B	卖方 A	买方 B	卖方 A	买方 B	卖方 A	买方 B
3	风险转移	除 B3 规定的灭失或损坏情况外,卖方承担按照 A2 完成交货前货物灭失或损坏的一切风险	买方承担按照 A2 交货时起货物灭失或损坏的一切风险。 如果: a)买方未按照 B10 发出通知;或 b)买方指定的船舶未准时到达,致使卖方未能遵循 A2 的规定、未接收货物,或早于 B10 通知的时间停止装货,则买方承担货物灭失或损坏的一切风险:(i)自约定日期,或在未约定日期的情况下;(ii)自买方根据 B10 所选择的日期,或如未通知该日期;(iii)自任何约定期限届满之时起,但以该货物已清楚地确定为合同项下货物为前提条件	同 FAS	同 FAS	同 FAS	买方承担按照 A2 交货时起货物灭失或损坏的一切风险。 如买方未按照 B10 发出通知,则买方承担自约定交货日期或约定交货期限届满之时起的货物灭失或损坏的一切风险,但以该货物已清楚地确定为合同项下货物为前提条件	同 FAS	同 CIF

续表

序号	项目	FAS(船边交货)		FOB(船上交货)		CIF(成本+保险费+运费)		CFR(成本+运费)	
		卖方 A	买方 B	卖方 A	买方 B	卖方 A	买方 B	卖方 A	买方 B
4	运输	卖方对买方没有订立运输合同的义务。但是,应买方要求并由其承担风险和费用,卖方必须向买方提供卖方所拥有的买方安排运输所需的任何信息,包括与运输有关的安全要求。如已约定,卖方必须按照通常条款订立运输合同,由买方承担风险和费用。卖方必须在完成交货之前遵守任何与运输有关的安全要求	除非卖方按照 A4 的规定订立了运输合同,否则,买方必须自付费用订立自指定装运港起的货物运输合同	同 FAS	同 FAS	卖方必须签订或取得运输合同,将货物自交货地内的约定交货点(如有),运送至指定目的港,或位于该港内的任何交货点(如已约定)。运输合同必须按照惯常条款订立,由卖方承担费用,经由通常航线,使用通常用于运输该类所售货物的船舶运送货物。卖方必须遵守运送至目的地过程中任何与运输有关的安全要求	买方对卖方没有订立运输合同的义务	同 CIF	同 CIF
5	保险	卖方对买方没有订立保险合同的义务。但是,应买方要求并由其承担风险和费用,卖方必须向买方提供卖方所拥有的买方获取保险所需的信息	买方对卖方没有订立保险合同的义务	同 FAS	同 FAS	除非另有约定或特定贸易中的习惯做法,卖方须自付费用取得货物保险	买方对卖方没有订立保险合同的义务。但是,应卖方要求,买方必须向卖方提供卖方按照 A5 要求的投保任何附加险所需的信息	同 FAS	同 FAS

续表

序号	项目	FAS(船边交货)		FOB(船上交货)		CIF(成本+保险费+运费)		CFR(成本+运费)	
		卖方 A	买方 B	卖方 A	买方 B	卖方 A	买方 B	卖方 A	买方 B
6	交货/运输单据	卖方必须自付费用向买方提供已按照 A2 交货的通常证明。除非上述证明是运输单据,否则,应买方要求并由其承担风险和费用,卖方必须协助买方获取运输单据	买方必须接受按照 A6 提供的交货证明	同 FAS	同 FAS	卖方必须承担费用,向买方提供运至约定目的港的惯常运输单据	如果运输单据与合同相符,买方必须接受按照 A6 提供的运输单据	同 CIF	同 CIF
7	出口/进口清关	a)出口清关 如适用,卖方必须办理出口国要求的所有出口清关手续并支付费用,例如:出口许可证、出口安检清关、装运前检验及任何其他官方授权。 b)协助进口清关 如适用,应买方要求并由其承担风险和费用,卖方必须协助买方取得与所有过境/进口清关手续有关的任何单据及/或信息,包括任何过境国或进口国需要的安全要求和装运前检验	a)协助出口清关 如适用,应卖方要求并由其承担风险和费用,买方必须协助卖方获取与所有出口清关手续有关的任何单据及/或信息,包括出口国需要的安全要求和装运前检验。 b)进口清关 如适用,买方必须办理任何过境国和进口国要求的所有手续并支付费用,例如:进口许可证及过境所需的任何许可,进口及任何过境安检清关,装运前检验及任何其他官方授权	同 FAS	同 FAS	同 FAS	同 FAS	同 FAS	同 FAS
8	查对/包装标记	卖方必须支付为了按照 A2 交货所需要进行的查验费用(如查验品质、丈量、计重、点数的费用)。 卖方必须自付费用包装货物,除非该特定贸易运输的所售货物通常无须包装。除非双方已经约定好具体的包装或标记要求,否则,卖方必须以适合该货物运输的方式对货物进行包装和标记	买方对卖方没有义务	同 FAS	同 FAS	同 FAS	同 FAS	同 FAS	同 FAS

续表

序号	项目	FAS(船边交货)		FOB(船上交货)		CIF(成本+保险费+运费)		CFR(成本+运费)	
		卖方 A	买方 B	卖方 A	买方 B	卖方 A	买方 B	卖方 A	买方 B
9	费用划分	卖方必须支付： a)按照 A2 完成交货之前与货物相关的所有费用，按照 B9 应由买方支付的费用除外； b)按照 A6 向买方提供已经交货的通常证据的费用； c)如适用，按照 A7(a)办理出口清关有关的关税、税款和任何其他费用；以及 d)买方为按照 B7(a)提供协助获取单据及信息相关的所有费用和开支	买方必须支付： a)按照 A2 完成交货之时起与货物相关的所有费用，按照 A9 应由卖方支付的费用除外； b)卖方为按照 A4、A5、A6 和 A7(b)提供协助获取单据及信息相关的所有款项和费用； c)如适用，按照 B7(b)办理过境或进口清关有关的关税、税款和任何其他费用；以及 d)由于以下原因之一发生的任何额外费用：(i)买方未按照 B10 发出通知；或(ii) 买方按照 B10 指定的船舶未准时到达、未提取货物或早于 B10 通知的时间停止装货，但以该货物已清楚地确定为合同项下货物为前提条件	同 FAS	同 FAS	卖方必须支付： a)同 FAS 中 A9(a)； b)按照 A4 所发生的运费和所有其他费用，包括货物装船费用及与运输相关的安全费用； c)根据运输合同规定应由卖方承担的在约定卸货港产生的任何卸货费用； d)根据运输合同应由卖方承担的过境费用； e)按照 A6 向买方提供已经交货的通常证据的费用； f)按照 A5 产生的保险费用； g)如适用，按照 A7(a)办理出口清关有关的关税、税款和任何其他费用；以及 h)买方为按照 B7(a)提供协助获取单据及信息相关的所有费用和开支	买方必须支付： a) 同 FAS 中 B9(a)； b)过境费用，除非根据运输合同该项费用应由卖方承担； c)包括驳运费和码头费在内的卸货费用，除非根据运输合同该项费用应由卖方承担； d)应买方要求，按照 A5 和 B5 投保附加险所发生的费用； e)卖方为按照 A5 及 A7(b)提供协助获取单据及信息相关的所有费用和开支； f)如适用，按照 B7(b)办理过境或进口清关有关的关税、税款和任何其他费用；以及 g)由于未按照 B10 发出通知而产生的自约定交货日期或自约定交货期限届满之时起的任何额外费用，但以该货物已清楚地确定为合同项下货物为前提条件	卖方支付的费用除保险费外，其他同 CIF	买方支付的费用同 CIF，但 d) 项除外

续表

序号	项目	FAS(船边交货)		FOB(船上交货)		CIF(成本+保险费+运费)		CFR(成本+运费)	
		卖方 A	买方 B	卖方 A	买方 B	卖方 A	买方 B	卖方 A	买方 B
10	通知	卖方必须就其已按照 A2 完成交货或船舶未在约定时间内提货给予买方充分通知	买方必须就任何运输相关的安全要求、船舶名称、装货点以及约定期限内所选择的交货时间(如有)给予卖方充分通知	同 FAS	同 FAS	卖方必须向买方发出已按照 A2 完成交货的通知。卖方必须向买方发出买方收取货物所需的通知以便买方知道须收取货物	无论何时根据约定,买方都有权决定运输时间及/或指定目的港的收货点,买方必须给予卖方充分通知	同 CIF	同 CIF

（三）贸易术语的变形

1. FOB 装船费用的负担

在 FOB 条件下，卖方负责将货物装上买方指定的船舶，并负担货物在装货港装船直到装上船为止的费用和风险。实务中对什么叫“装上船”可能有不同的理解，为了进一步明确装船费用由谁支付，买卖双方在订立合同时，往往在 FOB 之后加列各种附加条件，主要包括以下几种形式：

（1）FOB 班轮条款（FOB Liner Terms）

该条款是指有关货物装船费用同班轮装运，由支付运费的买方负担，卖方不负担货物装船的有关费用。

（2）FOB 吊钩下交货（FOB Under Tackle）

该条款是指卖方将货物置于买方指定船舶的吊钩可及之处，从货物起吊开始，吊装入舱及其他各项费用概由买方负担。

（3）FOB 船上交货并积载（FOB Stowed，FOBS）

该条款是指卖方负责将货物装入船舱并承担包括堆装费在内的装船费用。

（4）FOB 船上交货并平舱（FOB Trimmed，FOBT）

该条款是指卖方负责将货物装入船舱并承担包括平舱费在内的装船费用。

（5）FOB 船上交货并积载和平舱（FOB Stowed and Trimmed，FOBST）

该条款是指卖方负责将货物装入舱内，并承担舱内堆装费和平舱费。

另外，对需要绑扎的大件货，可在贸易合同中订入 FOB Lashed 价格条件，即 FOB 加“绑扎条件”，以明确由卖方负责货物的绑扎费。

FOB 的上述附加条件只是为了表明装船费用由谁负担，并不改变 FOB 的交货地点以及风险划分的界限。如果贸易合同中没有对货物装船费用由谁负担加以明确，则应根据货物装船港的惯例确定，一般由买卖双方分摊。

2. 卸货费用的负担

在 CIF 条件下，卸货费应由买方负担。但由于对“卸下船舶（Discharged from the Vessel）”的理解不一样，买卖双方对卸船有关费用应由谁支付经常发生争议。为了进一步明确卸船费用由谁支付，买卖双方在订立合同时，往往在 CIF 之后加列各种附加条件，主要包括以下几种形式：

（1）CIF 班轮条件（CIF Liner Terms）

该条款是指有关卸货费用同班轮装运，由支付运费的卖方负担，即买方不负担卸货费。

（2）CIF 卸至岸上（CIF Landed）

该条款是指由卖方负担货物卸到码头上的各项有关费用，包括驳船费和码头费。

（3）CIF 吊钩下交货（CIF ex-tackle）

该条款是指卖方负责将货物从船舱卸到船舶吊钩可及之处（码头上或驳船上）的费用。在船舶不能靠岸的情况下，驳船费及货物从驳船卸到岸上的费用，概由买方负担。

（4）CIF 舱底交货（CIF ex-ship's Hold）

该条款是指货物运达目的港后，自船舱底起一切卸货费用由买方负担。

以上形式只是为了说明卸货费用的负担，并不改变 CIF 的交货地点和风险划分的界限。

(四)与海上货物运输合同中装卸费用条款的衔接

1. FOB 与海上货物运输合同中装卸费用条款的衔接

在 FOB 条件下,买方除与卖方签订贸易合同外,还负责与承运人或船舶出租人签订海上货物运输合同。因此,买方同时受贸易合同与海上货物运输合同的约束,但两个合同相互独立。买方在签订运输合同时,应使运输合同中的装卸费用条款与贸易合同中的 FOB 附加条件相衔接。例如:

(1)如果贸易合同中采用 FOBS 或 FOBST,买方在签订航次租船合同时,应选择船方不负担装货费用的条款,即 F. I. 、F. I. O. 、F. I. O. S. T. 或 F. I. L. O. 。

(2)如果贸易合同中采用 FOBS 或 FOBST,买方在签订航次租船合同时,不应选择船方负担装货费用的 Liner Terms,或使用班轮运输,否则将造成贸易合同与海上货物运输合同在装货费用上的不衔接。

我国远洋船舶在国外港口装货,如果按照贸易合同的规定装货费用应由国外货方负担,当港口有关部门向船方提出要求签认货物装船费用时,船方应尽量与货方取得联系,协调处理好货物装船费用的支付问题。

2. CIF 与海上货物运输合同中装卸费用条款的衔接

同样,在 CIF 条件下卖方除与买方签订贸易合同外,还负责与承运人或船舶出租人签订海上货物运输合同。因此,卖方同时受贸易合同与海上货物运输合同的约束,但两个合同相互独立。卖方在签订运输合同时,应使运输合同中的装卸费用条款与贸易合同中的 CIF 附加条件相衔接。例如:

(1)如果贸易合同中采用 CIF ex Ship's Hold,卖方在签订航次租船合同时,应选择船方不负担卸货费用的条款,即 F. O. 、F. I. O. 、F. I. O. S. T. 或 F. O. L. I. 。

(2)如果贸易合同中采用 CIF Landed,卖方在签订航次租船合同时,应选择船方负担卸货费用的 Liner Terms,或使用班轮运输。

我国远洋船舶在国外港口卸货,如果按照贸易合同的规定卸货费用应由国外货方负担,当港口有关部门向船方提出要求签认货物卸船费用时,船方应尽量与货方取得联系,协调处理好货物卸船费用的支付问题。

(五)FAS、FOB、CIF 和 CFR 四种国际贸易术语的比较

根据 Incoterms®规则 2020,有关 FAS、FOB、CIF、CFR 四种国际贸易术语的比较见表 1-2。

表 1-2　FAS、FOB、CIF、CFR 的比较

装货港交货术语	买卖双方风险划分	装船费用				租船订舱支付运输	办理保险支付保费	办理进、出口手续	
		装船前	装船	卸船	卸船后			出口	进口
FAS	装货港船边	卖方	买方	买方	买方	买方	—	卖方	买方
FOB	装货港装上船	卖方	按合同	买方	买方	买方	—	卖方	买方
CIF	装货港装上船	卖方	卖方	按合同	买方	卖方	卖方	卖方	买方
CFR	装货港装上船	卖方	卖方	按合同	买方	卖方	—	卖方	买方

单元二 货运单证

【学习目标】

通过本单元的学习,应达到以下目标:

1. 了解海上货运单证的种类;
2. 掌握海上货运单证的作用。

【相关内容】

在海上货物运输过程中,从托运人办理货物托运开始,到承运人接收货物、装船、卸货,直至货物交付,需要编制各种单证。这些单证一方面起着货方与船方之间办理货物交接的证明作用,另一方面也是货方、船方、港方等有关单位之间从事业务工作及划分责任的依据。

一、装货港单证

装货港单证是指在装货港编制和使用的与海上货物运输有关的单证,主要包括托运单、装货单、收货单、提单、海运单、装货清单、载货清单、载货运费清单、危险货物清单、货物配载图和实载图等。

(一)托运单

托运单(Booking Note)是指由托运人或其代理人根据货物买卖合同和信用证的有关内容填写的,向承运人或其在装货港的代理人申请办理货物托运的单证。

承运人或其代理人根据托运单的要求,结合航线、挂靠港、船期和舱位考虑,接受托运并指定船名后留下托运单,并将装货单交给托运人填写。托运单一经承运人签认,即表示承运人与托运人之间的货物运输合同关系成立。

托运单的主要内容包括:托运人、收货人与通知方的名称;船名;目的港;货物名称、标志与号数、件数、重量与尺码;运费与支付方式;托运人与承运人的特约事项,如货物可否转船、可否分批、装船期限等;托运人及承运人或其代理人的签字。

(二)装货单

装货单(Shipping Note)是指由托运人根据托运单填写,经承运人签认后,凭以命令船长将其上记载的货物装船运输的单证。托运人凭承运人签发的装货单,连同与货物有关的其他单证,向海关办理出口货物报关手续。如经海关查验,准予出口,则在装货单上加盖海关放行图章,表示该票货物允许装船出口。此时的装货单习惯上称为“关单”。船长或大副依据“关单”接收货物装船承运。

装货单通常由一式三联组成。第一联是留底联,用作编制装货清单;第二联是装货单正本,是货主向海关办理货物出口申报手续的凭证,是船公司下达给船长接收货物装船承运的命令;第三联是收货单,习惯上称为“大副收据”,是船方接收货物并装船由大副签发给托运人的收据。除上述三联外,根据业务需要,还可增加若干份副本。

装货单上除应记载与托运单内容相同的托运人名称、船名、目的港及货物的名称、标志、件数和重量等内容外，还有在货物装船后由理货人员填写的货物装船时间、装船位置、实装货物数量以及理货人员的签名等内容。

(三)收货单

收货单(Mate's Receipt)是指货物装船后，由承运船舶的大副签署给托运人，作为船方已收到该票货物并已装上船舶的凭证。习惯上，收货单又称为“大副收据”。

1. 收货单的主要作用

(1)划分船、货双方责任的重要依据

承运人对货物承担的责任通常是从装船开始的，对于装船前发生的货损，承运人不承担责任。因此，当货物装船时，承运船舶的大副必须仔细核对货物的实际情况与装货单的记载是否相符。如发现包装不当或不固，或有损坏现象，或有明显的迹象表明可能损坏，大副应当在收货单上加以批注，以此表明货物残损系原残。

(2)据以换取已装船提单的单证

货物装船后，经大副签字的收货单由理货公司转交，退还给托运人，托运人持收货单到承运人或其在装货港的代理人处预付运费，换取已装船提单。如果收货单上附有大副批注，除非经承运人同意，凭托运人提交的保函换取清洁提单外，承运人应如实地将大副批注转批到提单上。

2. 大副批注的基本要求

在收货单上记载有关货物外表状况不良、缺陷或短少的情况称为“大副批注”。一旦收货单上有了此类批注，此时的收货单便称作不清洁收货单。

大副在收货单上进行批注时应掌握以下基本原则：

(1)避免在收货单上做含糊不清的批注。

(2)批注的内容应与事实相符，既不应夸大，也不要缩小。

(3)注意防止两种倾向：一种是不管货物是否完好，件数是否正确，一概不加批注，而使得承运人承担本来不需承担的责任；另一种是无论有否损坏或短缺，为了减轻承运人的责任，吹毛求疵地一概加以批注，而给货主增加麻烦。

(4)在货物装船时，如发现其外表状况不良，包装有破损、污渍，缺少标志或标志不清等，势必影响货运质量和交付的，应要求货主调换或重新包装、标志，否则应将实际情况在收货单上如实批注。如发现货物在装船时已存在严重的残损，应拒绝收货。

(5)在货物装船时，如发现其数量上有短少或重量不足，应要求货主立即补足，否则应将货物短少的具体数字在收货单上如实批注。

(6)如无合适的方法对装货重量进行核实，可在收货单上注明“托运人提供的重量”。如与货主就装货重量有争议，必须在收货单上注明“关于货物重量有争议”或“争议中”等字样。

(7)根据货物本身价值的高低，掌握不同的批注分寸。一般来说，对贵重货物、大件货物、成套进口设备等应严格把关，只要发现其表面状况有缺陷，就应拒绝收货，不要轻易地采取批注装船的方式处理此类货物。

(8)对于在有关海上货物运输合同中已经列明的承运人可以免责的事项，不必在收货单上重复批注。

（四）提单

提单（Bill of Lading）是指承运人签发给托运人，用以证明海上货物运输合同和货物已经由承运人接收或装船，并保证据以交付货物的单证。

（五）海运单

海运单是20世纪70年代以来，随着集装箱运输的发展，特别是在航程较短的运输中产生的一种运输单证。根据1990年国际海事委员会通过的《国际海事委员会海运单统一规则》《国际海事委员会电子提单规则》，海运单是指证明海上运输货物由承运人接管或装船，且承运人保证将货物交给指定的收货人的一种不可流通的书面运输单据。海运单具有提单所具有的货物收据和海上货物运输合同证明的作用，但海运单不是货物的物权凭证，收货人提货时无须凭海运单，而只需证明其身份。

（六）装货清单

（1）装货清单（Loading List）是指承运人根据装货单留底，将全船待装货物按目的港和货物性质归类，依航次靠港顺序排列编制的装运货物汇总清单。

（2）装货清单主要内容包括装货单编号、货名、件数、包装形式、毛重、估计尺码及对装运特种货物的要求或注意事项的说明等。如有增加或取消货载情况发生，则承运人或其代理人须及时填制加载清单，或取消载货清单，并及时通知船上人员。

（3）装货清单是承运船舶的大副编制配载计划的重要依据。因此，这一单据的内容是否正确，对能否正确、合理地编制配载计划具有十分重要的影响。装货清单也是理货人员进行理货、港方安排驳运、进、出库场，以及掌握托运人备货及货物集中情况的重要业务单据。

（4）大副使用装货清单时应注意的事项：

①对装货清单做全面的核对与估算。当大副收到装货清单后，必须要检查装货清单的内容、项目是否齐全，特别是尺码、毛重、货物的性质等。注意装货清单中提供的资料是否将货物装舱的亏舱率考虑在内，然后估算船舶净载重量和容积与所提供的货物总重量和容积是否接近。

②必须特别注意备注栏对特种货物运输的专门要求，对某些重大件或不常见的包装货物，应在查看货件后再配舱。

（七）载货清单

（1）载货清单（Manifest）又称舱单，是由船公司或其在装货港的代理人根据收货单或提单按卸货港分票编制的全船实际载运货物的汇总清单。

（2）载货清单的记载事项主要包括船名、装货港、卸货港、提单号、货名、标志、件数及包装、重量与尺码、航次、船长姓名、开航日期等。

（3）根据船舶办理出口和进口报关的不同，载货清单可分为“出口载货清单”“进口载货清单”“过境货物载货清单”。若船舶在港口未进行装货，办理船舶出口报关手续时，也应向海关提交一份经船长签字并注明“无货出口”字样的出口载货清单；船舶未载货进口，应向海关提交一份经船长签字并注明“无货进口”字样的进口载货清单。

（4）载货清单的主要作用

①办理船舶出（进）口报关手续的单证。船舶开航前，应将经船长签认的载货清单送海关办理出口报关手续，海关凭此验货放行。

②作为船舶载运所列货物的证明。该单证须随船带走,办理进口报关手续时使用。

③业务联系的单证。载货清单的留底,常用作承运人在装货港的代理人发出开航货载通知的依据,也是向船长及船公司或卸货港的代理人发出更正通知的依据。当承运人在卸货港的代理人尚未收到本航次的货运资料时,也可将随船携带的载货清单复制,用作安排泊位、货物进、出库场和卸货的依据。

④计费的依据。载货清单准确无误地记载了计算运费和代理费所需要的资料,由于计算运费需时较多,在实际业务中,以载货运费清单作为结算运费和代理费的依据。

(八)载货运费清单

载货运费清单(Freight Manifest)又称运费清单或运费舱单,是指由船公司或其在装货港的代理人按卸货港及提单序号逐票列明的所载运货物应收运费的明细表。

载货运费清单是船舶代理人向船公司结算代收费明细情况的单证,也是船公司营运业务中的主要资料之一。其内容除了载货清单上的记载事项外,增加了计费吨、运费率、预付或到付运费等。因为载货运费清单包括了载货清单的内容,所以也可代替载货清单作为船舶进、出口报关及安排卸货应急之用。

实际业务中,船公司或其代理人在编制载货清单时,同时编制载货运费清单与载货清单记载事项相同的部分,并在船舶开航后,再按照实装货物计算运费,将有关运费的事项记载于载货运费清单中,然后寄给承运人在卸货港的代理人。目前,有些国家为了简化制单工作,将载货清单和载货运费清单合并:作为载货清单时,不填写与运费计收有关的栏目;作为载货运费清单时,则填写该栏目。

(九)危险货物清单

危险货物清单(Dangerous Cargo List)是指船公司在装货港的代理人编制的全船载运危险货物的汇总清单。危险货物清单的主要内容除了载货清单所记载的事项外,特别增加了货物的性能和装船位置两项。

为了确保危险货物的装卸和运输安全,很多国家的港口都规定,凡载运危险货物的船舶都必须单独编制危险货物清单。为了便于识别,该单证常用红色并附加特别标志制成。而且通常各港口的海事管理机构都规定,装运危险货物的船舶必须向当地的海事管理机构申请监装或监卸。装船完毕后由负责监装的海事管理机构签发一份“危险货物安全装载证书”或等效文件,该证书或等效文件是船舶载运危险货物时的必备单证之一。

危险货物清单不仅是船舶、货物进、出口报关和船舶配载的必需单证,而且是装卸货港口的有关当局对危险货物进行监管的必要凭证,也是船员了解船上所载危险货物的情况,保证货物的装卸和运输安全的单证。

(十)货物配载图和实载图

货物配载图(Cargo Plan)是指承运船舶的大副在装货前,根据装货清单以及船舶的结构、货物的重量、体积、性质和到港顺序,以图示的形式绘制的表示货物在船舱内的计划装载位置的单证,也称货物积载计划。货物实载图(Stowage Plan)是货物装船完毕后,由理货长根据货物实际装载情况重新绘制的货物实际积载图。

货物配载图的作用是明确货物的计划装舱位置,同时也是指导理货人员理货、船员监装和装卸公司装载货物的依据。货物的配载图必须经大副和船长签字确认后,才可以据此安排货物的装载。

货物在实际装船过程中，货载计划可能发生变化，实际货载情况与托运人提供的情况有可能不一样，如有些货物不能及时装船，或者船舶临时加载，或者在装货过程中，货物的实际装载位置与预配时不同等，因而货物实载图和货物配载图不一定完全一样。货物实载图是船方进行货物运输、保管、卸船等工作时必要的查阅资料，也是卸货港安排卸货作业和理货人员进行理货的重要依据。

二、卸货港单证

卸货港单证是指在卸货港编制和使用的与海上货物运输有关的单证，包括过驳清单、卸货报告、货物残损单、货物溢短单、提货单等。

在卸货港，承运人的代理人收到装货清单、货物积载图、分舱单等由装货港编制寄送的货运单证后，就开始办理船舶进口报关手续和卸货准备工作，同时向收货人发出到货通知。在卸货和交付货物过程中，为明确交接责任，通常要签发一些能够证明船方与装卸公司或收货人之间交接货物实际情况的单证。在不同国家和港口所使用的卸货单证名称可能不同，但其内容及作用大体相同。

（一）过驳清单

过驳清单（Boat Note）是指卸货港采用驳船作业时，作为证明货物交接和表明所交货物实际情况的单证。过驳清单是根据卸货时的理货单证编制，主要内容包括：驳船名、货物标志、号码、件数、品名、舱口号、卸货港、卸货日期、过驳清单编号及所卸货物的残损情况和程度等。

使用过驳清单时应注意：过驳清单上的批注与大副收据上的批注是否一致；过驳清单必须由理货组长和大副共同签字确认。

日本及欧洲的一些港口多使用过驳清单，不使用过驳清单的港口通常使用卸货报告。

（二）卸货报告

卸货报告（Outturn Report）是指按照起运港编制的出口载货清单和在卸货港卸下的全部货物重新按票汇总的一份详细进口载货清单。与装货港的出口载货清单相比，卸货报告增加了卸货方式（是将货物卸到岸上入库，还是装车或过驳）、实交数量、溢短数量、残损情况和备注等。

卸货报告是船方和理货人员共同签署的，用以证明货物已卸船交付及表明货物实际情况的单证。针对货物外表状况、溢短等，可在卸货报告备注栏内批注，并经理货组长、装卸公司或收货人和大副共同签证。

在卸货时若发现有货损、货差，不要轻信理货人员的意见而轻率地在卸货报告或过驳清单上签注，大副应到现场去查看货物实际损坏情况，实事求是地签认货物的残损情况。

（三）货物残损单和货物溢短单

在我国，卸货时使用货物残损单和货物溢短单作为货物交接证明的单证。

货物残损单（Broken & Damaged Cargo List）是指货物卸完后，现场理货人员根据卸货过程中发现的货物破损、水湿、汗渍、油渍、污渍等情况汇总编制的表明货物残损状况的单证。货物残损单可作为事后处理货物残损及划分承运人与货方责任的原始资料和依据之一。

货物溢短单（Overland & Shortland Cargo List）是指货物卸完后，发现所卸货物与提单（或载货清单）所载数量不一致时，由理货人员汇总编制的表明货物溢卸或短卸情况的单证。货物溢短单是船公司日后处理货物短少索赔的原始依据，也是向船舶本航次中所挂靠港口发送货物查询单的依据。

由于货物残损单和货物溢短单是船公司理赔的重要原始单据之一，且必须由理货人员和船方共同签署后才有效，船方在签字时应认真核对，确保情况属实。如果存在不同意见，最好与装卸公司及理货人员协商一致，否则签字时应按实际情况在单证上做适当的批注。

（四）提货单

（1）提货单（Delivery Order）是指船公司或其卸港代理人，根据收货人或提单持有人提交的提单，签发给收货人或提单持有人凭以在仓库或船边提取货物的凭证。提货单不具备流通性，其上一般都标有“禁止流通”字样。

（2）实际业务中，收货人或其代理人先向船公司在卸货港的代理人交出正本提单，并支付相关费用，再由船公司的代理人签发提货单，然后由收货人或货运代理人持提货单前往现场提取货物。

（3）签发提货单时应注意以下几点情况：

①只有凭合法提单持有人的正本提单才能签发提货单，凭收货人提交的副本提单和有效担保函（一般由银行出具）签发提货单时，应当慎重。

②在签发提货单时，应认真核对提单和其他装船单证的内容是否相符，然后将船名、货物名称、件数、重量、包装、标志、提单号、收货人名称等详细填入提货单中。

③在签发提货单时，应将提单上的非清洁批注转批至提货单上。

④对注明到付运费的提单，应在收货人付清运费及有关费用后，才能签发提货单。

单元三 港口使费

【学习目标】

通过本单元的学习，应达到以下目标：

1. 掌握港口使费收费项目；
2. 熟悉我国《港口收费计费办法》(2019 年)的收费项目与收费标准；
3. 掌握节省港口使费的途径。

【相关内容】

一、港口使费的概念

港口使费又称港口费用，是指因船舶使用港口及其设施用以停靠船舶和进行货物装卸作业，以及因港口向船舶提供各种服务，而向有关部门缴纳和支付的各种费用。在不同的国家，甚至在同一国家的不同港口，港口使费的项目、费率和计收方法各有不同。

根据我国《港口收费计费办法》(2019 年)及 2022 年 2 月 24 日《交通运输部 国家发展改革委关于减并港口收费等有关事项的通知》的规定，我国港口收费包括政府定价、政府指导价和市场调节价的经营服务性收费。其中，实行政府定价的港口收费包括货物港务费、港口设施保安费；实行政府指导价的港口收费包括引航(移泊)费、拖船费、停泊费和围油栏使用费；实行市场调节价的港口收费包括港口作业包干费、库场使用费、船舶供应服务费、船舶污染物接收处理服务费、理货服务费。实行政府定价的港口收费必须按照该办法规定的收费标准计收；实行政府指导价的港口收费应以该办法规定的收费标准为上限，港口经营人和引航机构可在不超过上限收费标准的范围内自主制定具体收费标准；实行市场调节价的港口收费由港口经营人根据市场供求和竞争状况、生产经营成本和服务内容自主制定收费标准。

二、港口使费的分类及主要项目

(一)港口使费的分类

按收费类型分，港口使费可分为港口劳务费和港口规费。港口劳务费通常由港口企业收取，主要包括装卸费、货物保管费、移泊费、拖船费、系解缆费、开关舱费等。港口规费是指港口管理当局按有关规定向船方或货方征收的港口非劳务费，包括船舶港务费、货物港务费、港口建设费等。

按照付费对象，港口使费可分为船舶费用、货物费用和使用服务费三类。

(二)港口使费的主要项目

1. 船舶费用

船舶费用是由有关部门向船舶征收的港口费用，主要包括船舶吨税、船舶港务费、引航(移泊)费、停泊费、拖船费、特殊平舱费和围油栏使用费等。

(1)船舶吨税

根据《中华人民共和国船舶吨税法》(以下简称《船舶吨税法》)的规定,船舶吨税是海关在设立口岸对境外港口进入境内港口的船舶按照船舶净吨位和吨税执照期限征收的一种税。各国对船舶吨税的征收方式不尽相同,通常按船舶净吨位分为若干级别制定税率,以1个月、3个月或1年为计征期。在一个计征期内,同一船舶不论进港几次,只收一次吨税。吨税费率通常有优惠税率和普通税率两种。根据《船舶吨税法》的规定,中国籍的应税船舶,船籍国(地区)与我国签订含有相互给予船舶税费最惠国待遇条款的条约或协定的应税船舶,适用优惠税率;其他应税船舶,适用普通税率。有的港口收的锚泊税、入境税,实质为船舶吨税。

我国港口船舶吨税以船舶注册净吨位为计税依据。船舶吨税按船舶净吨位大小分等级设置单位税额,每一等级都分为一般吨税和优惠吨税。无论是一般吨税还是优惠吨税,分别按1年期、90天期和30天期制定吨税税额,按30天期缴纳的税率是按90天期缴纳的税率的一半。我国船舶吨税税目税率详见表1-3。

表1-3　船舶吨税税目税率

税目 (按船舶净吨位划分)	税率/(元/净吨)						备注
	普通税率 (按执照期限划分)			优惠税率 (按执照期限划分)			
	1年	90天	30天	1年	90天	30天	
不超过2 000净吨	12.6	4.2	2.1	9.0	3.0	1.5	1. 拖船按照发动机功率每千瓦折合净吨位0.67; 2. 无法提供净吨位证明文件的游艇,按照发动机功率每千瓦折合净吨位0.05; 3. 拖船和非机动驳船分别按相同净吨位船舶税率的50%计征税款
超过2 000净吨,但不超过10 000净吨	24.0	8.0	4.0	17.4	5.8	2.9	
超过10 000净吨,但不超过50 000净吨	27.6	9.2	4.6	19.8	6.6	3.3	
超过50 000净吨	31.8	10.6	5.3	22.8	7.6	3.8	

根据我国船舶吨税征收的规定,以下各种外籍船舶免征船舶吨税:

①应纳税额在人民币50元以下的船舶;

②自境外以购买、受赠、继承等方式取得船舶所有权的初次进口到港的空载船舶;

③吨税执照期满后24小时内不上、下客货的船舶;

④非机动船舶(不包括非机动驳船);

⑤捕捞、养殖渔船;

⑥避难、防疫隔离、修理、改造、终止运营或者拆解,并不上、下客货的船舶;

⑦军队、武装警察部队专用或者征用的船舶;

⑧警用船舶;

⑨依照法律规定应当予以免税的外国驻华使领馆、国际组织驻华代表机构及其有关人员的船舶;

⑩国务院规定的其他船舶。

(2)船舶港务费

船舶港务费是指船舶进、出港口和在港停泊期间,因使用港口的水域、航道和停泊地点,按规定应向港口当局交付的费用。船舶港务费属于港口财政收入，用于维持港口航道畅通，以及船舶安全进、出港口和停泊所需设备的有效状态。我国于 2015 年 10 月 1 日起取消了船舶港务费的征收，是世界上第一个取消船舶港务费的国家。

（3）引航（移泊）费

引航（移泊）费是指船舶由引航员引领进港、出港和在港内移泊，应向港口支付的费用。为维护国家主权，很多国家均规定，凡外籍船舶进、出本国港口或在港内移泊实行强制引航，为此船方必须支付引航费或移泊费。各港的引航费和移泊费计征办法也不一致，有的按船舶吨位计收，有的按船舶吃水和吨位计收，少数按船舶长度和吃水计收，也有的按引航里程计收，并对进港、出港和港内移泊规定不同费率，夜间、星期日和节假日需计收附加费。

根据我国《港口收费计费办法》（2019 年）的规定，我国对船舶引航（移泊）费的计收标准如表 1-4 所示。

表 1-4　船舶引航（移泊）收费基准费率

<table>
<tr><th>船舶航线类型</th><th>计费单位</th><th colspan="2">费率/元</th><th>说明</th></tr>
<tr><td rowspan="6">航行国际航线船舶</td><td rowspan="3">计费吨</td><td rowspan="3">A</td><td>0.45</td><td>40 000 净吨及以下部分</td></tr>
<tr><td>0.40</td><td>40 001～80 000 净吨部分</td></tr>
<tr><td>0.375</td><td>80 000～120 000 净吨部分</td></tr>
<tr><td>计费吨·海里</td><td>B</td><td>0.004</td><td>10 n mile 以上超程部分</td></tr>
<tr><td>计费吨</td><td>C</td><td>0.14</td><td>过闸引领</td></tr>
<tr><td>计费吨</td><td>D</td><td>0.20</td><td>港内移泊</td></tr>
<tr><td rowspan="4">航行国内航线船舶</td><td>计费吨</td><td>A</td><td>0.18</td><td></td></tr>
<tr><td>计费吨·海里</td><td>B</td><td>0.001 8</td><td></td></tr>
<tr><td rowspan="2">计费吨</td><td>C</td><td>0.135</td><td>引领国内航线船舶在港内移泊</td></tr>
<tr><td>D</td><td>0.105</td><td>引领国内航线船舶航行
黑龙江水系在港内移泊</td></tr>
</table>

引领航行国际航线船舶进、出港时，当引航距离在 10 n mile 及以内，且引领船舶超过 120 000 净吨的引航费按 49 000 元计收；超出各港引航距离以远的引航费，其超远部分的引航费按表中 A 规定费率的 30%计收。节假日或夜班的引航（移泊）作业应根据实际作业情况分别加收引航（移泊）费附加费。节假日、夜班的引航（移泊）作业时间占全部作业时间一半及以上，或节假日、夜班的作业时间大于等于 30 min 的，节假日或夜班的引航（移泊）费附加费应按规定费率的 45%分别加收，既为节假日又为夜班的引航（移泊）费附加费按规定费率的 90%一并加收。航行国际航线船舶的港口引航（移泊）起码计费吨为 2 000 计费吨；

引领航行国内航线船舶进、出港时，引航距离在 10 n mile 及以内的引航费，按表中 A 规定费率计收；引航距离超过 10 n mile 的引航费，其超程部分按表中 B 规定费率计收；超出各港引航距离以远的引航费，其超远部分的引航费按表中 A 规定费率的 30%计收。航行国内航线船舶黑龙江水系的港口引航（移泊）起码计费吨为 300 计费吨，其他航行国内航线船舶的港口引航（移泊）起码计费吨为 500 计费吨。

引航费按第一次进港和最后一次出港分别计收一次。

(4)停泊费

停泊费是向停泊在港口码头、浮筒的船舶所征收的费用。根据我国《港口收费计费办法》(2019 年)的规定,我国对船舶停泊费的计收标准如表 1-5 所示。

表 1-5　船舶停泊收费基准费率

<table>
<tr><th>船舶航线类型</th><th>计费单位</th><th colspan="2">费率/元</th><th>说明</th></tr>
<tr><td rowspan="3">航行国际航线船舶</td><td>计费吨・日</td><td>A</td><td>0.25</td><td></td></tr>
<tr><td>计费吨・小时</td><td>B</td><td>0.15</td><td></td></tr>
<tr><td>计费吨・日</td><td>C</td><td>0.05</td><td>锚地停泊</td></tr>
<tr><td rowspan="2">航行国内航线船舶</td><td rowspan="2">计费吨・日</td><td>A</td><td>0.08</td><td></td></tr>
<tr><td>B</td><td>0.12</td><td></td></tr>
</table>

①航行国际、国内航线的船舶,停泊费按表 1-5 中 A 标准计收。

②下列航行国际、国内航线船舶的停泊费按表 1-5 中 B 标准计收:

a. 货物及集装箱装卸或上、下旅客完毕 4 小时后,因船方原因继续留泊的船舶;

b. 非港口原因造成的等修、检修的船舶(等装、等卸和装卸货物及集装箱过程中的等修、检修除外);

c. 加油加水完毕继续留泊的船舶;

d. 非港口工人装卸的船舶;

e. 国际客运和旅游船舶。

③停泊在港口锚地的航行国际航线的船舶,由负责维护港口锚地的单位向船方或其代理人按表 1-5 中 C 标准计收停泊费。

④航行国际航线船舶在港口码头、浮筒、锚地停泊以 24 小时为 1 日,不满 24 小时的按 1 日计。船舶在港每 24 小时交叉发生码头、浮筒、锚地停泊的,停泊费按表 1-5 中 A 标准计收。

⑤系靠停泊在港口码头、浮筒的船舶,视同停泊码头、浮筒的船舶,计收停泊费。

⑥由于港口原因或特殊气象原因造成船舶在港内留泊,以及港口建设工程船舶、军事船舶和执行公务的公务船舶留泊,免收停泊费。

(5)拖船费

拖船费是指因船舶靠离码头、移泊或其他操作时使用拖船,由提供拖船服务的单位向船方或其代理人计收的费用。根据我国《港口收费计费办法》(2019 年)的规定,我国计收拖船费的标准如表 1-6 所示。

表 1-6　船舶拖船费基准费率　　计费单位:元/拖船艘次

序号	船长/m	船舶类型								
		集装箱船、滚装船、客船			油船、化学品船、液化气体船			散货船、杂货船及其他		
		国际	沿海	内河	国际	沿海	内河	国际	沿海	内河
1	80 及以下	6 000	3 500	5 200	5 700	3 500	5 000	5 300	3 200	4 500
2	80~120	6 500	4 000	5 700	7 800	4 600	6 500	7 400	4 400	6 200
3	120~150	7 000	4 500	6 200	8 500	5 200	7 300	8 000	5 000	6 900
4	150~180	8 000	4 800	6 900	10 500	6 500	9 100	9 000	5 500	7 800
5	180~220	8 500	5 100	7 300	12 000	7 300	10 400	11 000	6 500	9 500
6	220~260	9 000	5 500	7 800	14 000	9 000	12 300	13 000	8 000	11 200
7	260~275	9 500	5 800	8 400	16 000	10 000	13 900	14 000	8 500	12 300
8	275~300	10 000	6 100	8 700	17 000	10 500	14 700	15 000	9 000	13 000
9	300~325	10 500	6 500	9 200	18 000	11 000	15 600	16 000	9 500	13 800
10	325~350	11 000	6 800	9 600	18 600	11 300	16 200	16 500	10 000	14 400
11	350~390	11 500	7 100	10 100	19 600	11 900	17 100	17 800	10 500	15 500
12	390~	12 000	7 500	10 500	20 300	12 500	18 000	19 600	11 900	17 100

①沿海港口的船舶靠离泊和引航或移泊使用拖船艘数的配备标准由所在地港口行政管理部门会同海事管理机构提出,各省级交通运输主管部门对其合规性、合理性进行审核后公布。长江干线拖船艘数的配备标准由交通运输部长江航务管理局会同沿江相关省级交通运输主管部门制定,并对外公布。

②被拖船舶靠离的泊位与最近的拖船基地距离超过 30 n mile,但小于等于 50 n mile 的,其拖船费可按基准费率的 110%收取;距离超过 50 n mile 的,可按 120%收取。

③拖船费与燃油价格实行联动,燃油价格大幅上涨或下跌影响拖船运营成本发生较大变化时,适当调整拖船费基准费率标准。

(6)特殊平舱费和围油栏使用费

我国《港口收费计费办法》(2019 年)对特殊平舱费和围油栏使用费的计收规定如下:

①特殊平舱费是指为在船舱散货上加装货物进行平舱以及按船方或其代理人要求的其他平舱,由港口经营人向船方或其代理人计收的费用。散货在装舱过程中的随装随扒、装舱完毕后扒平突出舱口顶尖和为在散货上面装载压舱包所进行的一般平舱,不得收取特殊平舱费。

②围油栏使用费是指船舶按规定使用围油栏,由提供围油栏服务的单位向船方或其代理人收取的费用。

③航行国际、国内航线船舶的特殊平舱费、围油栏使用费,按表 1-7 规定费率计收。

表 1-7　特殊平舱费和围油栏使用费基准费率表

船舶航线	项目	计费单位	费率/元	说明
国际航线船舶	特殊平舱费	计费吨	3.70	计费吨按平舱舱口实装货物吨数的30%计算
	围油栏使用费	船·次	3 000	1 000 净吨以下船舶
			3 500	1 000~3 000 净吨船舶
			4 000	3 000 净吨以上船舶
国内航线船舶	特殊平舱费	计费吨	0.80(沿海) 1.65(内河)	计费吨按平舱舱口实装货物吨数的30%计算
	围油栏使用费	船·次	1 000	500 净吨以下船舶
			1 200	500~1 000 净吨船舶
			1 400	1 000 净吨以上船舶

④航行国际航线船舶节假日或夜班的特殊平仓作业应根据实际作业情况分别加收特殊平仓费附加费。节假日、夜班的特殊平仓作业时间占全部作业时间一半及以上，或节假日、夜班的作业时间大于等于 30 min 的，节假日或夜班的特殊平仓费附加费应按表 1-7 规定费率的45%分别加收，既为节假日又为夜班的特殊平仓费附加费按表 1-7 规定费率的 90%一并加收。

2. 货物费用

对货物征收的港口使费主要有货物港务费、港口设施保安费、堆存保管费和库场使用费等。

(1)货物港务费

货物港务费是指经由港口吞吐的货物及集装箱，由具体负责维护和管理防波堤、航道、锚地等港口基础设施的单位向货方或其代理人收取的费用。

根据我国《港口收费计费办法》(2019 年)的规定，内、外贸货物的进、出港港务费按照表1-8、1-9 规定的费率分别计收。

表 1-8 外贸货物港务费费率表

分类	编号	货物及集装箱名称	计费单位	费率/元	
				进口	出口
货物	1	煤炭、矿石、矿砂、矿粉、磷灰土、水泥、纯碱、粮食、盐、砂土、石料、砖瓦、生铁、钢材(不包括废钢)、钢管、钢坯、钢锭、有色金属块锭、焦炭、半焦、块煤、化肥、轻泡货物	重量吨	1.40	0.70
			体积吨	0.90	0.45
	2	一级危险货物、冷藏货物、古画、古玩、金器、银器、珠宝、玉器、翡翠、珊瑚、玛瑙、水晶、钻石、玉刻、木刻、各种雕塑制品、贝雕制品、漆制器皿、古瓷、景泰蓝、地毯、壁毯、刺绣	重量吨	6.60	3.30
			体积吨	4.40	2.20
	3	其他货物	重量吨	3.30	1.65
			体积吨	2.20	1.10
集装箱	4	装载一般货物的集装箱、商品箱	箱(20 ft①)	40.00	20.00
			箱(40 ft)	80.00	40.00
	5	装载一级危险货物的集装箱、冷藏箱(重箱)	箱(20 ft)	80.00	40.00
			箱(40 ft)	160.00	80.00

表 1-9 内贸货物港务费费率表

编号	分类	适用范围	计费单位	费率/元
1	货物	沿海港口	重量吨	0.50
		内河港口		1.00
		沿海港口	体积吨	0.25
		内河港口		0.50
2	装载一般货物的集装箱、商品箱	沿海和内河港口	箱(20 ft)	8.00
			箱(40 ft)	16.00
3	装载一级危险货物的集装箱、冷藏箱(重箱)	沿海和内河港口	箱(20 ft)	16.00
			箱(40 ft)	32.00

根据我国《港口收费计费办法》(2019 年)的规定,免收内、外贸货物港务费情况如表 1-10 所示。

① 1 ft=0.318 9 m。

表 1-10　免收内、外贸货物港务费

序号	外贸货物及集装箱	内贸货物及集装箱
1	凭客票托运的行李	
2	船舶自用的燃物料	
3	本船装货垫缚材料	
4	随包装货物同行的包装备品	
5	随活畜、活禽同行的必要饲料	
6	集装箱空箱(商品箱除外)	
7	随鱼鲜同行的防腐用的冰和盐	渔船捕获的鱼鲜以及同行的防腐用的冰和盐
8	使馆物品、联合国物品、赠送礼品、展品、样品	使馆物品、联合国物品、军用物品
9	国际过境货物	因意外事故临时卸在港内仍需运往原到达港的货物
10		用于本港建设的货物
11		购进或售出的船舶

(2)堆存保管费和库场使用费

我国《港口收费计费办法》(2019 年)规定,货物及集装箱在港口仓库、堆场堆存,由港口经营人向货方或其代理人收取堆存保管费。经港口经营人同意,在港口库场进行加工整理、抽样等,由港口经营人向货方或其代理人计收库场使用费。堆存保管费和库场使用费的收费标准由港口经营人自主制定。

3. 使用服务费

使用服务费是指由船方或货方租用船舶、机械、设备或申请港方提供其他作业支付的费用,主要包括:租用船舶(如浮吊、起重船、驳船)、机械、设备的费用;供应燃料、物料和淡水的服务费;其他作业劳务费,如扫舱费、洗舱费、拆包费、灌包费、缝包费等。

(1)船舶供应服务费

我国《港口收费计费办法》(2019 年)规定,港口经营人为船舶提供供水(物料)、供油(气)、供电、垃圾接收处理、污油水接收处理服务,由港口经营人向船方或其代理人收取船舶供应服务费。船舶供应服务费的收费标准由港口经营人自主制定。水、油、气、电的价格按照国家规定价格政策执行。

(2)港口作业包干费

我国《港口收费计费办法》(2019 年)对港口作业包干费做如下规定:

第一,港口经营人为船舶运输的货物及集装箱提供港口装卸等劳务性作业,向船方、货方或其代理人等综合计收港口作业包干费;港口经营人为客运和旅游船舶提供港站使用等服务,向客运和旅游船舶运营企业或其代理人综合计收港口作业包干费。

第二,港口作业包干费的包干范围包括港口作业的全过程。港口经营人应分别将下列货物及集装箱港口作业、客运港口服务纳入港口作业包干费,不得单独设立收费项目另行收费:

①货物及集装箱港口作业:散杂货装卸,集装箱装卸,铁路线使用,铁路货车取送,汽车装卸、搬移、翻装,集装箱火车、驳船装卸,集装箱拆、装箱,起重船、起重机、吸扬机使用,起货机工力,拆包和倒包,灌包和缝包,分票,挑样,一般扫舱和拆隔舱板,装卸用防雨设备、防雨罩使用,

装卸及其他作业工时，岸机使用，以及困难作业，杂项作业，减、加载，捣载，转栈，超长（笨重、危险、冷藏、零星）货物作业，地秤使用，轨道衡，尺码丈量，库内升降机或其他机械使用，除尘，集装箱清洗，成组工具使用。

②客运港口服务：客运和旅游客运码头服务，港站使用服务，行李代理，行李装卸，进、出码头迎送旅客。

第三，港口经营人可根据港口作业情况增加或减少上述规定的作业内容，但均应纳入港口作业包干费统一计收，收费标准由港口经营人自主制定。

第四，港口设施保安费是指经由港口吞吐的外贸进、出口货物及集装箱，由取得"港口设施保安符合证书"的港口经营人按规定费率向货方或其代理人分别计收的一笔进、出港费用。

①港口设施保安费费率，如表 1-11 所示。

表 1-11　港口设施保安费费率

编号	分类	计费单位	费率/元
1	集装箱重箱	箱（20 ft）	10.00
		箱（40 ft）	15.00
2	货物	重量吨或体积吨	0.25

②外贸进、出口内支线运输集装箱，由承担国际运输段的船方或其代理人向其挂靠港口的港口经营人代交港口设施保安费。

③外贸进口货物及集装箱因故停留中途港不再经水运前往到达港或其他港口的，港口设施保安费由中途港计收；因故停留中途港未办理清关手续并继续经水运前往原到达港或其他港口的，港口设施保安费由到达港计收。

④下列货物及集装箱免收港口设施保安费：

a. 凭客票托运的行李；

b. 船舶自用的燃物料；

c. 本船装货垫缚材料；

d. 随包装货物同行的包装备品；

e. 随鱼鲜同行的防腐用的冰和盐；

f. 随活畜、活禽同行的必要饲料；

g. 使馆物品、联合国物品、赠送礼品、展品、样品；

h. 进口化肥、国际转关和国际过境货物及集装箱；

i. 集装箱空箱（含商品集装箱）。

第五，港口作业包干费不得包含实行政府定价、政府指导价的收费项目和其他实行市场调节价的收费项目。

三、港口使费的控制措施

港口使费是船公司三大营运成本（船期费、燃油费和港口使费）之一，是船公司计算营运成本的重要指数，是核算航次利润的主要依据，港口使费的支出成为影响船舶经营效益的重要因素。因此，节省港口使费，可以降低船舶营运成本，从而提高船舶营运经济效益。

控制船舶港口使费支出的措施有：

1. 适当安排船舶挂靠港口，节省船舶吨税

大多数国家对船舶吨税按航次或按一定期间（如 1 个月、3 个月或 1 年）征收。在此期间内，不论船舶进、出港口多少次，船舶吨税只征收一次。因此，在此期间内，应尽可能安排同一船舶多次挂靠同一港口。

2. 选择适当时间进、出港口

各国港口通常规定，引航费、拖船费、系解缆费等在夜间、星期日和节假日需征收附加费，其费率比基本费率高出 50%以上，甚至达到 100%。如果船公司熟悉挂靠港口的有关收费规定，避开高收费时段，将大幅降低费用支出。例如，在日本港口，船舶引航费在日落前 1 小时和日出后 1 小时增加 60%，拖船费在每天 0600~0800 和 1700~2300 增加 60%，在 2300~0600 增加 100%。因此，应尽量安排船舶白天进、出港口，避免在夜间、星期日或节假日进、出港口。

3. 调整船舶进、出港吃水，尽可能减少船舶吃水差

在实践中，很多国外港口的某些费用以船舶吃水为计算依据。比如引航费的计征方式多依据船舶吨位，或是吨位与吃水这两个方面，其中占据较大的是吃水这部分因素。所以在进、出港口之前，需要将吃水差降到最低，而且不需要大范围调整，调整几厘米就能节约一定的引航费。

4. 合理配积载货物

合理配积载货物可以加速货物的装卸作业，缩短船舶在港停靠时间，节省有关费用的支出。为此，在编制配载计划时，应尽可能使船舶在同一港口多舱口同时作业，保持各舱装卸速度平衡，以缩短装卸时间，避免出现卸货难的情况。散装货物不宜装于首、尾舱部的舱室，应尽可能装于抓斗能直接抓取的部位；装船时妥善隔票，防止因混票而发生分票、重理货物等作业而增加费用支出。

5. 做好各项准备工作，缩短船舶待时

尽量做到及时、正确地预报船期；保证船舶装卸设备正常运转；合理安排加油、加水、补充供应品计划；尽量使加油、加水和船舶临时检修与装卸货物同时进行；事先配备充足的垫隔舱材料；准确申报各种作业起始和所需时间等，以尽可能缩短船舶停港时间，避免支付各种船舶待时费用。

6. 正确处理加班

如果因为加班而增加的加班费等支付的费用比没有加班支付的费用低，则可以选择加班，从而缩短停泊时间，提高船舶周转效率。除此之外，在进行加班考虑时，一方面应该注意节省时间，另一方面还需考虑能否顺利衔接下面环节，能否在下一挂靠港时将货载备齐。要是无法顺利衔接之后的每一环节，仅对当时加班进行考虑是远远不够的。

7. 发动船员承担货物作业

发动船员承担扫舱、洗舱等作业，由船东向船员支付奖金，不仅比委托港口有关部门提供服务要节省，而且还能更好地保证货运质量。如果船员自动担负货物作业，还需要进行严格检查从而保证适航，避免由于扫舱不达标而对装货造成影响，由于不规范系固而对船舶、货物安全造成影响。

8. 适当选择加油港

应当选择在燃油价格和港口使费较低的港口添加燃油，并且尽量安排在船舶挂靠进行货物装卸的港口添加燃油，以节省专门为添加燃油而挂靠港口的港口使费。

9. 认真审核和签署各种港口使费单据

对各种港口使费单据，船长、船员应认真仔细予以审核，谨慎签认，以避免发生不应有的损失。

(1)引航费：船长签署引航单时，应核对引航单记录的内容，如引航员登船的地点、引航时间和区间等是否属实。

(2)拖船费：在单据上签字前，船长必须核对使用拖船的名称、功率、使用时间、艘数、使用时的情况以及附加费的费率。

(3)船舶吨税：船舶吨税通常是由船舶代理人代为办理，在代理人提交缴纳船舶吨税的单据时，船长应对单据记载内容尤其是相关数字进行审核，确认无误后再签字确认。

(4)码头、浮筒使用费：在签署单据时应注意记录的船舶吨位和使用时间是否准确。

(5)装卸费：通常情况下装卸费的数额较大，因此，应认真审核装卸货物的吨数、装卸的起止时间、装卸作业的工班数和人数；确认待时的时间以及是否属于船方责任；因作业性质导致要增收附加费的货物作业吨数；等等。

另外，船方必须了解和掌握各港各种使费的收费规则及费率调整情况，在确保船舶安全的情况下，尽量安排船长自行驾驶船舶进、出非强制性引航的港口，以节省拖船费和引航费。通过运河要充分了解运河通行费的收费标准和相关规定，特别是过苏伊士运河时，费用相当高昂，项目繁多，船方要仔细审核收费账单，避免多交冤枉钱。对预算外的港口使费要严格控制，仔细审查，防止代理滥用代理权随意签单。

单元四◉船舶代理

【学习目标】

通过本单元的学习，应达到以下目标：

1. 掌握代理的概念和代理法律关系；
2. 熟悉代理的行使原则和委托代理的法律规定；
3. 了解船舶代理的业务范围，掌握使用船舶代理的一些基本原则。

【相关内容】

一、代理概述

代理的本质，就是一个人借助于他人的聪明才智为自己谋取利益。代理的价值，对于自然人而言，一方面解决了无行为能力人、限制行为能力人的民事行为能力欠缺，同时也拓展了完全行为能力人的从事民事活动的空间与时间范围；对于法人而言，解决了其作为拟制体借助于工作人员的行为能力而为民事法律行为的能力。代理的难题一直都在代理成本上，对享有代理权、从事代理活动却不承担代理后果的代理人而言，一定要明白自己“受人之托忠人之事”的角色，否则易于发生为自己利益而损害被代理人利益的事，这对于被代理人而言就叫代理成本。代理的重要内容是围绕代理权的授予、代理权的行使及其规制、代理后果的归属而展开的。

（一）代理的基本概念

1. 代理法律关系

《中华人民共和国民法典》（以下简称《民法典》）第161条规定：“民事主体可以通过代理人实施民事法律行为。依照法律规定、当事人约定或者民事法律行为的性质，应当由本人亲自实施的民事法律行为，不得代理。”

代理，是指代理人在代理权限范围内，以被代理人的名义独立与第三人行使民事法律行为，该民事法律行为的法律后果直接归属于被代理人的制度。代理法律关系如图1-1所示。

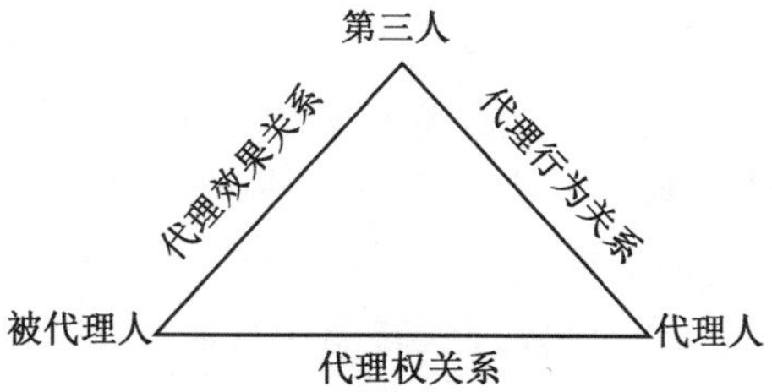

图1-1　代理法律关系

由图1-1可知，代理法律关系存在三方当事人，三方之间存在不同的法律关系：

（1）代理人与被代理人，同属于代理权的关系，即代理人从被代理人那里取得以被代理人名义从事民事法律行为的权利。

(2)代理人与第三人(相对人)之间是代理行为关系,即代理人与第三人之间具体完成某项法律行为,如签订一份买卖合同,二人是该项民事法律行为的实施者。

(3)被代理人与第三人之间属于代理效果关系,即代理人与第三人之间完成法律行为的效果归属于被代理人与第三人,可见代理人与第三人之间并不发生法律关系。

以上三重法律关系,其中被代理人与代理人之间的关系构成了三方的基础法律关系。

2. 代理权

代理权,就是代理人以被代理人名义与第三人实施法律行为,为被代理人设定、变更或消灭民事法律关系的资格。代理权实为一种法律资格,这种资格表现在代理人以被代理人名义而向第三人为独立的意思表示或接受意思表示。

我国《民法典》第 163 条规定:“代理包括委托代理和法定代理。”委托代理的代理权来源于被代理人的授权。法定代理的代理权来源于法律规定。

3. 代理的行使原则

代理的实质是代理人“受人之托忠人之事”,其行为的出发点与归宿点都是为别人谋利益而不得为自己谋利益。因此,代理人行使代理权必须符合这一利益结构的要求,为此法律要求代理人行使代理权必须遵循一定的行为准则。

(1)有限代理原则。代理人应当在代理权限范围内行使代理权,否则,就构成无权代理,包括无代理权而擅自以他人名义实施代理、超越代理权限实施代理以及代理权终止后以他人名义实施代理。

(2)忠实义务原则。代理制度为被代理人之利益而设,而非为代理人的利益而设,所以代理人应本着这一宗旨行使代理权,对被代理人尽忠实义务,为被代理人争取最有利的法律后果。否则,就构成代理权滥用,包括自己代理、双方代理以及与第三人串通损害被代理人的利益。我国《民法典》第 164 条规定:“代理人不履行或者不完全履行职责,造成被代理人损害的,应当承担民事责任。代理人和相对人恶意串通,损害被代理人合法权益的,代理人和相对人应当承担连带责任。”

(3)善管义务原则。代理人行使代理权应当符合代理人的职责要求,尽到勤勉、谨慎等善良管理人的义务。衡量善管义务的标准在于代理人是否以善良管理人的注意程度,以与处理自己事务一样的方法和注意标准处理代理事务。善管义务的内容包括:

①代理人认真工作,尽相当的注意义务;

②代理人遵从被代理人的指示进行代理活动,否则由此造成被代理人损失的,代理人承担赔偿责任;

③代理人应尽报告与保密义务,否则造成被代理人损害的,代理人承担民事责任。

(4)亲自代理原则。代理人原则上应当亲自完成代理事务,不得擅自转委托。代理的适用是建立在被代理人、代理人之间彼此信任的基础之上,代理权具有严格的人身属性,除非在法律承认的特殊情况下,代理人不得将代理权转委托给他人。

(二)委托代理

1. 授权委托书

根据我国《民法典》的规定,委托代理授权采用书面形式,授权委托书应当载明代理人的姓名或者名称、代理事项、权限和期间,并由被代理人签名或者盖章。

2. 共同代理

根据我国《民法典》的规定，数人为同一代理事项的代理人的，应当共同行使代理权，但是当事人另有约定的除外。

3. 代理中的违法行为及其责任承担

代理人知道或者应当知道代理事项违法仍然实施代理行为，或者被代理人知道或者应当知道代理人的代理行为违法未做反对表示的，被代理人和代理人应当承担连带责任。

4. 代理权的滥用

（1）自己代理。自己代理也称自我缔约，是指代理人在代理权限内，以被代理人的名义与自己进行民事活动的行为。根据我国《民法典》的规定，代理人不得以被代理人的名义与自己实施民事法律行为，但是被代理人同意或者追认的除外。自己代理缺乏实质的相对人，代理人同时以自己名义和被代理人名义在自己和被代理人之间进行民事活动，所以不存在双方意思表示的一致，这既违背代理的特征，也违背双方法律行为的基本条件，更难以保证代理人行为的公正。自己代理行为是否有效，关键取决于被代理人的态度，自己代理经被代理人同意或者追认的，也可以有效。

（2）双方代理。双方代理是指代理人在为同一法律行为时，同时是双方当事人的代理人。根据我国民法典的规定，代理人不得以被代理人的名义与自己同时代理的其他人实施民事法律行为，但是被代理的双方同意或者追认的除外。双方代理的实质，是被代理人的意志与第三人的意志集中于代理人一人，不存在双方的意思表示，更无相互协商，容易给某一方或者双方被代理人造成损害。双方代理原则上无效，除非被代理人双方都同意或者追认的。

（3）代理人和相对人恶意串通。代理人和相对人恶意串通损害被代理人合法权益的行为，属于无效的法律行为。恶意串通是指代理人和第三人之间存在通谋；损害被代理人的利益是指实际造成了被代理人财产利益的损失。

5. 转委托（复代理）及其责任承担

根据我国《民法典》的规定，代理人需要转委托第三人代理的，应当取得被代理人的同意或者追认。转委托代理经被代理人同意或者追认的，被代理人可以就代理事务直接指示转委托的第三人，代理人仅就第三人的选任以及对第三人的指示承担责任。转委托代理未经被代理人同意或者追认的，代理人应当对转委托的第三人的行为承担责任，但是在紧急情况下代理人为了维护被代理人的利益需要转委托第三人代理的除外。

（1）本代理。本代理是由被代理人选任代理人或直接依据法律规定、有关机关指定产生代理人的代理，一般的代理都是本代理。

（2）复代理。复代理又称次代理，是指代理人为了被代理人的利益而转托他人实施代理的行为。与本代理相比，复代理人是行使代理人权限的人，其代理权限不得超过原代理人的权限；代理人以自己的名义选任复代理人，代理人对复代理人有监督权、解任权；复代理人是被代理人的代理人，其行为后果直接由被代理人承担；代理人与被代理人均可指示复代理人进行代理行为。

代理人在两个方面须向被代理人承担责任：一是选任责任，代理人应就选任的复代理人的人品、处理代理事务的技能等基本素质向被代理人承担默示担保责任；二是指示责任，代理人向复代理人发出指示的，就该指示向被代理人负责。换言之，该指示有错误且导致被代理人损失的，代理人承担赔偿责任。

6. 表见代理

根据我国《民法典》的规定,行为人没有代理权、超越代理权或者代理权终止后,仍然实施代理行为,相对人有理由相信行为人有代理权的,代理行为有效。法律设立表见代理制度是为了保护合同相对人的利益,并维护交易的安全,依诚实信用原则使怠于履行注意义务的被代理人直接承受行为人没有代理权、超越代理权或者代理权终止后仍为代理行为而签订的合同的责任。

构成表见代理合同要满足以下条件:

(1)行为人并没有获得本人的授权就与第三人签订了合同。

(2)合同的相对人在主观上必须是善意的、无过失的。善意是指相对人不知道或者不应当知道行为人实际上无权代理;无过失是指相对人的这种不知道不是因为其大意造成的。如果相对人明知或者理应知道行为人是没有代理权、超越代理权或者代理权终止,而仍与行为人签订合同,那么就不构成表见代理,合同相对人也就不能受到保护。

关于船章使用引起的责任承担

船章,与法人制度中的印章相比,其地位相当于公司内设职能部门的印章。以船章对外签订合同原则上对船舶所有人和船舶经营人不应产生表见代理的效果,除非相对人有合理理由相信船长有权代表船舶所有人或船舶经营人以船章签订合同,如船长依法定职权签订海难救助合同、船长为船舶航行添加燃油和供应品、紧急情况下的临时性修理等。在航运实践中,为船舶航行添加燃油和备品可视为船长管理船舶的职责,在没有其他书面合同的情况下,一般可以认定船舶所有人与供应商之间成立供应合同关系。如果以船章向第三人借款,第三人请求船舶所属或者所挂靠经营的公司承担偿还责任的,一般不应予以支持。

7. 委托代理终止

根据我国《民法典》的规定,有下列情形的,委托代理终止:代理期间届满或者代理事务完成;被代理人取消委托或者代理人辞去委托;代理人丧失民事行为能力;代理人或者被代理人死亡;作为代理人或者被代理人的法人、非法人组织终止。

二、船舶代理

(一)船舶代理的概念

船舶代理是指船舶代理机构或代理人接受船舶所有人、经营人或承租人的委托,在授权范围内代表委托人(被代理人)办理与在港船舶有关的业务、提供有关的服务或与第三人进行与在港船舶有关的其他经济活动,而由委托人承担这种行为的后果并支付代理费。船舶代理人是指接受承运人的委托,代办与船舶有关的一切业务的企业或个人。

(二)船舶代理的种类

船舶代理属于委托代理,即船舶代理是根据船公司或其他有关方将代理权授予船舶代理机构而成立的。

在船舶到达某一港口之前,船公司首先要在该港为船舶选定代办船舶在港期间各项业务的代理人,并根据船舶到港的频繁程度确定代理关系的形式。根据代理期间的长短,船舶代理关系可划分为长期代理关系和航次代理关系。

1. 长期代理关系

船公司根据其船舶营运的需要，在经常有其船舶前往挂靠的港口，委托港口的船舶代理机构，在一定期限内办理属于该公司的所有船舶的在港业务，称为长期代理。长期代理关系一经建立，在相应的期限内，船公司无须逐航次进行委托。

长期代理关系，既可以通过签订正式的专门委托代理合同而建立，也可采用由委托人以书面形式向代理机构提出委托，经代理机构确认接受的方式来建立。实践中后者较为常用。

就班轮运输而言，船舶经常往返于固定航线的固定挂靠港之间，以建立长期代理关系更为合理。

2. 航次代理关系

航次代理是指委托人的委托和代理人的接受均以每船一次为限，即逐船逐航次办理委托关系。一般的做法是，船舶经营人在船舶到港前一定时间用书面方式提出委托，代理人复电同意接受后，航次代理关系即告成立。在船舶代理人按照委托人指示办妥该船在港一切业务并在驶离该港时，航次代理关系终止。船舶在港的费用和代理费均由代理人以航次结算单与委托人一次结清。

需要采用航次委托代理的船舶，一般有以下情况：

（1）承运 FOB 出口货和 CIF 或 CFR 进口货的国外派船；

（2）承运 FOB 进口货和 CIF 或 CFR 出口货的本国承租人租用外籍船舶的航次租船；

（3）来港办理交接手续的买船或卖船；

（4）办理交船和还船交接手续的定期租船；

（5）专程来港修理、避难、船员就医、添加燃料、淡水、伙食等项事宜的船舶。

船公司按航次向代理人委托航次代理时，须在船舶抵港前，以书面形式向到达港代理人提出委托，并在船舶抵港前一定时间内将船舶细节、有关运输合同和货运单证寄交所委托的代理人。代理人收到书面委托，查明船舶国籍、来港目的，审核船舶规范等资料，明确费用负担与结算对象，经索汇备用金，航次代理关系即告成立。

（三）船舶代理的作用及其服务范围

1. 船舶代理的作用

从事国际航行的船舶在外国港口，尤其是在船舶不经常挂靠，船公司没有设立分支或办事机构的港口，因船公司不熟悉港口情况，难以受到公司的直接照管。相反，设在港口的船舶代理公司或代理行，熟悉当地港口情况和所在国的法规与习惯，具有船舶代理业务的经验。船公司委托代理人代办船舶在港业务，能更有效、更经济地安排和处理船舶在港业务，从而降低运输成本，加速船舶周转。

2. 船舶代理的服务范围

根据《中华人民共和国国际海运条例》（2019 年）（以下简称《国际海运条例》）的规定，国际船舶代理经营者接受船舶所有人或者船舶承租人、船舶经营人的委托，可以经营下列业务：

（1）办理船舶进、出港口手续，联系安排引航、靠泊和装卸；

（2）代签提单、运输合同，代办接受订舱业务；

（3）办理船舶、集装箱以及货物的报关手续；

（4）承揽货物、组织货载，办理货物、集装箱的托运和中转；

(5)代收运费,代办结算;

(6)组织客源,办理有关海上旅客运输业务;

(7)其他相关业务。

3. 备用金的索汇、使用和结算

委托人预付备用金是代理人履行代理协议的必要前提。备用金是指委托方根据代理人的要求,在代理关系建立之后,预付给代理人用作支付船舶在港期间所发生的一切费用和船员借支或其他费用支出的预付款项。汇寄备用金是建立船舶代理关系的必要条件之一。代理人支付的费用只要是在代理权限内,根据代理协议或委托人的委托,且是为委托人的利益,则支付前并不需要征得委托人的同意。费用的结算一般以每航次结束后按航次账单的形式双方结算。

(四)对船舶代理的正确使用

1. 使用船舶代理的一些基本原则

船方与船舶代理之间的关系是委托与被委托的关系。船舶代理应根据船方的委托,在代理权限范围内,努力代办好船舶在港的各项业务。船方应熟悉船舶代理业务范围,对船舶代理的工作应经常提出要求;对委办的事情应经常进行检查;对代理工作的失误应随时记录在案,并要求其设法弥补;对代理在代理活动中损害船方利益的行为,应及时制止并令其迅速改正;船舶在港停泊期间,船方应要求船舶代理每天汇报情况、接受任务;如认为某船舶代理人没能圆满地完成船方交办的事情,可向其指出,必要时,可考虑更换代理人。

船方委托代理代办各项业务时,原则上应有船长或各部门负责人的委托书(有些正常必须进行的工作或港口习惯必须执行的工作,以及一些不需承担代办责任的工作可不写委托书)。委托书应简单、明确,并尽可能把委办事项和要求完成的时间写明。事情办完或供应品送船后,应由船上各部门负责验收并由负责人签认。

2. 可委托船舶代理办理的一些经常性船舶在港业务

在国外港口,船方和当地的船舶代理接触最多,因而应学会在需要时正确地使用代理。

(1)进港前,船长应按规定提前向代理发出船期、水尺的预报电,以便代理及时安排引航员、进口联检、停靠泊位;船方应要求代理事先备妥办理各种进、出口手续时所用的表格,以节省办理进、出口手续的时间;凡具备免检条件的船舶,在到港前,可通过代理向卫生检疫部门申请免检;如遇船舶需较长时间的候潮、等引航员、等驳、等货、等工人,船长可通过代理向承租人发出装卸准备就绪通知书,以便及时开始计算装卸时间。

(2)开始装货前,应要求代理及时提供装货清单以便大副编制配载计划;装货前如需进行扫舱、洗舱、熏舱、验舱,船方可以委托代理洽办;如果港口装卸效率较低,船方可通过代理人办理重点舱的加班,但事先应向代理人了解加班费的情况,每一工班的加班效率,以便估算加班是否有利;在偷窃情况较为严重的港口,可与代理商量,安排专人看船、看舱。

(3)当船舶有剩余载货能力时,船方可委托代理人代揽回程货或沿途挂港的货物。

(4)如发生事故,造成本船损坏,船方可通过代理协助,取得对方对损坏责任的签认;如果船舶损坏后需立即修复,也可委托代理洽办;对某些需经港口有关当局同意才能进行的修理,可通过代理向港口有关当局提出申请。

（5）如船方需添加燃料、淡水，订购物料、备件，伙食等，可通过代理与外供、燃供等单位联系（也可直接和外供、燃供联系）。

（6）船长在船舶到港前，可电告代理所需现金的数额以及币种，船舶到港后应要求代理立即将所需现金送船。开航前，船长应将剩余现金交还代理，并办理退款手续。

单元五 船舶进出港手续

【学习目标】

通过本单元的学习,应达到以下目标:

1. 掌握国际航行船舶办理进、出港口手续的法律依据、程序与要点;
2. 掌握国内航行海船进、出港报告情形与报告内容。

【相关内容】

为加强对进、出口船舶,船员,旅客,行李和货物的联合检查工作,以保证航行安全,维护国境治安,查禁走私,防止疫病传入和传出,及便利船舶进、出港口和对外贸易运输,船舶在进、出港口时,通常需要接受政府有关机关的监督和检查,并办理相应的进、出港手续。

一、国际航行船舶进、出港手续

(一)便利国际海上运输的国际公约与国内法规

1. 1965 年便利国际海上运输公约

为简化和减少从事国际航行船舶的抵达、逗留和离开的手续、文书要求和程序,加强船员上岸的权利和确保港口上的船舶、货物和旅客便利通过,国际海事组织(以下简称 IMO)制定了《1965 年国际便利海上运输公约》(Convention on Facilitation of International Maritime Traffic, 1965, FAL Convention)。该公约是 1965 年 4 月 9 日在政府间海事协商组织召集的会议上制定的公约,1967 年 3 月 5 日生效。我国 1994 年 12 月 29 日决定加入,1995 年 1 月 16 日交存加入书,1995 年 3 月 16 日起对我国生效。

该公约由 16 条法律条款和 1 个附则组成,附则分为 5 节,每一节都有若干"标准""推荐做法"。"标准"系指各缔约国政府为便利国际海上运输,根据该公约所采取的必须统一实行的切实措施;而"推荐做法"系指各缔约国政府为便利国际海上运输而实行的合乎需要的措施。各缔约国在采用不同于该公约中的"标准""推荐做法"时,有义务尽快通知 IMO 秘书处。公约针对船舶的抵达、停留和离开,在"标准"中制定了统一的"便利运输表格":总申报单(General Declaration)、货物申报单(Cargo Declaration)、船用物品申报单(Ship's Stores Declaration)、船员物品申报单(Crew's Effects Declaration)、船员名单(Crew List)、旅客名单(Passenger List)和海上卫生报告单(Maritime Declaration of Health)。

2018 年 1 月 1 日起强制生效的修正案还要求各国政府引入电子信息交换,包括电子数据交换(EDI)来传输与海运有关的信息。IMO 通知这项规定应该在 2019 年 4 月 8 日之前到位,并提供至少 12 个月的过渡期,在此期间,纸质和电子文档都允许继续使用。

2. 便利国际海上运输的国内法规

2019 年《国际航行船舶进出中华人民共和国口岸检查办法》规定,负责对船舶进、出中华人民共和国口岸实施检查的机关(以下统称检查机关)是:中华人民共和国港务监督机构(以下简称港务监督机构)、中华人民共和国海关总署(以下简称海关)、中华人民共和国出入境边防检查机关(以下简称出入境边防检查机关)。

(二)国际航行船舶进港手续

1. 检疫手续

检疫起源于14世纪的欧洲,至今已有700多年的历史。"检疫"一词源自意大利语quarantina,原意是40天,即隔离40天是检疫的本意。1370年欧洲鼠疫猖獗,而对来自有疫情地区的船舶一律实行隔离40天,可以有效防止鼠疫的传播。根据《国际卫生条例》的规定,"检疫"是指限制无症状的受染嫌疑人的活动和(或)将无症状的受染嫌疑人及有受染嫌疑的行李、集装箱、交通工具或物品与其他人或物体分开,以防止可能发生的感染或污染播散。

我国实施检疫的相关法律法规是《中华人民共和国国境卫生检疫法》《中华人民共和国国境卫生检疫法实施细则》《国际航行船舶出入境检验检疫管理办法》。主管机关是中华人民共和国海关总署,船舶检疫程序如下:

(1)船方或者其代理人应当在船舶预计抵达口岸24小时前(航程不足24小时的,在驶离口岸时)向检验检疫机构申报,填报入境检疫申报书。如船舶动态或者申报内容有变化,船方或者其代理人应当及时向检验检疫机构更正。检验检疫机构对申报内容进行审核,确定检疫方式和地点,并及时通知船方或者其代理人。检疫方式通常有锚地检疫、靠泊检疫、电讯检疫和随船检疫。

(2)办理入境检验检疫手续时,船方或者其代理人应当向检验检疫机构提交下列单证:总电报单、货物申报单、船用物品申报单、船员名单、旅客名单、载货清单、压舱水报告单、除鼠/免予除鼠证书、航海健康申报书、交通工具卫生证书、健康证书、航海日志等有关资料。

(3)接受入境检疫的船舶,必须按照规定悬挂检疫信号,在检验检疫机构签发入境检疫证书或者通知检疫完毕以前,不得解除检疫信号。除引航员和经检验检疫机构许可的人员外,其他人员不准上船;不准装卸货物、行李、邮包等物品;其他船舶不准靠近;船上人员,除因船舶遇险外,未经检验检疫机构许可,不得离船;检疫完毕之前,未经检验检疫机构许可,引航员不得擅自将船舶引离检疫锚地。

(4)船舶在收到检验检疫机构同意电讯检疫的批复后,即视为已实施电讯检疫。船方或者其代理人必须在船舶抵达口岸24小时内办理入境检验检疫手续。

(5)如果未发现特殊情况,检疫人员向船方签发检疫证书或临时检疫证书。

2. 海关手续

《中华人民共和国海关法》规定,中华人民共和国海关是国家的进、出关境(以下简称进、出境)监督管理机关。海关依照本法和其他有关法律、行政法规,监管进、出境的运输工具、货物、行李物品、邮递物品和其他物品(以下简称进、出境运输工具、货物、物品),征收关税和其他税、费,查缉走私,并编制海关统计和办理其他海关业务。

海关对进、出境运输工具的监管包括:进境监管、停留监管、境内续驶监管、出境监管、运输工具物料监管。

(1)进境监管

①通知:国际航行的船舶入境时,船长或船舶代理人应在船舶到港前24小时通知海关;

②申报与审核:船舶进港时,船长或船舶代理人应当向海关如实申报,并呈交总申报单、货物申报单、船用物品申报单、船员个人物品申报单、船员名单、进口载货清单、旅客名单、吨税执照、海关关封等,海关对单证予以审核。

③补交:国际航行船舶进港后,需向海关提交进口载货清单办理船舶进口手续,才能开始装卸货物。如果船长或船舶代理人不能及时提供进口载货清单,须向海关出具保证函,经海关同意后可以先行装卸货,但应当在装卸货后24小时以内将齐全的进口载货清单补交海关。

④免除:如果船舶进港后不进行货物装卸,并在24小时以内出港,一般不需要办理上述入港手续,只需在进港时向海关提出入港申报书即可。

⑤纳税:根据各国有关法律规定,除因避难或检疫而临时入港时不缴纳船舶吨税外,凡对外贸易船舶进入对外开放港口,必须按船舶吨位按次或按期缴纳吨税。

(2)船舶停泊期间的监管

①船舶停靠期间移泊、变更国籍、拍(变)卖的动态,应及时办理相应的海关手续。船舶停港期间更换停泊的地点和时间,由海事部门事先通知海关。

②海关检查船舶时,船舶负责人应到场,并应按海关要求开启舱室、房间、储存处所。船舶停靠期间装卸货物须经海关准许。

(3)船舶物料监管

船舶添加或起卸船用燃料、物料,船舶间调拨船用燃料、物料,物品,公用烟酒,食品,应当由船舶负责人编制清单报海关核准,并在海关监管下进行。添加、起卸、调拨的物料,船方免交许可证,海关免税放行。

3. 边防检查或移民手续

根据《中华人民共和国出境入境管理法》(以下简称《出境入境管理法》)的规定,出境入境人员和交通运输工具应当接受出境入境边防检查。根据维护国家安全和出境入境管理秩序的需要,出入境边防检查机关可以对出境入境人员携带的物品实施边防检查。必要时,出入境边防检查机关可以对出境入境交通运输工具载运的货物实施边防检查,但是应当通知海关。

(1)从事国际航行的船舶入境时,船方或船舶代理人应向该国移民局(部分国家为边防检查机构)申请办理船舶入境预检手续,提供总申报单、船员名单、旅客名单、船员物品清单,并接受检查。

(2)边防检查机关或移民局查验海员证和旅客护照证件,根据船长填写的申请书签发登陆证。

4. 海事监管手续

根据《中华人民共和国海上交通安全法》(以下简称《海上交通安全法》)的规定,国际航行船舶进、出口岸,应当依法向海事管理机构申请许可并接受海事管理机构及其他口岸查验机构的监督检查。

(1)船舶进入港口前,应尽快向当地港口海事管理机构提出书面入港申请,但事先经港口海事管理机构同意的船舶可不办理这项手续。只要申请进口岸的船舶技术状况及尺度符合进港条件,并不会危害港口安全,港口海事管理机构应准予船舶进港。

(2)办理国际航行船舶进口岸审批需要提交以下材料:国际航行船舶进口岸申请书(一式四份),国际防止油污证书(IOPP证书)及其附件(格式B)的复印件,CAS检验报告的复印件,包括所载运油品名称以及15 ℃时密度、50 ℃时流动黏度(燃油)的说明文书(载运油品进港卸货的船舶),经批准的危险货物进港申报单复印件(载运危险货物进港的船舶)。

(3)办理国际航行船舶进口岸手续需要提交以下材料:船舶概况表、总申报单、货物申报单[远洋渔船为货物(渔获物)申报单]、船员名单、旅客名单(无旅客者免)、危险货物舱单(无危险货物者免)、船舶适航、检验相关证书、船员证书(适用于外国籍船舶)、上一港出口许可证或其他证明材料、委托证明及委托人和被委托人身份证明及其复印件(委托时)。

(三)国际航行船舶出港手续

1. 检疫手续

国际航行的船舶出港通常不进行检疫,如果从疫区港口开出,检疫部门采取措施后重新发给健康证明书。如果船方要求,可以安排船舶出口检疫,并根据检疫结果,确定是否签发出口检疫证书。

2. 海关手续

(1)通知:国际航行船舶的离港时间,由海事部门或船舶负责人或其代理人提前 24 小时通知海关。船舶离开设立海关的地点驶往境外的 2 小时以前,船舶负责人应将驶离时间以电子数据形式通知海关。

(2)审核:海关审核船舶出境申报单、货物申报单、船舶物品申报单、出口载货清单(无出口货物的递交无货清单)、船员名单和旅客名单(无变更时免交)等海关监管需要的单证。

(3)结关:船舶负责人在货物、物品装载完毕或旅客全部登船后,向海关提交结关申请。海关审核无误后,制发结关通知书。

3. 边防检查或移民手续

船舶出港前,船方或其代理人应向边防检查机关或移民局提交船员名单。边防检查机关或移民局需了解船员人数有无变动并收回登陆证。

4. 海事监管手续

(1)在办理出口岸手续时,船方或其代理人应向港口海事管理机构准确填报并提供:总申报单、船舶概况表(与进口岸无变更者免)、货物申报单(本港无装货者免)、船员名单(与进口岸无变更者免)、旅客名单(与进口岸无变更者免)、危险货物舱单(无危险货物者免)。

(2)在一切手续办完后,港口海事管理机构认为船舶技术状态、装载情况等均符合安全航行条件,制作加盖船舶进、出口岸核准专用章的国际航行船舶出口岸许可证,由代理在船舶离港前交给船长,或由引航员带给船长。

(四)国际航行船舶进、出港手续获取途径

由于各国具体情况和主管机关的要求不同,船舶进、出各港口所需办理的手续和使用的单证也有所不同,在收到航次指令后,船长可通过下列途径获取相关的信息。

(1)船长可以通过电子邮件询问代理,获得必要的港口信息,提前准备卫生检验、动植物检验、海关、移民局(边防)、海事、港口等单位需要船舶提供的信息。此外船长根据代理提供的港口信息,给船员做相应的介绍、培训,避免违反港口规定。

(2)船长可以查询进港指南,获得该港口基本概况,包括进港需要的通用报关表格、港口泊位介绍、当地的风土人情等。

(3)船长可以通过社交网络,如相关的微信群、QQ 群等行业内专业版块,获得专业人员提供的该港口的实践经验,但要注意该类信息由非官方渠道提供,仅供参考。

(4)船长可以阅读无线电信号表等出版书刊,获得引航、VTS、船舶报告系统、时区、岸站电台等信息。

(5)公司的有关通函、杂志等,也提供了港口信息。

二、国内航行海船进、出港口报告规定

根据我国《海上交通安全法》的规定，国内航行船舶进、出港口、港外装卸站，应当向海事管理机构报告船舶的航次计划、适航状态、船员配备和客货载运等。为规范船舶进出港报告行为，便利船舶进、出港口，交通运输部海事局根据《海上交通安全法》的规定，制定了《国内航行海船进出港报告办理指南》。

（一）总则

1. 适用范围：国内航行海船在我国管辖水域内航行进行船舶进、出港报告，应当遵守指南规定。

2. 定义：本指南所称进、出港报告，是指船舶或者其经营人通过互联网、传真、短信等方式报告船舶进、出港信息的行为。

3. 船舶、航运公司或其代理人可办理进、出港报告。

（二）船舶进、出港信息报告的一般规定

1. 船舶首次办理船舶进、出港报告前，应当登陆海事船舶进、出港报告服务网（http://180.169.34.36）进行在线注册。注册需提交船名、船舶识别号、船舶移动业务识别码（MMSI码）、联系人姓名和手机号码、船舶营运证等相关信息。手机号码为接收业务办理信息提示及验证的唯一途径，在船舶进、出港报告业务申办过程中，需保持该手机号码的畅通。对于200总吨以下的海船，可免于提交船舶移动业务识别码（MMSI码）。

船籍港海事管理机构应当在3个工作日内完成对在线注册信息的核验，核验无误后，由系统生成船舶进、出港报告账号和身份认证方式。

当船舶进、出港报告注册信息发生变化时，应当及时登录船舶进、出港报告服务网办理变更。

2. 船舶有下列情形的，应当向预计离泊或者抵达港口的海事管理机构报告船舶进、出港信息：

（1）出港报告：由港内驶出港外；因作业需要在港内航行驶出港内泊位；驶出船舶修造（厂）点、港外作业点、海上作业平台。

（2）进港报告：由港外驶入港内；因作业需要在港内航行驶入港内泊位；驶入船舶修造（厂）点、港外作业点、海上作业平台。

船舶应当在预计离港或者抵港4小时前向将要离泊或抵达港口或作业点的海事管理机构报告进、出港信息。航程不足4小时的，在驶离上一港口或作业点时报告。船舶在港时间不足4小时的，应在靠港后立即办理出港报告。

3. 拖带运输的，被拖船进、出港信息可由被拖船或拖船报告。

4. 船舶应登陆海事船舶进、出港报告服务网或使用海事船舶进、出港报告手机APP客户端，办理船舶进、出港报告。

5. 船舶进、出港报告，应当填写报送以下内容：

（1）进港报告

①船舶航次动态信息：上一港、拟靠泊码头泊位、拟进港时间、进港船舶首/尾吃水；

②在船人员信息：船员姓名、职务、适任证号；

③客货载运信息：载客人数、货物种类及货物数量、集装箱数量及重量等；

（2）出港报告

①船舶航次动态信息：下一港、拟出港时间、出港船舶首/尾吃水；

②在船人员信息：船员姓名、职务、适任证号；

③客货载运信息：载客人数、货物种类及货物数量、集装箱数量及重量等。

6. 船舶向海事管理机构报告的信息应当如实反映情况，并对信息的完整性和真实性负责。当船舶报告的信息发生变化或与实际不符时，应重新办理进、出港报告，并在备注栏中注明原因。

7. 船舶应在航海日志内对办理进、出港报告信息情况做相应的记载。

8. 船舶由于抢险、救生等紧急事由不能按照规定程序报告进港或出港信息，应在任务完成后及时补办进、出港报告。

9. 拖驳在中途要加、解驳船时，加、解的船舶应当办理进、出港报告。

10. 所有适用船舶应当始终保持船载自动识别系统（AIS）处于正常工作状态，准确显示本船舶信息。

（三）船舶进、出港报告特殊情形

符合下列情形之一的船舶，每天至少报告一次进、出港信息：

1. 船舶在固定航线航行且单次航程不超过 2 小时的；

2. 船舶在固定水域范围内航行且单次航程不超过 2 小时的；

3. 港内作业船舶在港内作业的。

进、出港报告信息应包括自上一次报告至本一次报告期间的总航次数和客货载运信息。

（四）船舶进、出港报告信息反馈

1. 船舶成功提交进、出港报告信息后，系统会向船舶预留的手机反馈信息收妥回执，并对船舶提交的进、出港报告信息进行安全校验，校验后的提示信息也将反馈至船舶。

2. 船舶应当根据接收到的安全校验提示信息，及时采取相应措施。

3. 船舶在提交进、出港报告信息后，未收到确认回执的，应主动联系拟抵达港口或者驶离港口的海事管理机构。

（五）船舶进、出港报告注意事项

1. 船舶应当妥善保管船舶进、出港报告账号和身份认证方式，并承担因保管或使用不善而造成的不利后果。

2. 船舶应当遵守国家有关互联网、通信信息安全以及保密、人身权益、版权等相关规定，不得利用船舶进、出港报告系统进行任何违法、侵权等活动。

模块二
定期船运输业务

单元一 海上货物运输合同概述

【学习目标】

通过本单元的学习,应达到以下目标:

1. 了解班轮运输的概念,组织运输的条件、特点;
2. 熟悉海上货物运输合同分类的意义;
3. 掌握海上货物运输合同中双方当事人的含义与法律地位;
4. 了解海上货物运输合同的订立过程与形式。

【相关内容】

一、班轮运输概述

(一)班轮运输的概念

班轮运输,又称定期船运输,与不定期船运输(租船运输)相对应,是船舶营运方式的一种。它是指船舶按预定的船期表,在一定的航线上,以既定的挂港顺序,经常性地从事该航线上各港之间的货物运输。在班轮运输情况下,船期、航线、挂靠港口、挂港顺序通常是确定的。此外,从事某一具体航线上班轮运输的船舶通常也是相对固定的。

在航运实践中,班轮运输又可分为两种:一种是定线定期班轮(核心班轮),即船舶严格按照预先公布的船期表运行,到离港口的时间固定不变;另一种是定线不定期班轮,虽有船期表,但船舶到离港口的时间可以有一定的伸缩性,中途挂靠的港口可能增减。随着集装箱运输的发展,班轮运输又进一步细分为传统的杂货班轮运输和集装箱班轮运输。由于集装箱运输具有快速、装卸方便、装卸效率高、货运质量好、便于开展多式联运等特点，越来越多的集装箱班轮运输已逐渐取代传统的杂货班轮运输。

（二）班轮运输的特点

1. 班轮运输的条件

船公司在组织班轮运输时，为了使船舶能够按照船期表的规定运行，并满足各种货物对运输的要求，必须具备以下条件：

（1）有技术性能较高、设备齐全的船舶，以保证船期和满足不同货物对运输的要求；

（2）有技术和业务水平较高的船员，以保证船舶航行安全和管理所载运货物的需要；

（3）有一套适应小批量货物运送或集装箱运送的货运程序；

（4）有长期稳定的货源。

2. 班轮运输的特点

班轮运输具有以下特点：

（1）航线固定、港口固定、船期固定和费率相对固定。

（2）承运货物的数量比较灵活，货主可以按需订舱，适合于一般件杂货和集装箱货物的运输。

（3）托运人与承运人之间通常不直接签订书面的海上货物运输合同，托运人通过向承运人订舱，建立海上货物运输合同关系。船方接管货物或将货物装船后，签发提单作为海上货物运输合同的证明，用以明确船货双方的权利和义务。

（4）一般情况下，在装货港要求托运人将货物送至承运人指定的码头仓库，由仓库经营人代表承运人接受货物。在卸货港将货物卸至码头仓库后，要求收货人在码头仓库提取货物，即货物的收受和交付大多在装卸两港的码头仓库完成。只有少数货物，如危险品、冷藏货等的收受和交付在装卸两港的码头船边完成。

（5）承运人负责货物的装卸和积载作业，其费用计入运费之中。

（6）托运人或收货人按费率本或运价表的规定，支付运费。班轮公司都有自己的费率本或运价表，规定不同航线、不同种类货物的运费率以及各种附加运费。

（7）通常不计算装卸时间和滞期费或速遣费。

3. 班轮运输的优点

班轮运输具有以下优点：

（1）适合小批量件杂货和集装箱运输；

（2）能较好地保证货物的运达速度；

（3）能较好地保证货物运输质量；

（4）方便货主，免除其亲自办理货物装卸、转运等手续。

二、海上货物运输合同概述

（一）海上货物运输合同的概念

根据《中华人民共和国海商法》（以下简称《海商法》）的规定，海上货物运输合同（Contract of Carriage of Goods by Sea）是指承运人收取运费，负责将托运人托运的货物经海路由一港运至另一港的合同。承运人与托运人是海上货物运输合同的双方当事人。

1. 承运人

根据我国《海商法》的规定，承运人（Carrier），是指本人或者委托他人以本人名义与托运人订立海上货物运输合同的人，此处的“承运人”通常被称为“契约承运人”（Contracting Carrier）。

实际承运人（Actual Carrier），是指接收承运人的委托，从事货物运输或者部分运输的人，包括接收转委托从事此项运输的其他人。

与无船承运业务相关的知识

在实践中，契约承运人有时是经营无船承运业务的货运代理公司等。为规范和监管无船承运业务，《国际海运条例》规定，经营无船承运业务应当向国务院交通主管部门办理提单登记，并交纳相应的保证金。

海运实践中与无船承运业务有关的违规经营行为，比较典型的有：取得无船承运业务经营资格的经营者违规签发未经登记备案的提单；未取得无船承运业务经营资格的经营者违规签发自己未经登记备案的提单；未取得无船承运业务经营资格的经营者违规签发他人未经登记备案的提单；我国境内货运代理企业代理未取得无船承运业务经营资格的外国经营者违规签发未经登记备案的提单。

关于货运代理公司在上述情况下与托运人订立的海上货物运输合同或所签发的提单的效力问题，最高人民法院从有利于纠纷的解决、有利于保障交易安全、有利于航运市场的稳定发展的角度认定该类合同有效。合同有效并不影响行政机关根据《国际海运条例》第43条的规定对违规经营者进行行政处罚。同时，人民法院在案件审结后也应当向国务院交通主管部门或者其授权的地方人民政府交通主管部门提出司法建议，要求对违规经营者给予行政处罚，以保障无船承运业务管理制度的落实。

2. 托运人

托运人（Shipper）可以分为订约托运人和实际托运人。

订约托运人是指本人或者委托他人以本人名义或者委托他人为本人与承运人订立海上货物运输合同的人，并在提单正面明确记载为托运人。

实际托运人是指本人或者委托他人以本人名义或者委托他人为本人将货物交给与海上货物运输合同有关的承运人的人。在依据买卖合同的约定由买方租船订舱的情况下，此类托运人不在提单中加以记载。

实际托运人权益保护

为保证FOB价格条件下买卖合同中的卖方收到货款，《最高人民法院关于审理无正本提单交付货物案件适用法律若干问题的规定》明确，向承运人实际交付货物并持有指示提单的托运人（虽然在正本提单上没有载明其托运人身份），因承运人无正本提单交付货物，要求承运人依据海上货物运输合同承担无正本提单交付货物民事责任的，人民法院应予支持。

(二)海上货物运输合同的种类

1. 按海上货物运输区域划分

(1)国际海上货物运输合同

国际海上货物运输合同(Contract of International Carriage of Goods by Sea)是指承运人收取运费,负责将托运人托运的货物经海路由一国港口运至另一国港口的合同。该类合同适用我国《海商法》第四章“海上货物运输合同”的规定。我国内地至港澳台地区的海上货物运输,在性质上属于国内海上货物运输,但在现阶段,基本上比照国际海上货物运输处理。

(2)国内海上货物运输合同

国内海上货物运输合同(Contract of Inland Carriage of Goods by Sea)又称沿海货物运输合同,是指由承运人收取运费,负责将托运人托运的货物经水路由国内一港运至国内另一港的合同。在我国,其适用《民法典》,而不适用《海商法》。

2. 按运输合同的表现形式划分

(1)班轮运输合同

班轮运输合同又称件杂货运输合同或零担运输合同,对托运人而言一般是指由提单或其他运输单证证明的合同,对收货人或提单持有人而言是指提单上的规定。

(2)航次租船合同

航次租船合同又称程租合同。在该合同中,考虑到船舶仍在出租人的控制和占有之下,与班轮运输合同一致,故也视为海上货物运输合同。

(3)海上货物运输协议或总合同

这是指双方就在一定时间内运输的货物总吨位、使用的船舶、运价、装运条件、起运港和目的港等达成的协议的货运总合同。为了实施总合同,可以在分批运输时签发提单,也可以另行订立航次租船合同。

3. 按运输方式划分

(1)海上联运合同

海上联运合同(Ocean Through Contract)是指承运人收取全程运费,负责将托运人托运的货物经两段或两段以上的海路,从起运港运至目的港的合同。在这种合同下,货物由不属于同一船舶所有人的两艘或多艘船完成全程运输。参加海上货物联运的除作为合同当事人一方的承运人外,还有与承运人建立另外合同关系的其他海上承运人。海上联运合同,通常以海上联运提单为表现形式。

(2)多式联运合同

《海商法》调整的货物多式联运合同(Multimodal Transport Contract),是指承运人(多式联运经营人)收取全程运费,负责将托运人托运的货物以包括海运在内的两种或多种运输方式,从接管地点运至交付地点的合同。这种合同一般以多式联运提单为表现形式。多式联运合同多用于集装箱运输。

(三)海上货物运输合同的订立

订立海上货物运输合同是处于平等法律地位的船、货双方的民事法律行为,只有双方就交易目的及其实现达成合意时合同才成立。合同的订立过程经过要约和承诺两个阶段,但就具体的订立方式和程序而言,件杂货运输合同与航次租船合同有很大的差别。

件杂货运输合同一般以订舱方式成立。托运人或其代理人在向班轮公司的代理人申请托运时，通常先填制托运单进行订舱，班轮公司的代理人根据托运单载明的有关货运内容及航线等情况，决定是否接受托运。如果接受托运，则在托运单上指定船名并签字，海上货物运输合同即成立。当事人之间的权利、义务和风险责任，通过签发的提单及其条款形式加以明确。订舱的具体形式可以是填写托运单，或传真、电传和网上订舱等。

航次租船合同是船舶出租人与承租人之间，或通过中间人即租船经纪人（Chartering Broker），就船舶、货物、航线及其装卸港口、受载期、装卸时间等与之相关事宜，通过洽谈，在意思表示一致的基础上签署形成。实践中，为了简化签订租船合同的手续，一般使用一些租船合同范本作为合同框架与条款的洽谈基础，出租人和承租人可以根据各自的货运要求，对所选用范本中的格式化条款进行修改、删减和订立附加条款（Rider Clause），以达成一致并形成双方接受的合同。如果附加条款与租船合同范本中印刷的格式化条款相抵触，一般解释为附加条款的效力高于印刷条款。

无论是班轮运输合同还是航次租船合同，实践中一般都以书面形式订立，以便事后一旦双方产生争议时，举证方便，容易分清责任。我国《海商法》规定，承运人或者托运人可以要求书面确认海上货物运输合同的成立，且航次租船合同应当书面订立。电报、电传和传真均具有书面效力。

单元二 我国《海商法》中有关海上货物运输合同的规定

【学习目标】

通过本单元的学习，应达到以下目标：

1. 掌握承运人谨慎处理使船舶适航的义务和妥善而谨慎地管理货物的义务；
2. 掌握承运人的免责权利、责任限制的权利。

【相关内容】

海上货物运输关系的核心是海上货物运输合同各当事人之间的权利与义务关系。我国《海商法》有关国际海上货物运输合同当事人权利与义务的规定，参照了当前国际通行的《修改统一提单若干法律规定的国际公约议定书》（以下简称《维斯比规则》），并吸收了《1978 年联合国海上货物运输公约》（以下简称《汉堡规则》）中的部分内容，适当保护了托运人、收货人的利益，使海上货物运输风险的分担达到了一个新的平衡。

一、承运人的义务

海上货物运输合同中规定的承运人的主要义务应包括：谨慎处理使船舶适航，妥善和谨慎地管理货物，不进行不合理绕航，使船舶合理速遣及损害赔偿的义务等。其中，保证船舶适航和谨慎管货是承运人最主要的两项义务。

（一）谨慎处理使船舶适航的义务

我国《海商法》规定，承运人在船舶开航前和开航当时，应当谨慎处理，使船舶处于适航状态，妥善配备船员、装备船舶和配备供应品，并使货舱、冷藏舱、冷气舱和其他载货处所适于并能安全收受、载运和保管货物。

1. 船舶适航的含义

船舶适航（Seaworthy），是指船舶的一种状态，即船舶抵御风险的能力，有狭义的船舶适航和广义的船舶适航之分。

（1）对狭义的船舶适航要求

狭义的船舶适航是指船舶本身的适航能力，它要求船舶应具有克服预定航次中海上一般风险，从而保证安全航海的能力，即船舶在设计、构造、性能和设备方面都能经受住海上一般风险的考验。这不仅要求船体坚固、水密，船舶主要航行设备和机械无故障，而且要求船舶设计合理，适于预定航区的航行。构成船舶狭义上不适航的情况通常有：船体强度不足，不能经受航行中的风浪；船舶吨位过小，不适于预定航区航行；船舶设计有缺陷；等等。

（2）对广义的船舶适航要求

广义的船舶适航除了要求船舶具有狭义的适航能力外，还要求船舶具有航海能力和适货能力。

①船舶的航海能力

船舶的航海能力是指船舶为完成预定航次所必须具备的技术能力和条件。船舶的这种能力要求通过妥善地配备船员、装备船舶和配备供应品来获得。

a. 妥善地配备船员。首先,在数量上,应保证配备的船员满足船舶最低安全配员的要求,船舶所有人可以根据正常航行值班或作业的需要增配船员,但最高不能超过船舶救生设备的定员;其次,在质量上,要求配备的每个船员都应持有相应的证书,每位船员都能胜任各自岗位的工作;再次,在操作上,必须遵守有关海上交通安全的规章制度和操作规程,保障船舶、设施航行、停泊和作业的安全。

b. 妥善地装备船舶。船舶在安全、载重、防污染、工作与生活条件等各个方面必须得到完善的装备,符合《1974 年国际海上人命安全公约》《1966 年国际船舶载重线公约》《2006 年海事劳工公约》《1973 年国际防止船舶造成污染公约》1978 年议定书等国际公约及船舶法定检验技术规则等国内规范的要求,必须具有船舶检验部门签发的有效技术证书。

c. 妥善地配备供应品。在预定的航次中,船舶必须配有充足的燃料、物料、淡水和粮食,供在下一停靠港添加之前使用。在配备燃料时,除应正确计算航程与燃油日消耗量外,还需要考虑船速、燃油质量、洋流及航行中可能遇到的异常天气等情况,确定一个安全储备系数。

②船舶的适货能力

a. 适货的对象。我国《海商法》规定,货舱、冷藏舱、冷气舱和其他载货处所均应适货,包括货舱清洁、干燥无味,污水沟和通风筒畅通,舱盖水密,吊杆或吊车、起货机和索具等设备齐全、有效。如果装运冷藏货物,冷藏设备应通过检验,并取得合格证书。

b. 适货的环节。根据我国《海商法》的规定,船舶适货的要求应贯穿在收受、载运和保管货物这三个环节当中。

c. 适货的要求。承运人履行适货义务的总原则就是"适于""安全"。"适于"是指货舱、冷藏舱、冷气舱和其他载货处所应该达到可以收受、载运和保管货物的程度,起货设备等处于有效状态。"安全"是指上述处所及其附属起货设备在规定的条件下和负荷内可以顺利地收受、载运和保管货物,而不致发生货运事故。

2. *船舶适航标准*

就适航的原意来讲,适航更多的是与船舶的状态有关,即船舶处于适于航行的状态,而非船东的行为。但船东对于货主等特定与不特定的利害关系人有保持船舶适航的义务,否则会承担违约或者侵权责任。

关于适航的法律规制,适航的标准不是一成不变的,也不是绝对的、划一的。适航性标准有一个悠久的历史演进过程,也正在不断地发展。适航概念发展的趋势是:标准越来越高,船舶所有人或者经营人的举证责任越来越重,适航责任期间必将延长至航程中的各个区段。但目前已生效或者未生效的公约或者国际规则并没有将适航义务确定为严格责任意义上的绝对义务,仍然定位在"谨慎处理"意义上的相对适航。

谨慎处理使船舶适航,是指承运人作为具有通常要求的技能并谨慎行事的船舶所有人,采取各种为航次特定情况所合理要求的措施。如果船舶存在通过采取这种措施仍不能发现的潜在缺陷,虽然这种缺陷使船舶不适航,但不视为承运人违反谨慎处理使船舶适航的义务。

由此可见,船舶适航基本义务的性质没有改变,仅是具体内容的增加和判断标准的提高而已(如 ISM 规则的规定)。而且,在特定历史条件下,适航随着货物的种类、船舶的特点、航线的情况不同而有所不同,如远洋航行的船舶与沿海航行的船舶在船体强度等技术性能上的要求显然有较大差异。又如冬季与夏季、高纬度与低纬度所遇到的海上一般风险就有所不同。

3. 船舶适航的时间

我国《海商法》规定，承运人谨慎处理使船舶适航的时间为“船舶开航前和开航当时”，即航次开始之前和开始当时。

航次，在我国一般认为是指合同航次或提单航次，即从装货港至卸货港的整个航程。因此，承运人谨慎处理使船舶适航的义务仅限于装货港。换言之，只要在船舶从装货港开航之前和开航当时，承运人已谨慎处理使船舶适航，即使船舶在航行期间或中途港停靠期间丧失适航性，不能视为承运人违反谨慎处理使船舶适航的义务。

关于航次开始之前和开始之时，一般认为，船舶在开始装货时，船舶必须适航，货舱必须适货，船舶能够抵御装货期间通常出现的或能合理预见的风险，包括必要时，船舶能驶离泊位到锚地抵抗台风。船舶开航之时，通常理解为船舶起锚或者解缆离泊之时，应满足船舶适航的各项要求。在此期间，凡在维持已有适航状态上的过失，以及为使船舶在开航之时全面适航所做的各项工作中的过失，均视为承运人违反谨慎处理使船舶适航的义务。因此，从船舶开始装货至船舶开航之时，承运人谨慎处理使船舶适航是一项连续的义务，在此期间，承运人不能援引船长、船员等管理船舶过失的免责。

某船装运一批货物从美国出发开往日本，在由拖船拖带离开码头时，碰撞了混凝土，以至船壳出现裂缝。发生碰撞时，船上还有两根缆绳仍系在码头的缆桩上。碰撞后，船长未对该船进行检验。在船舶航行中，海水经裂缝渗进船舱，损及货物。承运人对此应承担赔偿责任。

4. 承运人对独立合同人的过失负责

一般认为“谨慎处理”的主体范围不仅包括承运人本人及其受雇人，而且包括独立合同人。独立合同人是指与承运人在海上货物运输合同以外另有合同关系的，为承运人完成使船舶适航工作的人员，通常指船舶修理人员、检验人员、罗经校正师等。适航义务是承运人不可由他人替代的义务。承运人不能因为雇佣独立合同人履行使船舶适航的义务，就推卸自己的责任，承运人应对独立合同人的行为负责。

5. 船舶适航的举证

认定船舶不适航，是从审查船舶适航性为起点的，以船舶适航的标准反向认定不适航，未达适航标准的即为不适航。一般由船方证明船舶适航，其不能举证证明的，则认定船舶不适航。

认定船舶是否适航，不仅要看船舶证书是否齐全有效，还要看船舶的实际技术状况，如是否超载以及船舶在强度、稳性（包括易流态化散装固态货物含水率是否超过适运水分极限等）等诸方面是否符合规范并具备抵抗预定航次风险的能力。

6. 不适航的法律后果

认定船舶不适航后，应当存在两个层次的法律问题：首先是判断船舶所有人、经营人是否应当承担不适航的责任；其次，在判断船舶所有人或者经营人应当承担不适航的责任后，才进一步涉及其是否应当丧失责任限制权利的问题。

从责任人（船舶所有人、经营人）的过错程度来看，船舶不适航的原因可分为三类：

（1）责任人尽到合理谨慎的义务仍无法发现船舶本身的潜在缺陷（无过失）；

（2）责任人没有尽到合理谨慎（一般过失）的义务；

（3）责任人故意或者明知可能造成损失而轻率地作为或者不作为。

如果船舶不适航是第一种原因所致，除诸如船舶污染等应当承担无过错责任的情形外，可依据我国《海商法》第 51 条第 1 款第 11 项的规定主张免责。

即使属于上述第二种情况，如果不适航与货物损失没有因果关系，承运人也不应基于不适航而承担责任；如果不适航与承运人可免责的原因共同造成货损，则由承运人承担举证责任合理分清，否则承担举证不能的不利后果。如果不适航是第二种原因所致，责任人应当承担因不适航造成的损失，但责任人有权主张责任限制。

如果不适航是第三种原因所致，且损失是不适航造成的，责任人丧失责任限制的权利。总之，不适航不当然地成为船舶所有人、经营人应当承担责任的理由，更不能当然使责任人丧失责任限制的权利。

（二）妥善和谨慎地管理货物的义务

1. 管货的环节

我国《海商法》规定，承运人应当妥善、谨慎地装载、搬移、积载、运输、保管、照料和卸载所运货物。

装载、搬移、积载、运输、保管、照料和卸载是承运人管理货物的 7 个环节，这 7 个环节实际上概括了从装货开始直到将货物从船上卸下为止的整个运输过程。在这个过程中，承运人应尽到妥善和谨慎地管理货物的义务，并对因未履行义务而发生在任何一个环节上的货物灭失或损坏负责。

由于海上货物运输主要由承运人的雇佣人员或代理人完成，因此，不仅承运人本人要妥善和谨慎地管理货物，承运人的雇佣人员和代理人也应严格履行这一义务。在管货问题上不存在承运人、船长、船员及其他受雇人员过失免责的问题。

2. 管货的标准

（1）主观标准

主观标准就是对承运人在管货方面的努力程度而提出的具体要求。我国《海商法》对承运人管货提出了“谨慎”的主观标准。

“谨慎”（Carefully）是指承运人在管理货物的各个环节中，必须采取一切合理的措施，防止或减少货损的发生。具体地讲，就是要求承运人、船长、船员或其他承运人的雇佣人员、代理人在管理货物的各个环节中，必须达到作为一名能胜任海上货物运输工作的人预期应表现出来的合理谨慎态度。承运人在任何一个环节中违反了该条义务，并造成货物的灭失和损坏，均应承担赔偿责任。

（2）客观标准

客观标准是指对承运人履行管货义务所应达到的客观效果方面的要求。我国《海商法》对承运人管货提出了“妥善”的客观标准。

妥善（Properly）是指在整个管货过程中，承运人应该从装货到卸载，建立起一个良好的工作系统，并采取相应的措施。例如，根据货种、航线等情况，注意舱内货物的变化，控制舱内温、湿度，以保证货运质量。如果在任何一个环节中违反操作规程，并造成货物的灭失或损坏，承运人均应承担法律责任。

实质上，关于承运人管货义务的主观标准和客观标准是相辅相成的。“谨慎”是实现“妥善”的必然要求，“妥善”是“谨慎”的最终目的。尽管“谨慎”不一定必然达到“妥善”的标准（因为有时好心也可能办错事），但不“妥善”的后果却必然是由于不“谨慎”的行为所引起的。换言之，在工作中粗心大意，根本不可能使管货工作做得井井有条。因而只有在主观上尽到了应尽的努力，才能达到妥善管理货物的客观效果。

3. 管货义务的具体环节

管理货物的工作是一个完整的过程，这个过程包含了若干个环节，前面所述的管理货物的主、客观标准应贯穿在各个环节之中，具体体现在以下几个方面。

（1）装载

装载（Loading）是一个持续性的过程，一般来说，承运人要对货物的装载全面负责，并从保管货物直至装载货物，都应做到妥善和谨慎。

有时，在合同中可能约定装载工作由托运人自行负责。按照这样的条款，托运人在装载中若损坏了自己的货物，承运人对此可不负任何责任。反之，若损坏了第三方的货物，承运人便应对第三方负责，即使合同中约定由托运人自行装载，承运人也须对此项工作进行监督和管理。当然，承运人在赔偿第三方的损失以后，可以对托运人行使追偿权。在某些情况下，船方为了避免承担装载不当的责任，可能在提单上注明：承运人是作为托运人的代理进行货物装载工作的，这样的条款往往会被视为减轻承运人的责任而被宣布无效。当然，在租船合同中做此种约定，则另当别论。

（2）妥善而谨慎地积载

①积载的标准

积载（Stowage）即是指货物在舱内的堆放。承运人对货物的积载必须谨慎从事，充分发挥自己的技能，以保证货运质量。英国第二巡回法庭为积载确立了这样一个标准：尽管它未必一定能防止任何损害但从表面上已无可挑剔，如果托运人希望对货物采取进一步的防护措施，就必须提出特殊的要求。达到了这样的程度，才算是做到了妥善而谨慎地积载。在实践中，将极易产生化学反应的货物堆放一处；将干燥货物靠近液体货物；将易腐货物与易自燃的货物置于高温处所，且没有充分的通风条件。凡此种种，均属未达到妥善而谨慎的积载标准。

②积载责任的划分

尽管承运人在积载方面应做到妥善而谨慎，但并不是要求承运人承担一切积载不当的责任。当由托运人自行负责积载时，如果损坏了自己的货物，承运人可以免除自己的责任；如果托运人积载时损坏了别人的货物，由于托运人积载是在船长的控制下进行的，并且承运人还负有照料其他货物的义务，因而，承运人仍然要承担赔偿责任。

如果是特殊货物，即根据其理化特性需要特殊照料的货物，托运人就应该给承运人以指示，说明货物性质、特点及积载要求等；若托运人未及时指示导致积载不当，也属于托运人的不作为，承运人可免除责任。

集装箱货物有整箱货和拼箱货之分。整箱货是指由托运人自行装箱并铅封，然后以整箱的形式直接交给承运人或其代理人的货物。整箱货在箱内的积载由托运人自行负责，承运人在交付货物时，只要箱子外表状况完好，即可免除责任。但是，承运人应负责集装箱在船上的积载，如果集装箱在舱内或甲板上堆放不当以致货损，仍然要承担法律责任。拼箱货是指由托运人将零星的杂货交与承运人，并由承运人将分属于不同货主的货物装于一个箱内并负责铅封的货物。对于拼箱货，不论是箱内的积载，还是箱子在船上的积载，均由承运人负责，由于积载不当造成货损，承运人均应承担赔偿责任。

(3)妥善而谨慎地处理

处理(Handle)是指货物在舱内的搬移或调整。当货物装入舱内以后,承运人应根据货物的具体情况妥善而谨慎地处理,例如,对笨重货物应捆绑牢固,堆码不齐的货物应该进行平舱等,以防货物倒塌。

(4)妥善而谨慎地运送

运送(Carriage)是指承运人将所承运的货物运抵目的港的行为。根据我国《海商法》的规定,承运人负有将货物尽快地、直接地和安全地运抵目的港的义务。这里包含两方面内容:一是应做到尽速遣航(Reasonable Dispatch),非因自然灾害、意外事故或不可抗力,不得无故拖延开航时间,亦不得无故减慢船速。二是应当按照约定的或习惯的或地理上的航线将货物运往卸货港,非因救助或者企图救助人命或者财产或者合同约定的其他原因,不得随意绕航。

(5)妥善而谨慎地保管和照料

保管和照料(Keep and Care for)是指承运人对货物的看管和照顾的行为。承运人在整个海上货物运输过程中应针对不同货物的特点,采取相应的措施,防止货物发生损失。例如:有些货物在舱内温度过高时,应及时使用通风设备;遇到大风浪时要及时关闭通风设备;对某些在凉爽地区装船的货物,在经过热带地区时,应尽量避免通风,以免货物出汗并锈蚀。如果该采取的措施不采取,不该采取的措施反被采取,都属于未尽妥善和谨慎之责。

(6)妥善而谨慎地卸载

卸载(Discharge)是指承运人将货物从船上卸到码头、驳船或承运人指定的其他地点的行为。在卸货时,承运人需注意的事项与装船时一样。例如,应监督装卸工人谨慎操作,防止野蛮作业,并创造一切可以安全卸载的条件。

4.“管货”与“适货”的联系和区别

(1)两者的联系

不论是“适货”还是“管货”,都是承运人的基本义务,而且是强制性的义务。承运人在合同中不得以规定任何条款的形式来减轻或解除自己的义务,即使有规定,亦属无效条款。

(2)区别

①针对的对象不同

“适货”属于“适航”问题的一个组成部分,它针对的是货舱和其他载货处所,即应该使这些处所能够适于并能安全地收受、载运和保管货物。而“管货”所针对的对象是货物本身,即如前所述,要做到妥善而谨慎地装载、搬移、积载、运输、保管、照料和卸载所运的货物。

②时间要求不同

“适货”属于“适航”问题的一个方面,因而在时间要求上,是指在开航前和开航当时,“管货”的要求则应贯穿在从装到卸的全过程,任何一个环节发生问题,均属未很好地尽到管货义务。

③要求的标准不同

“适货”作为“适航”问题的一个方面,要求承运人做到谨慎处理即可,经过谨慎处理而未发现的潜在缺陷不在此列。在管货问题上不仅要求承运人要做到谨慎,还要做到妥善,两者缺一不可。

综上所述,承运人的管货责任包含着丰富的内容。谨慎的承运人必须认真注意管货的各个环节,并用法律所确立的标准认真衡量。

(三)保证船舶不进行不合理绕航的义务

绕航是指船舶在海上航行途中驶离了承运人与托运人事先约定的或者习惯的或者地理上的航线。

1. 绕航的构成要件

(1)绕航的行为是有意采取的

有意是指明知绕航行为会背离合同所约定的航线,但为了某种目的而故意为之。换言之,绕航的行为是受人的主观意志所支配的。由于纯自然的因素所致的背离航线不属于绕航。从这个意义上来说,因导航仪器和设施发生故障而迷失航向,进而偏离原定航线,就不能被认为是绕航行为,因为其中不存在船舶所有人和船长的主观意志(至于此种原因是否属于船舶不适航或其他情况,则应根据实际情况而定)。从另一个方面来讲,基于船长对形势的错误判断而偏离了航线,其中不存在偏离航线的主观愿望,因而也不具备绕航的前提条件,充其量只能属于驾驶船舶的过失行为。

(2)绕航的行为导致了航线的背离

仅有绕航的企图但并未付诸实施,不能认为是绕航,绕航必须是实际上背离了所规定的航线。我国《海商法》规定,承运人应当按照约定的或者习惯的或者地理上的航线将货物运往卸货港。如果承运人与托运人事先对航线有约定,船舶应按其约定航线行驶;没有约定或约定不明确时,船舶应按照装、卸两港之间的习惯航线行驶;如果既无约定,又没有习惯航线的,船舶应按地理上的航线,即在保证海上航行安全的前提下,装、卸两港之间可航水域最近的航线行驶。

2. 合理绕航

我国《海商法》规定,为了救助或企图救助海上人命或财产而发生的绕航或者任何合理绕航,都不得视为违反义务的规定。在下述情况下,船舶偏离航线通常被认为是合理的:

(1)因运输合同中列明一些具体的事由而发生的绕航;

(2)救助或者企图救助海上人命或财产;

(3)船舶在航行中遇到危险,威胁到船舶的安全,即使这种危险是船舶开航前,承运人没有做到谨慎处理使船舶适航所致,这里的绕航也是合理的;

(4)因不可抗力等致使船舶不能在合同约定的港口卸货的,除合同另有约定外,船长有权将货物在目的港邻近的安全港口或者地点卸载。

3. 不合理绕航

绕航有合理的,也有不合理的。一般情况下,仅仅是为了承运人的本身利益与方便而发生的绕航是不合理的,如将偷渡者遣回原地,为了单方利益装、卸货物,上、下旅客等。

4. 不合理绕航的法律后果

在英国法下,不合理绕航构成根本违约,承运人不能援引原合同的权利和免责等规定,而应根据侵权原则承担责任。我国《海商法》对不合理绕航的后果没有特别规定,解释为一般违约比较合理。但不合理绕航由于是故意所为,承运人不再享受责任限制。

我国《民法典》第 812 条也有类似的规定:“承运人应当按照约定的或者通常的运输路线将旅客、货物运输到约定地点。”否则,构成违约责任。

(四)使船舶合理速遣及交货的义务

货物装船后,船舶应合理速遣,及时开航,并尽快完成航次,将货物运至目的港,交给收货人,不应有不合理的延误。承运人违反合理速遣的义务,应当对延迟交付货物承担责任。

我国《海商法》规定,货物未能在明确约定的时间内,在约定的卸货港交付的,为延迟交付。如果承运人与托运人没有明确约定货物交付的期限,即使承运人未能在合理时间内,在约定的卸货港交付货物,并不构成延迟交付。但我国《民法典》第 811 条规定:"承运人应当在约定期限或者合理期限内将旅客、货物安全运输到约定地点。"可见,我国《民法典》有关按时运送包含了约定期限和合理期限两种情况。

根据我国《海商法》的规定,除承运人不负赔偿责任的情形外,由于承运人的过失,致使货物因延迟交付而遭受经济损失的,即使货物没有灭失或损坏,承运人仍然应当负赔偿责任。

(五)损害赔偿的义务

承运人因其本人、受雇人员或代理人违反法律或合同的规定,造成货物的灭失或损坏,或使托运人(收货人)遭受其他经济损失,除非承运人依据法律或合同的规定可以免责,否则,应承担损害赔偿责任。

我国《海商法》规定,除按规定承运人不负赔偿责任的情形外,由于承运人的过失,致使货物因延迟交付而灭失或损坏的,承运人应当负赔偿责任。由于承运人的过失,致使货物因延迟交付而遭受经济损失的,即使货物没有灭失或损坏,承运人仍然应当负赔偿责任。

二、承运人的权利

海上货物运输合同中规定承运人的主要权利包括:承运人的免责权利;承运人赔偿责任限制的权利;运费、亏舱费、滞期费及其他费用的请求权;货物留置权等。其中承运人的免责和责任限制权利是承运人的两项最主要权利。

(一)承运人的免责权利

我国《海商法》参照《统一提单若干法律规定的国际公约》(以下简称《海牙规则》)免责事项的规定,在不改变实质内容的前提下,对其加以合并,归为 12 项,并进一步明确了举证责任的分担。即承运人对下列原因造成货物的灭失或者损失,不负赔偿责任。

1. 驾驶船舶过失免责和管理船舶过失免责

(1)驾驶船舶过失

驾驶船舶过失是指船长、船员和引航员等,在船舶航行或停泊操纵上的过失。例如测定船位的错误;航行中没有保持正规瞭望;没有以安全航速行驶;没有采取正确的避让措施;锚泊或系泊过程中违反良好船艺的要求;抛锚的位置或方式不当;等等。一旦发生驾驶船舶过失,往往伴随着重大海上事故,如船舶碰撞、触礁、搁浅、沉没等,并因此造成货物灭失或损坏。

(2)管理船舶过失

管理船舶过失是指船长、船员等,在维持船舶的航海性能和有效状态上的过失。例如轮机员操纵机器不当致使机器损坏,船舶失去控制;主机或锅炉使用不当,以致引起火灾;错开压载舱阀门,以致海水进入货舱,造成货物湿损;等等。

在实践中,船长、船员等管理船舶中的过失行为,常常容易与前述的船长、船员等履行管理货物义务中的过失行为混淆。承运人对船长、船员等管理船舶中的过失行为造成的货损可以免责,但对船长、船员等管理货物过程中的过失行为造成的货损不能免责,因此,判定某项行为是属于管船行为还是管货行为,有时就变得十分重要。为此,国际上有不少海商法学者们致力于探讨这两种行为之间的区别。现在比较有代表性的看法是，以行为的对象和目的作为区分标准。如果某一行为是针对货物的，其目的是管理货物，则该行为属于管理货物的行为；反之，则属于管理船舶的行为。

2. 火灾，但是由于承运人本人的过失所造成的除外

火灾是指由失火造成的灾害。火灾造成的货物灭失或者损坏，除直接被烧坏或烟熏造成外，还包括救火过程中造成的损坏，如用水灭火造成的货物湿损，或因践踏而造成的损坏。船舶发生火灾的原因可以分为四类。

（1）自燃

自燃，即因货物的自然特性或固有缺陷致使货物自行燃烧（如鱼粉因发热而自燃）。根据我国《海商法》的规定，承运人在尽到了基本义务与责任的前提下，对由于货物的自然特性或固有缺陷所造成的损失可以免责，因而，承运人也不负赔偿责任。

（2）自然灾害、意外事故、不可抗力

按我国《海商法》的规定，因此种原因造成的货物灭失或损坏，承运人不负赔偿责任，因而引起的火灾也不在赔偿之列。

（3）人的故意或过失

若是承运人本人的实际过失或私谋，承运人不能免除赔偿责任。承运人实际过失，是指承运人在船上灭火器材的配备、灭火程序的制定及船舶消防安全教育、灭火训练和船舶火灾安全管理等方面的过失。承运人的私谋，是指承运人为了达到某种目的，特别是为了获得保险上的利益，故意指使船长、船员纵火烧船的行为。若是船长、船员或其他受雇人的故意或过失，承运人可按合同或法律主张免责。若是托运人的故意或过失，承运人不但可以免责，而且可请求托运人赔偿。

（4）原因不明的火灾

原因不明并不是没有原因，只不过是因条件限制，无法查明原因。由于在司法实践中不能做推定和假设，因此，对于无法查明的原因而引起的火灾，就不能要求承运人承担赔偿责任。

3. 天灾，海上或者其他可航水域的危险或意外事故

天灾是指承运人通过采取合理谨慎的各种预防措施后，仍不能抵御或防止的，并直接造成货物灭失或损坏的自然灾害，如地震、海啸、雷击和冰冻等。天灾必须是自然现象，没有涉及人为因素。

海上或者其他可航水域的危险或者意外事故，即通常所说的海上危险和海难。如遭遇海上的风暴、狂浪、冰山、浓雾；碰撞水中的漂浮物和海图上未标明的暗礁；发生船舶碰撞、搁浅、翻船、沉没；等等。

对于天灾，海上或者其他可航水域的危险或意外事故造成的货物损失，承运人可以免于赔偿。

4. 战争或者武装冲突

在国际法上，战争与武装冲突有着本质的区别，确定国际法上战争状态的存在，是否存在“武装冲突”不是关键，交战各方是否存在“交战意思”是决定性因素。“交战意思”是指敌对的双方或一方认定已经或将要发生的敌对或冲突为战争状态。同时，当这种敌对或冲突影响到第三国利益时，第三国的判断或态度，如宣布战时中立等，也是认定这种冲突是否构成战争的重要因素。

5. 政府或者主管部门的行为、检疫限制或者司法扣押

政府或者主管部门的行为或司法扣押，是指一国政府或有关部门所采取的禁止装货或卸货、禁运、封港、扣押、没收充公等行为。例如，两国政府突然关系恶化，一国政府下令扣押其境内的另一国商船。司法扣押不包括因商务纠纷或因当事船的违法行为所引起的扣押。

检疫限制是指一国根据检疫法规，当发现来本国港口的船舶上有疫情，或船舶来自有疫情的港口时，禁止船舶进港装卸货物，或对船货进行熏蒸等消毒处理。

6. 罢工、停工或者劳动受到限制

罢工、停工或者劳动受到限制是指因劳资纠纷等引起罢工、停工或劳动受到限制，不论其严重程度如何，也不论是局部的还是全面的，使船舶无法进、出港口或无法及时装卸货物等情况。承运人对因此而使船舶无法及时装卸货物造成的货物灭失或损坏不负责任。但在上述情况下，船方仍有义务妥善而谨慎地保管和照料货物。必要时，可以采取合理行动，如改驶他港等。

船员发生罢工，承运人亦可援引此免责，但如果罢工是由于承运人的不法行为，或其他应负责的原因，例如承运人违反与船员之间的雇佣合同，拒不按时支付或非法克扣船员工资，明知港口发生罢工仍命令驶入等原因造成的除外。

7. 在海上救助或者企图救助人命或者财产

救助海上人命是船长、船员的法定义务，船长对于海上遭遇生命危险的人，即使是敌人，只要对其船舶、船员和旅客不致造成严重危险，均须予以救助。为救助或企图救助海上人命而造成的货物灭失或损坏，承运人不负责任。为救助或企图救助海上财产而造成的货物灭失或损坏，承运人亦可免责。有关国际公约还进一步规定，为救助或企图救助海上人命或财产所做的绕航或者其他合理绕航，不视为对该规则或运输合同的破坏或违反。因此，承运人对由此而造成的货物灭失或损坏也不负责。

8. 托运人、货物所有人或者他们的代理人的行为

本项是针对托运人或货物所有人或其代理人或代表的过失行为而言的。例如，托运人对货物的内容或性质申报错误，或故意隐瞒货物性质，致使承运人积载货物不当造成货物损坏，或由于对货物性质不了解，而未采取相应措施，造成货物在运输途中发生的损坏，承运人就可以援引此项要求免责。

9. 货物的自然特性或固有缺陷

货物的自然特性或固有缺陷是指货物本身所具有的自然属性及缺点以及货物非表面的固有缺陷。如谷物在运输过程中的水分蒸发；矿粉、矿砂等在装卸过程中的飞扬散失；散装油类黏附舱壁或结块沉淀等造成散装油类的数量或体积的正常耗损；活动物在运送过程中因病而死亡；易腐货物在长途运送过程中发生腐烂或变质；谷物、煤炭在运送过程中的发热、自燃等。

对因货物固有的缺点、特性或缺陷而引起的，为习惯所允许的货物自然减量，或造成的任何其他灭失或损坏，承运人可以免责。

10. 货物包装不良或标志欠缺、不清

如果货物的包装方式、强度或状态不能承受货物装卸和运送过程中的正常风险，对因此造成的货物损坏，只要承运人、船员、受雇人员、代理人没有过错，承运人即可援引此项免责。但如果承运人签发了清洁提单，而货物包装不当又是通过合理检查能发现的，则承运人对于提单受让人不得援引这一免责条款从而推卸责任。

如果货物的主要标志不当或不清，使承运人无法对货物加以辨认，而造成货物混票或错交，或货物警告标志、危险标志不当或不清，造成货物在运输途中因搬移、堆放、保管、操作不当而损坏，承运人可以援引此项免责。但如提单上没有货物标志不清、不当的批注，则承运人对于提单受让人不得援引这一免责条款从而推卸责任。

11. 经谨慎处理仍未发现的船舶潜在缺陷

潜在缺陷是指一名合格谨慎的专业人员，以通常的办法和合理的注意而未能发现的船舶缺陷。只要该缺陷是谨慎处理所不能发现的，则承运人不存在过失，在道德上也无可非议，可援引此项免责。例如，某船在定期检验时，船舶检验人员用习惯的方式测量船壳板的厚度，某一钢板严重腐蚀，但测量时未能发现，船舶在航行中由于风浪的影响，该处钢板裂缝，海水进入货舱使货物湿损，这一缺陷即为潜在缺陷，承运人对于因此而造成的货物湿损可以免责。

虽然，从字面上理解，承运人欲援引此项免责，应证明他事实上已谨慎处理却仍未发现船舶的潜在缺陷。但国际上对"谨慎处理所不能发现的潜在缺陷"的普遍解释是，即使承运人事实上没有做到谨慎处理，但如承运人事后能证明，即使他做到了谨慎处理，也不能发现船舶的潜在缺陷，则仍可援引此项免责。

12. 非承运人或者承运人的受雇人、代理人的过失造成的其他原因

其他原因指前面 11 项没包括的，但又与前面 11 项属于相同性质或相似的事由。此项为概括性免责，即同类原则。

应注意的是，虽然承运人可以援引免责条款来免除他对货损的责任，但是他应采取合理措施防止货损的扩大。例如，码头工人罢工引起货损，承运人可以免责。但在此期间，船方仍应适当和谨慎地照管货物。

承运人欲援引上述免责事项时，必须证明货物的灭失或者损坏系某项免责原因所致。但是，当因为火灾造成货物灭失或者损害时，应采用举证责任倒置原则，即由索赔方举证证明火灾是由承运人过失造成的，否则承运人免责。同时，承运人在援用本条免责事项时，还应注意承运人应首先履行其法定的义务，即提供适航船舶、谨慎管货、不进行不合理绕航的义务；或者，虽然承运人未履行上述义务，但与货物灭失或者损坏不存在因果关系。

根据我国《海商法》，在承运人的 12 项免责事项中，前两项是承运人的受雇人员有过失情况下的免责，其余是承运人无过失的免责，由此可见，我国《海商法》对承运人实行的是不完全的过错责任原则，或称为过错责任原则加列明的过失免责。

除上述 12 项免责事项外，我国《海商法》还规定，承运人对因活动物运输的固有的特殊风险所造成的活动物灭失或损害，不负赔偿责任，但是承运人必须证明已经履行了托运人关于运输活动物的特殊要求，以及根据实际情况，损失是由这种风险所造成的。另外，我国《海商法》还规定，承运人对舱面货物运输由于装载的特殊风险所造成的货物灭失或损坏，可以免责，但承运人在舱面上装载货物，必须同托运人达成协议，或者符合航运惯例，或者符合有关法律、行政法规的规定。如擅自将货物装于舱面，致使货物灭失或损坏的，应当承担赔偿责任。

(二)承运人赔偿责任限制的权利

承运人赔偿责任限制(Carrier's Limitation of Liability)是指对承运人不能免责的原因所造成货物的灭失或损坏、货物延迟交付所造成的经济损失，将其赔偿责任限制在一定的范围之内。承运人对货物或损坏的赔偿责任限制的数额，按照货物件数或者其他货运单位数计算，因此，承运人赔偿责任限制又称承运人单位责任限制(Package Limitation of Liability)。

我国《海商法》规定，承运人对货物的灭失或者损坏的赔偿限额，按照货物件数或者其他货运单位计算，每件或者每个其他货运单位为666.67计算单位，或者按照毛重计算，每千克为2计算单位，以两者中赔偿较高的为准。货物用集装箱、货盘或者类似装运器具集装的，提单中载明装在此类装运器具中的货物件数或者其他货运单位数，以提单上的记载为准；未载明的，每一装运器具视为一件或一个单位。装运器具不属于承运人所有或者非承运人提供的，装运器具本身应视为一件或者一个单位。

"件"指货物包装单位，通常是指为了进行运输对货物所做的包装，以便于装卸、搬移、运送等操作。但这种包装并不一定完全封闭或包裹住货物，如箱、桶、捆、包等。"其他货运单位"通常指非包装货物的自然单位，如裸装的汽车、机车，或指运费单位，有重量吨和体积吨两种。对于某一特定的货物，究竟属于"件"或"其他货运单位"，分情况讨论。通常情况下，如果货物本身的情况并不明了，如货物的包装强度足以负担多次运输使用，通常被视为一件。否则，就很可能按运输单位计算赔偿限额。

我国《海商法》规定，如果托运人在货物装运前已申报其性质和价值，并且在提单中载明或者承运人与托运人已经另行约定更高的赔偿限额，则承运人的赔偿限额以货物的实际价值或另行约定的数额为准。如果延迟交付的货物本身未遭受灭失或者损坏，而只是造成其他经济损失，承运人的赔偿限额为所延迟交付的货物的运费数额；如果货物的灭失或者损坏和延迟交付同时发生，则承运人的赔偿责任限额适用承运人对货物灭失或者损坏的赔偿限额，但在这种情况下，货物灭失或者损失的金额中，应包括因延迟交付造成的其他经济损失金额。

我国《海商法》还规定，如经证明，货物的灭失、损失或者延迟交付是由于承运人的故意或者明知可能造成损失而轻率地作为或者不作为所造成，承运人便不得援引赔偿责任限制的规定。此处的"明知可能造成损失而轻率地作为或者不作为"是指明知自己的行为或不为可能造成货物灭失、损坏或延迟交付，仍放任这种结果的发生。但是，如果货物的灭失、损坏或者延迟交付是由于船长、船员、承运人的其他受雇人或代理人的故意或者明知可能造成损失而轻率地作为或者不作为所造成的，承运人的赔偿责任限制权利并不因此而丧失。

(三)运费、亏舱费、滞期费及其他费用的请求权

1. 运费

运费是指在班轮运输或航次租船等运输情况下，承运人或出租人因提供船舶全部或部分舱位，履行货物运输而有权请求的报酬。

按照运费支付的时间划分，运费分为预付运费和到付运费。预付运费通常是指托运人在承运人、船长或其代理人签发提单或其他运输单证之前需支付的运费。除另有约定外，如果运费没有付清，承运人、船长或其代理人有权拒绝签发提单或其他单证。到付运费是指收货人在船舶抵达目的港卸货完毕后，承运人交付货物之前应支付的运费。

理论上，运费应在货物运至卸货港后支付。但是，运输实务中通常采用预付运费的办法，很多班轮公司的提单或航次租船合同条款中也都订明运费预付。

英美法系的国家有预付运费不退还的原则。如货物在运输过程中灭失，不论由于何种原因造成的货物灭失，承运人均不退还预付运费。但如货物灭失是承运人应负责的原因所致，托运人可将预付的运费作为其遭受损失的一部分，向承运人索赔。

我国《民法典》第835条对不可抗力致托运货物灭失的运费处理做出了规定："货物在运输过程中因不可抗力灭失，未收取运费的，承运人不得请求支付运费；已经收取运费的，托运人

可以请求返还。法律另有规定的,依照其规定。”因此,在货运合同中,货物在运输过程中因不可抗力灭失,托运人或者收货人应当承担意外灭失风险,不得向承运人主张赔偿责任。

即使提单中订有承运人有权收取全额运费的规定,如果在运输过程中发生货物灭失等情况,承运人仍可能无法收到全部运费。为了防止收不到运费而蒙受损失,承运人可以将应收的到付运费作为可保利益向保险公司投保,还可以在提单或航次租船合同条款中附加诸如“收货人拒付运费或其他费用时,应由托运人支付”的条款。此外,根据提单和航次租船合同条款中关于留置权的规定,承运人也可留置货物以保护自己的利益。

2. 亏舱费

亏舱费(Dead Freight),又称空舱费,指航次租船的承租人对未能按约定数量提供货物,致使船舶舱位发生剩余,给出租人带来的运费损失所给予的赔偿。亏舱费中应扣除因亏舱使出租人节省的费用,以及另外装货所赚取的运费。

3. 滞期费

滞期费(Demurrage),通常是指在航次租船情况下,承租人因未能在合同规定的装卸时间内完成货物装卸,而按照双方约定的费率向出租人支付的费用。

其他费用是指应由货方支付的共同海损分摊费用、承运人为货物垫付的必要费用以及其他应当向承运人支付的费用。

(四)货物留置权

当托运人或收货人不支付运费、亏舱费、滞期费、共同海损分摊费用及其他应付的费用,又没有提供适当担保的,承运人有权依照法律的规定或合同的约定,对处于其占有之下并属于应付上述费用的托运人或收货人的货物,在合理的限度内进行留置,以担保其请求权的实现。

我国《海商法》第 87 条规定:“应当向承运人支付的运费、共同海损分摊、滞期费和承运人为货物垫付的必要费用以及应当向承运人支付的其他费用没有付清,又没有提供适当担保的,承运人可以在合理的限度内留置其货物。”由该规定可知,除法律另有规定外,承运人可以自行留置货物,不必要通过法定程序留置货物。如果运输合同约定,运费支付方式是“预付运费”,在此情况下,特别在 CIF 和 CFR 两种价格条件下,货物所有权已从负责支付运费的托运人转移给包括收货人在内的提单持有人,则除非提单载明由收货人支付运费,承运人无权对收货人的货物行使留置权。“在合理限度内”留置其货物,就是承运人留置货物的数量应当合理,其价值应包括未支付的费用加上可能因诉讼产生的各项费用,而不能留置过多的货物。该条也规定,在应当向承运人支付的滞期费没有付清时,承运人也可以实施货物留置权。要注意的是,除合同另有规定外,滞期费通常是在航次租船合同下发生的,如果提单上没有载明滞期费由收货人支付,则收货人没有义务支付滞期费,承运人也就不能留置收货人或提单持有人的货物。

我国《民法典》第 836 条也做了类似的规定:“托运人或者收货人不支付运费、保管费或者其他费用的,承运人对相应的运输货物享有留置权,但是当事人另有约定的除外。”当出现托运人或者收货人拒绝支付费用的情形时,承运人对相应的运输货物享有留置权,作为清偿运费等费用债权的担保。按照留置权的规定,承运人可以继续占有该运输货物并进行催告,给予宽限期,宽限期届满,承运人可以对占有的运输货物进行拍卖、变卖,以其价款优先受偿。但是,如果当事人对支付价款的担保另有约定,则依照约定处理。

三、托运人的义务与权利

(一)托运人的主要义务

1. 提供约定货物的义务

除非合同另有约定或事先征得承运人同意,托运人不得擅自更换约定的货物。因未提供约定的货物致使承运人遭受损失的,托运人应负赔偿责任。

2. 负有对货物妥善包装、正确申报的义务

我国《海商法》规定,托运人托运货物,应当妥善包装,并向承运人保证,货物装船时所提供的货物的品名、标志、包数或者件数、重量或者体积的正确性;由于包装不良或者上述资料不正确,对承运人造成损失的,托运人应当负赔偿责任。承运人依照前述规定享有的受偿权利,不影响其根据货物运输合同对托运人以外的人所承担的责任。

我国《民法典》规定,托运人办理货物运输,应当向承运人准确表明收货人的姓名、名称或者凭指示的收货人,货物的名称、性质、重量、数量,收货地点等有关货物运输的必要情况。因托运人申报不实或者遗漏重要情况,造成承运人损失的,托运人应当承担赔偿责任。托运人应当按照约定的方式包装货物。对包装方式没有约定或者约定不明确的,按照《民法典》第619条的规定处理。托运人违反货物包装规定的,承运人可以拒绝运输。

3. 及时办理货物运输手续,备妥有关货运单证的义务

我国《海商法》规定,托运人应当及时向港口、海关、检疫、检验和其他主管机关办理货物运输所需要的各项手续,并将已办理各项手续的单证送交承运人;因办理各项手续的有关单证送交不及时、不完备或者不正确,使承运人的利益受到损害的,托运人应当负赔偿责任。

我国《民法典》也规定,货物运输需要办理审批、检验等手续的,托运人应当将办理完有关手续的文件提交承运人。

4. 妥善托运危险货物的义务

我国《海商法》规定,托运人托运危险货物,应当依照有关海上危险货物运输的规定,妥善包装,做出危险品标志和标签,并将其正式名称和性质以及应当采取的预防危害措施书面通知承运人;托运人未通知或者通知有误的,承运人可以在任何时间、任何地点根据情况需要将货物卸下、销毁或者使之不能为害,而不负赔偿责任。托运人对承运人因运输此类货物所受到的损害,应当负赔偿责任。承运人知道危险货物的性质并已同意装运的,仍然可以在该项货物对于船舶、人员或者其他货物构成实际危险时,将货物卸下、销毁或者使之不能为害,而不负赔偿责任。但是,本款规定不影响共同海损的分摊。

我国《民法典》规定,托运人托运易燃、易爆、有毒、有腐蚀性、有放射性等危险物品时,应当按照国家有关危险物品运输的规定对危险物品妥善包装,做出危险物品标志和标签,并将有关危险物品的名称、性质和防范措施的书面材料提交承运人。托运人违反前款规定的,承运人可以拒绝运输,也可以采取相应措施以避免损失的发生,因此产生的费用由托运人负担。

5. 支付运费及其他费用的义务

托运人应当按照约定向承运人支付运费、亏舱费、滞期费、共同海损分摊费用、承运人为货物垫付的费用,以及其他应当由托运人支付的费用。托运人与承运人也可以约定运费由收货人支付,但应在运输单证中载明。

6. 及时收受货物

货物运抵目的港后，收货人应及时在船边或承运人指定的码头仓库提取货物。如果在卸货港无人提取货物，或者收货人延迟、拒绝提取货物，船长可以将货物卸在仓库或其他适当场所，由此产生的费用和风险由收货人承担。

(二)托运人的主要权利

1. 要求承运人按时、安全运送货物的权利

托运人有权要求承运人按照海上货物运输合同的约定，将货物在合同约定的期限内安全运至卸货港并交给收货人。

2. 要求承运人签发提单或者其他运输单证的权利

根据我国《海商法》的规定，货物由承运人接收或者装船后，应托运人的要求，承运人应当签发提单。提单可以由承运人授权的人签发。提单由载货船舶的船长签发的，视为代表承运人签发。

3. 要求承运人中止运输、返还货物、变更卸货港或者收货人的权利

在货运合同履行过程中，托运人享有特别的解除权和变更权，这是由于货物运输是一个过程，在这个过程中，托运人有可能对托运的货物做出新的处分行为，因而应当享有这样的权利。故托运人在货物运输过程中，只要是未将货物交付收货人之前，都可以向承运人行使变更权和解除权，按照自己的意愿，对货运合同中的具体内容进行变更或解除。托运人的变更权和解除权行使的期限，为承运人未将托运的货物交付收货人之前。承运人已经将托运的货物交付给收货人的，托运人不得变更或解除货运合同。托运人变更或解除货运合同的后果是，因变更或者解除货运合同而给承运人增加额外负担的，应当对承运人因此而受到的损失承担赔偿责任。

根据《最高人民法院关于审理无正本提单交付货物案件适用法律若干问题的规定》，承运人按照记名提单托运人的要求中止运输、返还货物、变更到达地或者将货物交给其他收货人，持有记名提单的收货人要求承运人承担无正本提单交付货物民事责任的，人民法院不予支持。

我国《民法典》规定：在承运人将货物交付收货人之前，托运人可以要求承运人中止运输、返还货物、变更到达地或者将货物交给其他收货人，但是应当赔偿承运人因此受到的损失。

4. 损害赔偿的权利

在货运合同中，对于在运输过程中发生的货损，即托运货物毁损、灭失，根据运输中的货物毁损、灭失风险负担规则的要求，应当由承运人负担。即承运人将货物交付收货人后，收货人检验发现货物毁损或灭失，承运人基于运输合同对承运的货物毁损、灭失负赔偿责任的规定，应当承担赔偿责任。不过，这种货物毁损、灭失负担规定并非绝对，如果存在免责事由，承运人应当免责。

单元三 用于调整和约束海上货物运输合同的国际公约

【学习目标】

通过本单元的学习，应达到以下目标：

1. 掌握《海牙规则》《维斯比规则》《汉堡规则》《联合国全程或部分海上国际货物运输合同公约》（以下简称《鹿特丹规则》）对承运人的权利与义务的规定；

2. 掌握《海牙规则》《维斯比规则》《汉堡规则》《鹿特丹规则》与我国《海商法》在承运人权利与义务规定上的异同。

【相关内容】

用于调整和约束海上货物运输合同的国际公约主要有《海牙规则》《维斯比规则》《汉堡规则》《鹿特丹规则》。这些公约主要是用来调整和约束班轮运输条件下作为海上货物运输合同证明的提单。

一、海牙规则

《海牙规则》（Hague Rules）的全称是《统一提单的若干法律规定的国际公约》（International Convention for the Unification of Certain Rules of Law Relating to Bill of Lading），1924 年 8 月 25 日在布鲁塞尔签署，1931 年 6 月 2 日生效。

《海牙规则》主要是针对 19 世纪后期承运人滥用免责条款而制定的，其中大部分条款是有关承运人义务的规定。这些规定均属强制性规定，承运人不得通过合同约定的方式减轻和免除其根据《海牙规则》应负的义务。《海牙规则》的核心内容是规定承运人最低限度的义务和最大限度的权利。

我国未参加《海牙规则》，但我国《海商法》关于承运人责任和免责的规定，基本上采纳了该规则的规定，我国不少船公司的提单条款也采纳了这一公约的精神。

《海牙规则》全文共有 16 条。其中第 1 条至第 10 条是实质性条款，第 11 条至第 16 条是程序性条款。主要内容包括：

1. 公约适用范围

根据《海牙规则》的规定，除租船合同，公约各项规定适用于在任何缔约国所签发的一切提单。且需特别注意的是，如果提单是在船舶出租情况下签发的，也适用本公约的各项规定。即根据租船合同或者在船舶出租情况下签发的提单，当提单用于调整承运人与非承租人的第三者发货人或者收货人的关系时，《海牙规则》仍然适用。

2. 承运人最低限度的义务

《海牙规则》规定了承运人的两项最低限度的义务，这两项义务是强制性的，在提单中解除或降低承运人的这两项义务的条款均属无效。

（1）适航义务

根据《海牙规则》的规定，承运人在开航前与开航时必须谨慎处理，以便使船舶具有适航性；适当地配备船员、设备和船舶供应品；使货舱、冷藏舱和该船其他运载货物的部位适宜并能安全地收受、运送和保管货物。

《海牙规则》并未要求承运人承担整个运输期间的船舶适航义务。因为在运输途中船舶不适航的原因可能是各种天灾人祸。例如海上的强热带风暴、遭遇海盗袭击等，此种情况下的船舶不适航，承运人大概率可以免责。因此，要求承运人承担整个运输期间的适航义务是不适当的，但要求船舶在开航前和开航时处于适航状态是合理的。

（2）管货义务

《海牙规则》要求承运人应适当和谨慎地装载、操作、积载、运送、保管、照料和卸载所承运的货物。

3. 承运人责任期间

《海牙规则》并未直接规定承运人的责任期间，但明确提出，货物运输是包括自货物装上船舶开始至卸离船舶为止的一段时间。据此，很多国内著作将“货物装上船舶开始至卸离船舶为止”这一段时间解释为承运人的责任期间。实际上，《海牙规则》第 7 条规定，本规则中的任何规定，都不妨碍承运人与托运人，就承运人或船舶对进行海上货物运输的船舶所载货物，在装船前和卸船后遭受灭失或损坏所应承担的义务与责任，或有关货物的保管、照料和搬移，订立任何协议、规定、条件、保留或免责条款。即《海牙规则》允许承运人与托运人对货物在装船前和卸货后的责任问题，自由达成协议。

从上述规定可以看出，《海牙规则》强制适用的期间为自货物在装货港装上船开始，至在卸货港卸离船舶之时为止，承运人的责任期间应根据承运人接收货物和交付货物的地点，承运人和托运人就承运人对货物在装船前和卸船后的责任有无协议和如何协议，以及装货港和卸货港所适用的法律予以确定。如果承运人在船边接收和交付货物，则其责任期间自货物装上船开始，至卸离船为止。如果承运人收货和交货的地点在码头仓库或者其他地点，且双方协议承运人对装前卸后的灭失或者损坏不负责时，则承运人的责任期间为自货物装上船开始，至卸离船为止；若协议承运人对装前卸后的灭失或者损坏负责，则承运人的责任期间为自收货到交货，并且双方既可协议适用《海牙规则》，也可协议适用国内法律。如果承运人与托运人没有达成上述协议，则承运人对装船前和卸船后货物灭失或损坏的责任，按装货港或者卸货港所适用的法律确定。

实践中，对货物装上船至卸离船的时间，应理解为自货物妥善而谨慎地装上船之时起，至妥善而谨慎地卸离船之时止，而不能把“钩到钩”视为一条绝对的界限。

4. 承运人的免责

《海牙规则》规定的承运人的免责共有 17 项，包括 2 项过失免责和 15 项无过失免责。

（1）承运人的过失免责条款

①航海过失免责。这是指船长、船员、引航员或承运人的雇佣人在驾驶或管理船舶中的行为、疏忽或不履行职责导致的货物损失，承运人可以免责。例如，因船长指挥不当，船舶触礁导致所载部分货物碎裂。

②雇佣人、代理人过失导致的火灾，承运人可以免责，但由于承运人实际过失或私谋所造成的除外。

对第②项免责条款的理解适用很容易出现错误，原因是没有分清“雇佣人、代理人的过失”和“承运人实际过失”。概括而言，海上货物运输途中因火灾导致货物损失可以区分为四种情况，在《海牙规则》下承运人的责任是存在差异的。

第一种情况：承运人无过失的原因导致火损，承运人可免责，理由是无过失。例如，运输途中因雷击导致舱面的货物火损，运输途中货物自身原因自燃等。

第二种情况：承运人的雇佣人、代理人的过失导致火损，承运人可免责。这里所说的“雇佣人、代理人”是指船长、船员、引航员等，他们的过失导致火损，《海牙规则》下承运人可免责。例如，船员在船上燃放烟火引燃货物；船员在船上使用大功率电器，电路老化打火引发火灾等。

第三种情况：承运人的实际过失导致火损，承运人应承担责任。这里所说的“承运人”是指运输关系中负责货物运输的船公司，不包括其船长、船员等雇佣人、代理人。“承运人的实际过失”实践中多指承运人违反最低限度的义务，如提供的船舶不适航等，此种情况下发生火灾致货物损失，承运人不可免责。例如，承运人使用一艘登记报废的船舶运输货物，因船舶电路老化打火引发火灾，因船舶本身不适航，对由此导致的货损承运人就不可免责；承运人为了多载货，拆除掉船上所有灭火设施，运输途中因雷击而致船舶失火，由于没有灭火设施，火势蔓延导致货物火损，承运人也不可免责等。

第四种情况：私谋导致火灾，承运人应当承担责任。私谋在主观状态上属于“故意”，故意纵火当然应当承担法律责任。

（2）承运人的无过失免责条款

无过失免责是指承运人对货物损失没有过失，因此可以免除赔偿责任。《海牙规则》明确的无过失免责具体包括：海上或其他可航水域的风险、危险或意外事故；天灾；战争行为；公敌行为；君主、统治者或人民的扣留或拘禁或依法扣押；检疫限制；货物托运人或货主、其代理人或代表的行为或不行为；不论何种原因引起的局部或全面的罢工、关厂、停工或劳动力受到限制；暴乱和民变；救助或企图救助海上人命或财产；由于货物的固有瑕疵、性质或缺陷所造成的容积或重量的损失，或任何其他灭失或损坏；包装不当；标志不清或不当；尽适当的谨慎所不能发现的潜在缺陷；不是由于承运人的实际过失或私谋，或是承运人的代理人或受雇人员的过失或疏忽所引起的任何其他原因。

另外，《海牙规则》第 4 条进一步规定，为救助或企图救助海上人命或财产而发生的绕航，或任何合理绕航，都不能作为破坏或违反本公约或运输合同的行为；承运人对由此引起的任何灭失或损坏，都不负责。

6. 承运人的责任限制

承运人的责任限制是指承运人对不能免责的货损承担的最高赔偿限额。《海牙规则》第 4 条第 5 款规定，承运人对货物的灭失或损坏的赔偿责任，在任何情况下每件或每单位不得超过 100 英镑，但托运人于装货前已申明该货物的性质和价值，并在提单上注明者不在此限。

7. 托运人的义务和责任

（1）保证其提供的货物情况的正确性

《海牙规则》第 3 条规定，托运人应保证其在货物装船前，向承运人书面提供的货物标志、件数、数量和重量的正确性，并在对由于这种资料不正确所引起或造成的一切灭失、损害和费用，给予承运人赔偿。

（2）不得擅自装运危险品

《海牙规则》第 4 条规定，如托运人未经承运人同意而托运属于易燃、易爆或其他危险性货物，应对由此直接或间接地引起的一切损害和费用负责。

(3)损害赔偿责任

《海牙规则》对托运人实行完全的过错责任制,其第4条规定,托运人对他本人或其代理人或受雇人因过错给承运人或船舶造成的损害不承担赔偿责任。

8. 运输合同无效条款

《海牙规则》第3条规定,运输合同中的任何条款、约定或协议,凡是解除承运人或船舶对由于疏忽、过失或未履行本条规定的责任和义务,因而引起货物或关于货物的灭失或损坏的责任的,或者以本规则规定以外的方法减轻这种责任的,一律无效。有利于承运人的保险利益或类似的条款,应视为属于免除承运人责任的条款。

上述规定表明,承运人根据《海牙规则》承担的责任和义务是最低限度的责任与义务,享有的免责和权利是最大限度的免责和权利。这是当今国际海上货物运输法律所遵循的一项基本原则。

9. 诉讼时效和索赔通知

(1)灭失或者损坏通知

《海牙规则》第3条规定,如果收货人在卸货港发现货物灭失或者损坏,应在收取货物之前或当时,将货物灭失或者损坏的一般情况,用书面形式通知承运人或其代理人;如果损坏不明显,则应在3天之内提交此种通知,否则,视为承运人已按提单记载的情况交付货物的初步证据。如在交付货物时,双方已就货物情况进行联合检查或检验,则收货人无须提交此种通知。

(2)诉讼时效

《海牙规则》第3条规定,货方对承运人或船舶提起货物灭失或者损坏索赔的诉讼时效期间为1年,自货物交付之日或应交付之日起算。上述1年的诉讼时效,不适用于承运人对托运人或收货人提起的损害赔偿的诉讼,这种诉讼时效,通常按法院地法予以确定。

二、维斯比规则

《维斯比规则》全称为《修改统一提单的若干法律规则的国际公约的议定书》。《海牙规则》签订时,承运人的势力强大,使《海牙规则》带有明显的偏袒承运人利益的倾向。20世纪60年代开始,随着越来越多的第三世界国家参与国际海运事务,要求调整承运人和托运人义务的呼声越来越高。加之《海牙规则》本身的部分内容比较粗糙,适用时产生了一些问题,因此代表英国及北欧各传统海运国家利益的国际海事协会开始主持对《海牙规则》的修改,最终形成了《维斯比规则》,自1977年6月23日生效。《维斯比规则》的内容主要是对《海牙规则》的补充和修改。

1. 明确规定提单对于善意受让人是最终证据

依《海牙规则》的规定,提单记载的内容为该提单所载货物的初步证据。《维斯比规则》第1条对《海牙规则》第3条第4款的内容进行了补充,规定提单对托运人来说是初步证据,而对善意的提单受让人来说是最终的证据。

2. 责任限制

《维斯比规则》规定承运人的责任限制金额为每件或每单位666.67特别提款权(以下简称SDR),或按货物毛重每千克2 SDR计算,两者之中以较高者为准。

3. 承运人的雇佣人或代理人的责任限制

《海牙规则》未明确规定承运人的雇佣人或代理人是否也能享受责任限制的保护，而货方对货损的赔偿请求可以通过违约之诉或侵权之诉两种途径进行。实践中，货方为了避开合同中有关承运人责任限制的规定，在损失是由承运人的雇佣人或代理人引起的时候，往往不去诉承运人，而是通过侵权之诉起诉雇佣人或代理人，这样就可以规避《海牙规则》中对承运人的责任限制。为了避免此种情况发生，《维斯比规则》规定：①对承运人提起的货损索赔诉讼，无论是以合同为依据，还是以侵权行为为依据，均可以适用责任限制的规定；②承运人的雇佣人或代理人也可以享受责任限制的保护。

4. 规定了丧失赔偿责任限制权利的条件

《维斯比规则》规定，如经证实损失是由于承运人故意造成，或者明知很可能会造成这一损害而毫不在意的行为或不行为所引起的，则承运人无权享受责任限制的权利。

5. 增加了"集装箱条款"

《维斯比规则》增加"集装箱条款"，以适应国际集装箱运输发展的需要。该规则第2条第3款规定，如果货物是用集装箱、托盘或类似的装运器具装运时，则提单中所载明的装在这种装运器具中的包数或件数，应视为本款中所述的包数或件数；如果不在提单上注明件数，则以整个集装箱或托盘为一件计算。即如果提单上具体载明在集装箱内的货物包数或件数，计算责任限制的单位就按提单上所列的件数为准；否则，将一个集装箱或一个托盘视为一件货物。

6. 延长了诉讼时效

《维斯比规则》除保留1年时效外，还进一步规定在诉讼事由发生之后，经当事方同意可以延长诉讼时效。

三、汉堡规则

《汉堡规则》全称为《1978年联合国海上货物运输公约》，是第二次世界大战后越来越多的发展中国家参与国际海运事务积极斗争的结果。该公约由联合国国际贸易法委员会主持制定，彻底地调整了承运人和托运人的义务和责任，加重了承运人的责任，使双方权利义务趋于合理、平等。《汉堡规则》于1978年3月在汉堡召开的71国全权代表大会上通过，1992年11月1日正式生效。

1. 公约适用范围

《汉堡规则》适用于两个不同国家之间的所有海上货物运输合同。同《海牙规则》一样，《汉堡规则》不适用于租船合同，但如提单根据租船合同签发，并调整出租人与承租人以外的提单持有人之间的关系，则适用该规则的规定。

2. 承运人的责任基础

《汉堡规则》在承运人的责任基础上采用了完全的过失责任制，该规则第5条规定，除非承运人证明他本人及代理人或雇佣人员为避免事故的发生及其后果已采取了一切合理要求的措施，承运人对在其掌管货物期间因货物灭失、损坏及延迟交货所造成的损失负赔偿责任。《汉堡规则》的此项规定不但取消了《海牙规则》的航行过失免责和火灾过失免责，该条后半部分还表明，在货损发生后，一般先推定承运人有过失，如承运人主张自己无过失，则必须承担举证责任。因此，《汉堡规则》对承运人原则上采用了推定过失责任制。

但《汉堡规则》在第5条第4款中又规定，承运人对下列各项负赔偿责任：火灾所引起的货物的灭失、损坏或延迟交付，如果索赔人证明火灾是由承运人、其受雇人或代理人的过失或疏忽引起的。该条说明虽然《汉堡规则》原则上确立了承运人的推定过失责任制，但是在火灾致损的情况下，举证责任仍要由货方承担。

3. 承运人的免责

《汉堡规则》取消了承运人对船长、船员免责，其所有的免责条款均属于无过失免责。

4. 承运人延迟交货的责任

《海牙规则》《维斯比规则》都没有规定延迟交货的责任，而《汉堡规则》首次明确承运人应对延迟交货负责。延迟交货指未在约定的时间内交付，或在无约定的情况下，未在合理时间内交付。《汉堡规则》同时规定了承运人对延迟交货的赔偿责任限额，为延迟交货应付运费的2.5倍，但不应超过应付运费的总额。

5. 承运人的责任期间

为了加强承运人的管货责任，《汉堡规则》规定承运人的责任期间为货物在装货港、运送途中和卸货港在承运人掌管下的全部期间，即将承运人的责任期间延长为“接到交”。很明显，“接到交”期间比“装到卸”期间更长。

6. 承运人的责任限额

《汉堡规则》提高了承运人的最高赔偿限额，规定承运人对货物灭失或损坏的赔偿责任限额为每件或每单位835 SDR，或每千克2.5 SDR，以高者为准。

《汉堡规则》保留了《维斯比规则》关于集装箱、托盘或类似运输工具拼装货物时，确定货物件数或装运单位的规定，并进一步规定，如果此种装运工具本身遭受灭失或损坏，且该装运工具非承运人所有或由其提供，则应视为一个独立的装运单位。《汉堡规则》关于承运人丧失责任限制权利的规定，与《维斯比规则》的规定相同。

7. 实际承运人

《海牙规则》中只有承运人的概念，没有关于实际承运人的规定，也没有对转船、联运和租船进行班轮运输的情况下承运人的责任做出规定，以致订约承运人常常以自由转船等条款逃避在部分航程中或在全部航程中的货损责任，而受委托的实际承运人也以自己不是订约承运人为由拒绝货方的索赔。《汉堡规则》则在第10条明确规定，即使订约承运人将全程运输或部分运输委托给实际承运人，订约承运人仍应对运输全程负责。如承运人和实际承运人都有责任，则两者负连带责任。

8. 关于保函的效力

在海上货物运输的实践中，如果承托双方对货物的重量、数量等有分歧又不方便查验时，出具保函换取清洁提单可以免去很多麻烦，这几乎成了一种习惯的商业做法。为了肯定此种实践做法，同时也为了抑制保函在提单运输中的泛滥，《汉堡规则》首次在一定范围内承认了保函的效力，规定托运人为了换取清洁提单可向承运人出具保函，但保函只在托运人与承运人之间有效。如保函具有欺诈意图，则保函无效，承运人应赔偿第三者的损失，且不能享受责任限制。

9. 对舱面货和活牲畜等特殊货物的规定

《海牙规则》不适用于舱面货和活牲畜，导致的结果是在适用《海牙规则》的提单中，约定运送舱面货和活牲畜的各种免责条款均有效，这就大大减损了承运人运送此两种货物的责任。

关于舱面货，《汉堡规则》规定，承运人依协议、惯例、法律的要求，有权在舱面装货，否则承运人应对将货物装在舱面上造成的损失负赔偿责任。关于活牲畜,《汉堡规则》规定,如果活牲畜的受损是由其固有的特殊风险造成的,承运人可以免责,但承运人须证明已按托运人的特别指示办理了与货物有关的事宜。《汉堡规则》将舱面货和活牲畜纳入其调整的货物范围,增强了承运人在运送此两种货物时的责任。

10. 货物灭失、损坏或延迟交付的通知与诉讼时效

《汉堡规则》规定,收货人在卸货港接收货物时,发现货物有明显的灭失或损坏,则应在下一个工作日前,将表明灭失或损坏的一般性质的通知提交承运人;如货物灭失或损坏不明显,收货人应在接受货物之后 15 个连续日内,向承运人提交此种通知。否则,视为承运人已按提单或其他单证所载情况交付货物的初步证据。如在承运人将货物交付收货人之前,已对货物灭失或者损坏情况做联合检查或检验,则无须提交此种通知。

如果承运人延迟交付货物,则收货人必须在接受货物之日起 60 个连续日内,将书面通知提交承运人。否则,承运人对因延迟交付造成的损失不予赔偿。

《汉堡规则》第 20 条规定,有关货物运输的任何诉讼,不论提起诉讼的是托运人、收货人、承运人或实际承运人,其时效期间均为 2 年,自承运人交付货物或部分货物之日或者自应交付货物的最后一日起算。

四、鹿特丹规则

2008 年 12 月 11 日,在纽约举行的联合国大会上,《联合国全程或部分海上国际货物运输合同公约》正式得到通过,并且大会决定 2009 年 9 月 23 日于荷兰鹿特丹举行签字仪式,开放供成员方签署,因而该公约又被命名为《鹿特丹规则》。

从内容上看,《鹿特丹规则》是当前国际海上货物运输规则之集大成者,不仅涉及包括海运在内的多式联运,在船货两方的权利义务之间寻求新的平衡点,而且引入了如电子运输单据、批量合同、控制权等新的内容,此外它还特别增设了管辖权和仲裁的内容。

《鹿特丹规则》共有 96 条,其中实质性条文有 88 条。

相对于《海牙规则》、《维斯比规则》和《汉堡规则》,《鹿特丹规则》的主要变化简述如下。

(一)扩大了公约适用范围

与其他海运公约相比,《鹿特丹规则》适用范围的扩大涉及三个方面,即运输方式扩大为海上运输和其他运输方式;涵盖的地域范围扩大为海上区段和非海上区段;责任主体扩大为承运人、海运履约方,从而将海运、港口、内陆各种运输方式的经营人都涵盖在内。由此,该规则已经相当于一个特定范围内的国际货物多式联运公约。

海运履约方是指海上货物运输方面的履约方,也是指货物到达装货港到离开卸货港期间,履行或者承诺履行承运人所订运输合同义务的履约方。由于公约的运输合同既指全程海上运输合同,又指部分海上运输加部分其他运输方式的合同,因此有必要设置海运履约方定义。海运履约方涵盖海上运输经营人、港口经营人、装卸公司、码头仓储公司、集装箱货运站和完全在港区范围内履行或承诺履行承运人任何义务的内陆承运人。内陆承运人指公路运输、铁路运输、内河运输和港口轮驳公司。

(二)确立了电子运输记录的效力

《鹿特丹规则》第 8~10 条分别对“电子运输记录的使用和效力”“可转让电子运输记录的

使用程序”“可转让运输单证或可转让电子运输记录的替换”等做出规定。据此，该规则确立了可以使用电子运输记录的原则及其所具有的法律效力和地位。

（三）扩展了承运人的责任期间

《鹿特丹规则》第12条所规定的承运人责任期间，包括从为运输而接收货物时开始，至货物交付时为止的整个运输期间。该规则并没有对接收和交付货物的地点加以限定，因此该规则所规定的承运人责任期间，已经不再局限于海上和港内。《鹿特丹规则》对承运人责任期间的扩大，将有利于航运业务尤其是国际货物多式联运业务的开展，但同时在一定程度上增加了承运人的责任。

（四）适航义务贯穿全航程

《鹿特丹规则》第14条将承运人对船舶适航的义务从传统的“开航前和开航当时”扩展到“开航前、开航当时和海上航程中”，即要求船舶全程必须适航，从而加重了海运承运人的责任。

（五）承运人责任基础与免责发生了变化

《鹿特丹规则》第17条“赔偿责任基础”废除了承运人“航海过失”免责和“火灾过失”免责，采用承运人完全过错责任。

（六）货物索赔举证责任发生了变化

《鹿特丹规则》第17条对船货双方的举证责任分担做了分层次的详细规定，在举证的顺序和内容上构建了“三个推定”：（1）推定承运人有过失，承运人需举证自己无过失；（2）承运人举证免责事项所致，推定其无过失；（3）船舶不适航，推定承运人有过失，承运人举证无因果关系或者已谨慎处理。《鹿特丹规则》规定的举证责任分配，与《海牙规则》《维斯比规则》《汉堡规则》相比较，以承运人推定过失为基础，明确了船货双方各自的举证内容与顺序，举证责任分配体系层次分明，具有较好的可操作性，比《汉堡规则》对承运人有利。但《鹿特丹规则》加重了承运人的举证责任，排除了承运人利用举证责任规定不明确可能具有的抗辩利益。

（七）对货物延迟交付做出了规定

《鹿特丹规则》第21条规定，未在约定时间内在运输合同规定的目的地交付货物，为延迟交付。这与我国《海商法》的相关规定相同，与《汉堡规则》采用的“约定时间”“合理时间”标准有所不同。

（八）专章规定托运人的义务

《鹿特丹规则》第27~34条，专门规定了托运人对承运人的义务。其主要内容包括交付运输，托运人与承运人在提供信息和指示方面的合作，托运人提供信息、指示和文件的义务，托运人对承运人赔偿责任的基础，拟定合同事项所需的信息，危险货物特别规则，单证托运人享有托运人的权利并承担其义务，托运人为其他人负赔偿责任等。

（九）提高了承运人赔偿责任限制

《鹿特丹规则》第56条规定，承运人对货物的灭失或损坏的赔偿限额为每件或者每一货运单位875 SDR，比《维斯比规则》规定的666.67 SDR提高约31%，比《汉堡规则》规定的835 SDR提高约5%；或货物毛重每千克赔偿3 SDR，比《维斯比规则》规定的2 SDR提高了50%，比《汉堡规则》规定的2.5 SDR提高了20%。

与以往三大公约不同,《鹿特丹规则》对承运人赔偿责任的规定并不限于货物灭失或者损坏的情形,也适用于除延迟交付之外的其他情形。

《鹿特丹规则》规定承运人赔偿责任限制适用于违反该公约规定的承运人义务所应负赔偿责任的所有情况(延迟交付除外),使承运人可以适用责任限制的范围有所扩大。但由于公约规定的赔偿限额的提高,承运人对于货物的灭失或者损坏能够援引责任限制的机会将减少,在大多数情况下需全部赔偿,因此加重了承运人责任。

(十)承运人凭单交货义务发生变化

《鹿特丹规则》改变了现行法律中有关"提单,是承运人保证据以交付货物的单证"的规定,运输单证持有人可凭可转让的运输单证或电子运输记录或不可转让的运输单证提取货物。

1. 未签发可转让运输单证或可转让电子运输记录时的交付

未签发可转让运输单证或可转让电子运输记录的交付如下:

(1)承运人应当在运输合同约定的时间和地点将货物交付给收货人。声称是收货人的人未按照承运人的要求适当表明其为收货人的,承运人可以拒绝交付。

(2)收货人的名称和地址未在合同事项中载明的,控制方应当在货物到达目的地前或者在货物到达目的地时,将收货人的名称和地址告知承运人。

(3)如果货物未能交付是因为收货人接到了到货通知而未在运输合同约定的时间或者期限内在货物到达目的地后向承运人主张提取货物,承运人因声称是收货人的人未适当表明其为收货人而拒绝交货,或者承运人经合理努力无法确定收货人,请求就货物的交付发出指示,则承运人可以通知控制方,请求就货物的交付发出指示。承运人经合理努力无法确定控制方的,承运人可以通知托运人,请求就货物的交付发出指示。承运人经合理努力无法确定托运人的,承运人可以通知单证托运人,请求就货物的交付发出指示。

(4)承运人按照控制方、托运人或者单证托运人的指示交付货物的,解除承运人在运输合同下交付货物的义务。

2. 签发必须提交的不可转让运输单证时的交付

签发不可转让运输单证,其中载明必须交单提货的:

(1)承运人应当在收货人按照承运人的要求适当表明其为收货人并提交不可转让单证时,在运输合同约定的时间和地点将货物交付给收货人。声称是收货人的人不能按照承运人的要求适当表明其为收货人的,承运人可以拒绝交付;未提交不可转让单证的,承运人应当拒绝交付。所签发不可转让单证有一份以上正本的,提交一份正本单证即可,其余正本单证随即失去效力。

(2)如果货物未能交付是因为收货人接到了到货通知而未在运输合同约定时间或期限内在货物到达目的地后向承运人主张提取货物,承运人因声称是收货人的人未适当表明其为收货人或未提交单证而拒绝交货,或者承运人经合理努力无法确定收货人,请求就货物的交付发出指示,则承运人可以通知托运人,请求就货物的交付发出指示。承运人经合理努力无法确定托运人的,承运人应当通知单证托运人,请求就货物的交付发出指示。

(3)承运人根据上述(2)按照托运人或单证托运人的指示交付货物的,解除承运人在运输合同下交付货物的义务,而不考虑是否已向承运人提交不可转让运输单证。

单元四 提单及其业务

【学习目标】

通过本单元的学习，应达到以下目标：

1. 掌握提单的作用；
2. 掌握签发倒签提单、预借提单、交换提单等特殊提单的法律风险与防控措施；
3. 掌握无单放货的法律风险与防控措施；
4. 掌握保函的形式与法律效力及如何控制保函的法律风险。

【相关内容】

一、提单的概念

提单（Bill of Lading，B/L），是指用以证明海上货物运输合同和货物已由承运人接管或者装船，以及承运人保证据以交付货物的单证。货物由承运人接管或者装船后，应托运人的要求，承运人或其代理人应当签发提单。

提单在海上运输中，特别是在班轮运输中被广泛使用。

二、提单的作用

1. 提单是海上货物运输合同的证明

提单不论是在托运人手中，还是转移至收货人或提单受让人手中，它只是海上货物运输合同的证明，而不是合同本身。实际上，在提单签发之前，托运人向承运人订舱，承运人同意承运并签发托运单，海上货物运输合同即告成立。货物由承运人接管或装船后签发提单，这只是承运人履行合同的一个环节。

提单不仅证明在承运人与托运人之间存在海上货物运输合同，同时，它也是合同内容的证明，即提单上的条款，除承运人与托运人事先另有协议外，是海上货物运输合同的组成部分。托运人在订舱时，对船公司事先印制并公开的提单上的条款，如没有提出异议，推定托运人同意接受。除非托运人能证明，他与承运人另有协议，或在订舱时，不能事先知道提单条款的内容。

提单被转让给善意第三人后，除提单之外，该第三人通常无法知悉承托双方的其他协议，承运人同收货人、提单持有人之间的权利和义务关系，依据提单的规定确定。提单所证明的海上货物运输合同也随之发生转移。但是，承运人与托运人之间在签发提单之前另行达成的协议，不因提单的转让而转移。提单发生转让后，托运人根据提单或与承运人另行达成的协议而承担的义务，并不因此被解除。收货人或提单受让人承担货物装船之后或提单被背书之后所产生的义务。

2. 提单是承运人接管货物或将货物装船的证明

提单签发表明承运人已接管其上所记载的货物，因此提单具有货物收据的作用。当提单在托运人手中时，它是承运人已按其上所记载情况收到货物的“初步证据”，即如承运人实际收到的货物与提单上记载的内容不符，承运人可以提出反证。但提单转让至善意第三人（收货人或提单受让人）手中，除提单上订有有效的“不知条款”外，提单成为承运人按其上记载的内容收到货物的“绝对证据”，承运人不得提出相反的证据，证明其实际收到的货物与提单上记载的内容不符。即使提单记载的内容与事实不符系托运人错误申报所致，承运人也不得以此对抗善意第三人（收货人或提单受让人），而只能就货物的短少或损坏，在向收货人或提单受让人做出赔偿后，再向托运人追偿，以保护善意第三人的利益。善意指收货人或提单受让人不知道提单记载的内容与事实不符。

“不知条款”是在提单上印刷或由承运人及其代理人对其签发的提单上所记载事项无法确知的一种声明。在海上货物运输过程中，承运人对托运人申报的货物情况，有适当核对的义务。实践中，特别是在承运大宗散货的情况下，由于计量等方面的困难和出于减轻责任的目的，通常在提单上做相应的承运人不知的记载，例如“货物重量系由托运人提供”“据称”等。我国《海商法》规定，“不知条款”只有当承运人或其代理人在签发提单时，知道或者有合理的根据怀疑提单记载的货物情况与实际接收的货物不符，或者没有适当的方法核对提单上的记载，并已在提单上批注，说明不符之处、怀疑的根据或者说明无法核对时，才发生效力。需要指出的是，有时提单上记载的“不知条款”并不能起到保护承运人的作用，例如对提单上的记载事项做全盘的否定。航运实践中不做怀疑依据或无法核对的批注。司法实践一般认为，提单上印制的“不知条款”不能作为有效的批注。

3. 提单是承运人保证据以交付货物的凭证

正本提单代表着货物的所有权，这意味着承运人在目的港有义务向正本提单持有人交货。如果承运人将货物交付给非正本提单持有人，除非满足法律规定的免责条件，承运人应当对正本提单持有人承担侵权责任。我国《海商法》规定，提单中载明的向记名人交付货物，或者按照指示人的指示交付货物，或者向提单持有者交付货物的条款，构成承运人据以交付货物的保证。该规定同时也表明，收货人应凭提单提取货物，如果收货人向承运人要求提货时不提交提单，承运人有权拒绝向其交付货物。

三、提单的种类

1. 按货物是否已装船划分

按货物是否已装船，提单可分为已装船提单和收货待运提单。

（1）已装船提单

已装船提单（Shipped B/L，On Board B/L）是指整票货物全部装船后由承运人或其代理人或船长根据大副收据签发给托运人的提单。这种提单除载明一般事项外，通常还必须注明装载货物的船舶名称和货物装船日期。

在国际货物买卖合同中一般都要求卖方提供已装船提单。在以跟单信用证为付款方式的国际贸易中，更是要求卖方必须提供已装船提单。

（2）收货待运提单

收货待运提单（Received for Shipment B/L）是指承运人在收到托运人托运的货物后，但货物还没有装船时，应托运人的要求签发的提单。由于货物尚未装船，所以提单上没有载货船名和装船时间。

在跟单信用证支付方式下，银行一般都不肯接受这种提单。但在集装箱货物运输中，尤其是承运人在内陆站接收货物时，由于业务上的需要，通常采用这种提单。

货物装船后，托运人凭收货待运提单向承运人换取已装船提单，或者提单签发人在收货待运提单上加注船名和装船日期并签字盖章，使之成为已装船提单。

2. 按提单上收货人抬头不同划分

按提单上收货人的记载不同，提单可分为记名提单、指示提单和不记名提单。

（1）记名提单

记名提单（Straight B/L）是指在提单正面“收货人”一栏内载明特定的收货人名称的提单。这种提单只能由提单上所指明的收货人提货，不能转让。由于这种提单的流通性受到很大限制，通常仅在运送贵重物品、展品、赠品及援外物资等运输途中不会发生所有权转移时采用。在现代航运实践中，记名提单的使用逐渐增多。例如，国际集装箱货物运输中，船公司签发给无船承运人的提单多为记名提单。

（2）指示提单

指示提单（Order B/L）是指提单上“收货人”一栏内载明“指示”字样的提单。这类提单广泛流行，可以通过背书转让。背书方法如下：

①记名背书转让。此类背书，应在提单背面记载被背书人姓名或名称，并由背书人签名。

②空白背书转让。此类背书又称不记名背书转让，只需由背书人签名，无须记载被背书人姓名。

指示提单又可分下列各种：

①提单“收货人”一栏内仅填明“指示”字样。这类提单与“托人指示”提单相同，必须有托运人的背书方能转让。

②提单“收货人”一栏内填明“某结汇银行的指示”字样。这类提单要有某结汇银行的背书，才能将提单转让给第三人。

（3）不记名提单

不记名提单（Bearer B/L）是指在提单“收货人”一栏内没有任何文字记载的提单或填明来人。这类提单无须背书，即可转让。在实际业务中，此类提单已很少见。

3. 按提单上有无对货物的不良批注划分

按提单上有无对货物外表状态不良或缺陷的批注，提单可分为清洁提单和不清洁提单。

（1）清洁提单

清洁提单（Clean B/L）是指提单上没有关于货物外表状态不良等批注的提单。它表明承运人在接收货物时，货物的外表状态良好。

外表状态通常指承运人凭目力所能观察到的货物状况。外表状态良好，并不排除货物内容存在缺陷或其他通常目力不能及的缺陷。承运人一旦签发了清洁提单，货物在卸货港卸下后，如发现有残损，除非是承运人可以免责的原因所致，否则承运人必须承担赔偿责任。

（2）不清洁提单

不清洁提单（Unclean B/L）是指承运人在提单上加注了有关货物外表状态不良等批注的提单。

在收到托运人提供的货物时，如货物外表状态不良，大副在签发大副收据时会做相应的批注。在签发提单时，如把大副收据上的批注转移至提单上，该提单便成为不清洁提单。承运人在目的港交货时，对于货物的损害，只要不超出批注的范围，即可免除责任。

载有下列批注的提单，不构成不清洁提单：不明显地指出货品或其包装不能令人满意，例如旧箱、旧桶、包装材料脆弱、没有包装等；强调货物性质或包装所引起的风险，承运人不予承担；否认承运人对货物内容、数量、尺码、质量或技术规格的确知等。

4. 按货物运输方式的不同划分

按货物运输方式的不同，提单分为直达提单、海上联运提单和多式联运提单。

（1）直达提单

直达提单（Direct B/L）是指规定货物在装货港装船后，中途不经过换船，直接运至目的港卸船交货的提单。只要提单上没有规定货物在中途换船，或改换其他运输方式运至目的港，这种提单即为直达提单。直达提单不排除船舶中途挂靠港口。

（2）海上联运提单

海上联运是一种单式联运，也叫相继运输。海上联运提单（Ocean Through B/L）也称转船提单，是指货物在装货港装船后不直接运往目的港，而需在中途港卸船，转交给其他承运人用其他船舶接运至目的港，在这种情形下，由首程承运人签发的提单。签发海上联运提单的承运人，称为联运承运人；接运货物的承运人，称为接运承运人或实际承运人。

根据我国《民法典》第834条的规定，单式联运合同中各承运人的责任负担方式是：（1）与托运人订立合同的承运人即第一承运人，应当对全程运输的货物风险承担责任，凡是在全程运输中发生的货损，第一承运人都应当承担赔偿责任。（2）损失发生在某一个运输区段的，与托运人订立合同的承运人和该区段的承运人都应当承担赔偿责任，责任形态是连带责任，托运人或者收货人可以向任何一方主张承担全部赔偿责任，任何一方都应当对全部损失承担赔偿责任。

（3）多式联运提单

多式联运提单（Multimodal Transport B/L）是指承运人将货物以包括海上运输在内的两种或两种以上的运输方式，从一地运至另一地而签发的提单。这种提单多用于集装箱运输。

5. 按签发人自己是否有船划分

按签发人自己是否有船，提单可分为船公司提单和无船承运人提单。

（1）无船承运人提单

无船承运人提单（Non-vessel Operation Carrier B/L；House B/L）又称货运代理提单，是指由无船承运人或其代理人签发给托运人的提单。

托运人向无船承运人托运货物，由无船承运人签发给托运人一份无船承运人提单，收货人拿到该提单后向无船承运人在目的港的代理提取货物，或换取提货单后直接向实际承运人提取货物。无船承运人提单可以流通转让，具有物权性。

（2）船公司提单

船公司提单（Ocean B/L，Master B/L）是指由载货船舶的所有人、经营人或其代理人签发给无船承运人的提单。这种提单主要用于凭以交付货物，不具有流通性、物权性。

通常情况下，货物运抵目的港之前或之后，无船承运人凭船公司提单到船舶所有人或经营人在目的港的代理人那里换取以货物买方或其货运代理人为收货人的提货单，然后，货物买方或其货运代理人凭无船承运人提单到无船承运人的交货代理人那里换取提货单，并凭提货单提取货物。

6. 特殊提单

(1)倒签提单

倒签提单(Anti-dated B/L)是指货物装船后,承运人签发的一种早于货物实际装船日期的提单。例如,货物实际装船的时间为 2021 年 10 月 25 日,提单上载明的装船时间为 2021 年 10 月 1 日,签发提单时货物已经装船,只是把装船时间倒着往回签,这就是倒签提单。

虽然托运人要求签发倒签提单时常常出具保函,但承运人签发此种提单仍需承担一定的风险,特别是市场上货价下跌时,收货人可以以“伪造提单”为借口拒绝收货,并提出损失赔偿请求。承运人接受保函签发倒签提单,有违民事活动诚实信用的基本原则,甚至构成与托运人串通对善意的收货人或提单持有人进行欺诈,如果因此造成收货人或提单持有人的损失,承运人应承担赔偿责任。

(2)预借提单

预借提单(Advanced B/L)是指货物尚未全部装完,或货物已在承运人的接管下,但尚未开始装船的情况下签发的提单。例如,承运人签发载明装船时间为 2021 年 10 月 25 日的提单,但 10 月 25 日这天货物实际上还未装船或尚未装船完毕,这就是预借提单。

签发预借提单,可能构成承运人与托运人合谋对善意的收货人或提单持有人进行欺诈,承运人可能需要承担较大的风险。签发预借提单的法律后果有:首先,在货物尚未装船或尚未装船完毕的情况下签发提单,对以后货物实际装船时可能发现的不良状态失去了批注的权利;其次,可能由于其他因素改变原定的装运船舶,或者发生货物灭失、损坏或退关,从而使收货人很容易掌握承运人签发预借提单的事实,而以欺诈为由向承运人索赔损失;最后,有些国家的法律规定和判例表明,在签发预借提单的情况下,承运人不但要承担货物损失赔偿责任,而且丧失责任限制和免责的权利。

相对于倒签提单而言,承运人签发预借提单承担的风险更大,因为此时货物可能根本就没有装船。

(3)交换提单

交换提单(Switch B/L)是指在装货港签发,承运人将在中途港收回并重新签发以该中途港为装货港的提单。

(4)租约提单

租约提单(B/L under C/P)又称租船合同下签发的提单,是指在租船运输条件下,承租人在货物装船后要求出租人或船长签发的提单。

(5)舱面货提单

舱面货提单(On Deck B/L)又称甲板货提单,是指对合法装于舱面的货物签发的,并注明“舱面”或“装于舱面上”(On Deck)字样的提单。

(6)包裹提单

包裹提单(Parcel B/L)是指对承运的礼品、样品、行李等货物签发的提单。这种提单一般为直达提单并载明不可转让。

(7)合并提单

合并提单(Omnibus B/L)是指对装货港、卸货港和收货人均相同的两票或多票货物合并签发的提单。此种提单通常是当某一票货物的运费低于费率本规定的最低限额,托运人为了节省运费,要求将该票货物与其他货物合并在一张提单上面签发的情况下使用。

(8)分提单

分提单(Separate B/L)是指根据托运人的要求,对同一票货物分签两套或两套以上的提单。

(9)并装提单

并装提单(Combined B/L)是指对品质、装货港和卸货港相同,并且装在同一舱内的两票或多票液体货物中的每一票货物签发的提单。

(10)简式提单

简式提单(Simple B/L)是指背面没有承运人与托运人权利、义务条款,或只注明有关承运人与托运人的权利、义务以通常使用的全式提单为准的提单。

四、提单的签发与转让

1. 提单的签发

(1)提单的签发人

我国《海商法》规定,提单的签发人包括承运人、其代理人或载货船的船长。提单由载货船的船长签发的,视为代表承运人签发。

实践中,签发提单的通常是承运人在装货港委托的代理人。代理人签发提单,必须经承运人或船长的授权,且以承运人的名义签发。未经授权,代理人无权签发提单。

(2)提单的签发地点和签发日期

提单的签发地点,通常是装货港,但也可能是船公司或其代理人所在地。

提单的签发日期应为货物由承运人接管或装船的日期。通常情况下,收货待运提单的签发日期为承运人接管货物的日期;已装船提单的签发日期为货物装船完毕的日期。

货物由承运人接管或装船后,并且托运人已付清相关费用后,应托运人的要求,承运人、船长或承运人的代理人有义务立即签发提单。如托运人托运多票货物,则应托运人的要求,承运人、船长或承运人的代理人有义务在每一票货物装船后,立即为该票货物签发已装船提单,而不得推迟至全部货物都装船后再签发。

(3)提单签发的份数

为防提单的遗失、被窃或延迟到达,承运人或其代理人通常应托运人的要求,签发一式若干份正本提单,并在每一份提单上注明全套正本提单的份数。在提单上注明签发正本提单份数的目的是使提单的合法受让人了解全套正本提单的份数,防止正本提单流失在外而引起的纠纷,保护提单受让人的利益。

提单有正本提单与副本提单之分。法律上或航运实践中通常所说的提单是正本提单,一般注有“正本”(Original)字样。副本提单一般注有“副本”(Copy)以及“不可流通”(Non-negotiable)的字样,并且一般无背面条款。副本提单只用于日常业务,如船公司内部营运统计、安排泊位、计收运费等,通常根据需要准备若干份副本提单。副本提单不具有法律效力。

2. 提单的转让

提单所代表的物权可以随提单的转让而转移,提单中所规定的权利和义务也随着提单的转让而转移。

提单的转让是有一定条件的,不同的提单转让的方式也不一样。我国《海商法》规定,记名提单不得转让;指示提单经过记名背书或者空白背书转让;不记名提单无须背书即可转让。

另外,提单的转让受时间上的限制,在办理提货手续前转让才有效,并且必须办理背书手续。

五、提单正面记载事项和正面条款

目前,从事国际海上货物运输的各大航运公司通常都定有自己的提单格式,内容上大同小异,包括提单正面记载事项、提单正面条款以及提单背面条款等几部分内容。

1. 提单正面记载事项

提单正面记载事项是指提单正面应记载的内容,它与提单正面条款、提单的背书、批注以及提单背面条款等一起组成提单内容。

根据《海牙规则》的规定,提单正面记载事项应包括下列内容:货物的主要标志,货物的包数或件数、重量或数量,货物的表面状况。《汉堡规则》为了统一提单记载事项,规定提单有15项记载事项,几乎把通常的记载事项都列入了。

目前各国的海商法对提单正面记载事项虽规定不一致,但总的来说都大同小异。我国《海商法》规定,提单正面记载事项应包括下列各项:

(1)货物的品名、标志、包数或件数、重量或体积,以及运输危险货物时对危险性质的说明;

(2)承运人的名称和主要营业场所;

(3)船舶名称;

(4)托运人名称;

(5)收货人名称;

(6)装货港和在装货港接管货物的日期;

(7)卸货港;

(8)多式联运提单增列接收货物地点和交付货物地点;

(9)提单的签发日期、地点和份数;

(10)运费的支付;

(11)承运人或者其代表的签字。

上述记载事项与《汉堡规则》相类似。在提单中如缺少上述其中一项或者几项,只要所缺少的内容不影响我国《海商法》关于提单的定义和功能,则仍然有效。

2. 提单正面记载事项的意义

(1)承运人

承运人(Carrier)是指本人或以本人的名义与托运人订立海上货物运输合同的人,是提单所证明的海上货物运输合同的一方当事人。

(2)托运人

托运人(Shipper)是指本人或以本人的名义与承运人订立海上货物运输合同,是提单所证明的海上货物运输合同的另一方当事人。根据我国《海商法》的规定,将货物交给承运人运输的人,也是一种托运人,通常叫"发货人""实际托运人""交货托运人"。

根据《鹿特丹规则》的规定,托运人是指与承运人订立运输合同的人。该定义简洁明了,说明《鹿特丹规则》下运输合同的托运人只限于与承运人订立运输合同的人。《鹿特丹规则》又设置了不是托运人的单证托运人定义,以对应第二类托运人。

(3)收货人

收货人(Consignee)是指根据提单有权在目的港提货的人。在《鹿特丹规则》中,收货人是指根据运输合同或者根据运输单证或者电子运输记录有提货权的人。收货人与受货人属于不同概念,后者是指在目的港从船边或码头仓库实际提取货物的人。受货人可以是收货人本人,也可以是收货人委托的代理人。严格地讲,收货人不是海上货物运输合同的当事人,但当收货人成为提单受让人时,提单所证明的债权债务关系也随之发生转移,此时,收货人既享有提单赋予的权利,同时也须承担提单赋予的义务。

(4)通知方

通知方(Notify Party)是指货物运抵卸货港前通知其船舶到港日期的人。

提单中注明通知方,以便承运人或其代理人及时与其联系,通知其在卸货港尽快提取货物。除可书面单独通知外,承运人也可以采用在当地报纸或者其他媒体上刊登船期公告的方式,通知船舶到港情况。需明确的是,尽管此栏写明了通知方的姓名和地址,承运人并没有将船舶到港日期逐一单独通知的义务,除非提单中另有约定。

通知方不是海上货物运输合同的当事人,不享有合同规定的权利和义务。

(5)船名

船名(Name of Vessel)即承运货物船舶的名称。除承运人与托运人事先约定可用其他船舶替代外,承运人应使用提单上约定的船舶运送提单上所列的货物。

(6)装货港

装货港(Port of Loading)是指承运人预定接收货物,并将货物装船起运的港口。

(7)卸货港

卸货港(Port of Discharging)是指承运人预定将货物卸船,并将货物交于收货人的港口。对于直达运送的货物,此栏填写的卸货港为目的港;对于选港货,此处需并列填写各选卸港名称。

(8)正本提单份数(Number of Original B/Ls)

根据国际航运习惯,允许托运人要求承运人签发正本提单一式几份。签发多份正本提单的目的是便于托运人通过各种方式向收货人传递正本提单,防止在采用单一方式向收货人传递提单过程中,提单遭盗窃或遗失而无法补救,致使收货人不能在卸货港凭提单提货的情况发生。

在卸货港,承运人回收一份正本提单,向提单上注明的收货人或提单受让人交付货物后,其交付货物的责任即告终止,其余的提单自动失效。如两个或两个以上提单持有人同时凭提单要求提取同一货物,承运人应将货物交给有权提货的人。倘若不能确定谁有权提货,应暂时不交付货物,待通过司法途径确定有权提货的人后再行交货。

在中途港,如收货人要求提取货物,则必须交出全套正本提单,否则不得提货。

(9)货方提供的详细情况

货方提供的详细情况(Particulars Furnished by Merchants)包括由货方提供的货物名称、标志、包件的数量与种类、毛重或体积等内容。这些内容通常由货方填写或根据货方提供的托运文件制成。如货方填写不准确、错误或谎报,由此造成的损失或引起的责任,应由货方承担。

作为承运人的代表,船方也有义务在接管货物时查验货物的实际情况,以保证提单记载内容的真实性。

(10)运费及其他费用(Freight and Charges)

提单中除应注明运费的数额外,还需注明运费支付地点及支付方式。其他费用是指在装货港发生的,应由托运人承担的滞期费、亏舱费、过驳费等。如果提单上注明上述费用由收货人、提单持有人承担,当收货人、提单持有人拒付费用,又不提供适当担保时,承运人对货物享有留置权。

(11)提单的签发

提单的签发(Issue of B/L)包括提单的签发人、签发时间及签发地点等内容。

3. 提单正面条款

提单正面条款,通常由具有确认、已装船、不知、承诺、签署等具有声明性质的印刷条款组成,内容包括:

(1)上述外表状况良好的货物已在上述装货港装上船舶,并应在上列卸货港或该船能安全到达并保持浮泊的附近地点卸货。

(2)货物的重量、数量、尺码、标志、品质、内容和价值由托运人提供,承运人在装船时并未核对。

(3)托运人、收货人和本提单的持有人已明白表示,接受并同意本提单和它背面所载的一切印刷、书写或打印的规定、免责事项和条件。

(4)为证明以上各项,船长或船舶代理人已签署的所有内容和日期相同的提单,经其中一份完成提货手续后,其余各份失效。

六、提单背面条款

提单的背面印有各种条款,只要不违背约束提单条款的国际公约或国内法规的强制性规定,并与承运人和托运人事先达成的协议不相抵触,便是承运人、托运人之间订立的海上货物运输合同内容的证明。

普通杂货船提单中通常订有下列背面条款:

1. 定义

在提单背面条款中通常需要对托运人、发货人、受货人、收货人、提单持有人和货物所有人进行定义(Definition),将其统称为货方。但这些人在海上货物运输合同中的法律地位并不相同,与承运人之间的权利、义务关系也不同。

2. 法律选择

提单的法律选择(Choice of Law)条款是指印刷在提单背面,明确一旦发生提单争议,应按照某国法律处理的条款。

由于提单运输主要是在国际上进行,因而在提单法律关系中就出现了各种涉外因素。在这种具有涉外因素的提单关系中,一旦产生争议,首先遇到的问题是应该按照哪一个国家的法律来处理争议。因此,大多数提单都订有法律选择条款,事先将应适用的法律明确下来,以确保提单法律关系的稳定性和确定性。

3. 管辖权

提单的管辖权(Jurisdiction)条款是指印刷在提单背面,明确规定某国法院对提单争议具有排他管辖权的条款。提单的管辖权条款一般规定在承运人所在地法院就提单争议进行诉讼。

4. 首要条款

提单的首要条款(Paramount Clause)是指印刷在提单背面,约定选择提单适用某一国际公约或某一国法律的条款。被选的法规可以是国际公约,如《海牙规则》《维斯比规则》等,也可以是某国的法律,如我国的《海商法》等。从严格意义上讲,首要条款不属于法律选择条款,因为首要条款所援引的只是国际公约或国内个别法律,而法律选择条款所指的是某国的完整法律体系。

在提单中订入首要条款主要是为了避免不必要的文字叙述,而直接用指定的国际公约或国内法的规定来明确合同当事人之间的权利、义务关系。这时,以条款形式并入提单中的公约或法律的性质已发生变化,它不再作为法律,而成为合同当事人协议的合同条款。

5. 承运人责任期间

承运人责任期间(Period of Carrier's Responsibility)是指承运人按照法律或合同规定,对货物负责的一段时间。在承运人责任期间,货物发生灭失或损坏,除承运人可以免责的原因外,承运人应当负赔偿责任。如果造成货物灭失或损坏的原因发生在承运人责任期间,并且承运人对此不能免责,但货物的灭失或者损坏发生在承运人责任期间届满之后,承运人亦应对货物的灭失或者损坏负责。

根据适用于提单的不同国际公约和国内法的规定,承运人的责任期间是不同的。《海牙规则》《维斯比规则》没有规定承运人责任期间,只是规定海上货物运输期间为自承运人将货物装船时起,至货物卸离船舶时止。我国《海商法》将货物分为集装箱货物和非集装箱货物,并分别为其规定了承运人责任期间。对于集装箱货物,承运人责任期间为在装货港接收货物时起至卸货港交付货物时止,货物处于承运人掌管之下的全部期间;对于非集装箱货物,承运人责任期间为从货物装上船时起至卸下船时止,货物处于承运人掌管之下的全部期间。同时我国《海商法》允许承运人对非集装箱货物在装船前和卸船后所承担的责任达成任何协议。由于散装液体货物在形态上不同于其他散装货物,因此,承运人对于散装液体货物运输的责任期间,应自装货港船舶输油管线与岸罐输油管线连接的法兰盘末端时起至卸货港船舶输油管线与岸罐输油管线连接的法兰盘末端时止,货物处于承运人掌管之下的全部期间。

6. 承运人权利与义务

在提单中列入承运人权利与义务(Carrier's Right and Liability)的目的是明确承运人在承运提单上所列货物时有哪些基本的权利与义务。如果提单中已有首要条款,便无须订立此条款。

承运人权利是指根据法律或合同承运人在海上货物运输中应享有的权利,主要包括免责的权利和享有赔偿责任限制的权利。承运人义务是指承运人在海上货物运输中应承担的最低限度的义务,主要包括保证船舶适航和谨慎管货两大义务。

7. 货物损失通知与诉讼时效(Notice of Loss or Damage and Time Bar)

在提单中列入此条款的目的是明确当货物发生灭失或损坏时,灭失或损坏的通知应在什么时间内提出,以及有关货物索赔的诉讼时效为多长。

对于普通杂货,一般规定:根据提单有权提取货物的人,除非在卸货港将货物灭失或者损坏的一般情况,在货物移交其保管之前或当时书面通知承运人或其代理人,否则这种移交应作为承运人已按提单交付货物的初步证据。如果货物灭失或者损坏不明显,则应在交货后若干天之内提交此种通知。如果交付时已对货物的状态做联合检验或检查,则无须提交书面通知。

对于货物的灭失或者损坏,除非自交付货物或本应交付货物之日起1年内提起诉讼,否则承运人和船舶均被免除其对货物的灭失或者损害的一切赔偿责任。

8. 运费和其他费用

提单中的运费和其他费用(Freight and Other Charges)条款通常规定,预付运费应在装船时连同其他费用一并支付。装运的货物如易腐货物、低值货物、活动物、舱面货以及该货在目的港无承运人的代理人时,其运费和其他费用必须在装船时全部付清。到付运费连同其他费用应在船舶抵达目的港时一并支付。

该条款通常还规定,货方负有支付运费的绝对义务,即使船舶或货物在航行过程中灭失或损坏,货方仍应向承运人支付全额运费。如货物灭失或损坏的责任在于承运人,则货方可将其作为损坏的一部分,向承运人索赔。

9. 装货、卸货和交货

提单中的装货、卸货和交货(Loading、Discharging and Delivery)条款通常规定,货方应以船舶所能装卸的速度,尽快地昼夜及时提供和提取货物。承运人可以不预先通知收货人即开始卸货。若收货人不能及时将货物迅速从船边提取或拒绝提货,或发现无人认领货物,承运人可以将货物卸在仓库或者其他适当场所,由此产生的费用和风险由收货人承担,承运人应被视为已经履行其交付货物的义务。如果在一合理时期内无人认领货物或者货物将变质、腐烂或失去价值,承运人可对其自行予以变卖、抛弃或处置而不负担任何责任。

提单中通常还规定,按照港口习惯或受港口条件限制,船舶到达港口时不能或者不准进港靠泊装卸货物,而其责任又不在承运人时,在港内或港外的货物过驳费用,由托运人或收货人承担。

10. 危险货物

如果提单上订明适用《海牙规则》或《维斯比规则》或相应的国内法,便无须订立此条款。

危险货物(Dangerous Goods)条款通常规定:托运人托运危险货物,应当依照有关海上危险货物运输的规定,妥善包装,设置危险品标志和标签,并将其正确的技术名称和性质以及应当采取的预防危害措施书面通知承运人。托运人未通知或者通知有误的,承运人可以在任何时间、任何地点根据情况需要将其卸下、销毁或使之不能为害,而不负赔偿责任,托运人对承运人因运输此类货物所受到的损坏,应当负赔偿责任。承运人知道危险货物性质并同意装运的,仍然可以在该种货物对于船舶、人员或其他货物构成危险时,将其卸下、销毁或者使之不能为害,而不负赔偿责任,但应参加共同海损分摊。

11. 舱面货

舱面货(Deck Cargo)是指提单中注明装于舱面,且实际上也装于舱面上的货物。承运人在舱面上装载货物应当同托运人达成协议;或者符合航运惯例(如木材装于舱面);或者符合有关法律、法规的规定(如可将某些危险品装于舱面等)。

《海牙规则》将舱面货排除在“货物”的定义范畴之外。因此,根据《海牙规则》精神订立的提单中的舱面货条款通常规定,承运人对于提单中注明装于舱面,而实际上也装于舱面的货物,由此产生的特殊风险造成的货物灭失或损坏,不负赔偿责任。但对于既没有与托运人达成协议,又不符合航运惯例或有关法律和法规的规定,而将货物装于舱面,致使其遭受灭失或损坏的,承运人应当负赔偿责任。

承运人对装于舱面的货物不承担运输风险,不等于说承运人就可以对运输舱面货物掉以轻心。承运人谨慎处理货物的责任,并不因运送标的的不同而发生变化。

12. 活动物

和舱面货一样,由于活动物(Live Animals)在海上运输中的特殊风险,《海牙规则》也将其排除在“货物”的定义范畴之外,因此,承运人同样有必要就其运输在提单中订立专门条款。

提单中的活动物条款通常规定,因运输活动物的固有的特殊风险而造成活动物灭失或损坏的,承运人不负赔偿责任。但是,承运人应当证明业已履行托运人关于运输活动物的特别要求,并证明根据实际情况,灭失或者损坏是由于运送此类活动物固有的特殊风险所造成的。

13. 集装箱货物

为了明确承、托双方在运输集装箱货物(Cargo in Containers)时的权利与义务,提单中一般都订有集装箱货物条款。

集装箱货物条款通常规定,承运人可以将货物装入集装箱进行运输,并且不论是承运人装箱,还是托运人自行装箱,承运人均可将集装箱装于甲板。如货物由托运人自行装箱,则对装箱方式不当,或货物不适合集装箱运输,或者在装箱之前或装箱当时通过合理检查可以发现的集装箱本身的缺陷,由此所造成的货物灭失或损坏,承运人不负赔偿责任。承运人因此遭受损坏,或承担对第三者的赔偿责任时,可向货方索赔或追偿。

对于使用专用集装箱船运输的集装箱货物,通常签发集装箱提单。该提单中有关承、托双方在集装箱运输中的权利、义务的专门规定,和普通提单中集装箱货物条款并无大的不同。

14. 冷藏货物

承运冷藏货物(Refrigerated Goods),对船舶货舱适货和运输过程中的管理要求都比一般货物严格,因此需要在提单中为其订立专门条款。

提单中的冷藏货物条款通常规定,承运人在冷藏货物装船前,应获得验船师或其他合格人员签发的,表明冷藏舱室和冷藏设备适合货物运输的证书。在冷藏货物的运输过程中,承运人应遵守证书中提出的要求和条件,以及按照托运人的要求谨慎保管货物。当船舶在卸货港准备好交付货物时,收货人应立即提取货物,否则,承运人可以将货物卸在岸上,而不承担风险和费用。

15. 特定货物

在海上运输中,除了运输一般货物外,也常常运输一些具有特殊性质或对运输和保管有特殊要求的特定货物(Special Cargo),如木材、钢材、散装货和重大件货物等。在不违反有关法律的前提下,允许承运人对运输此类货物与货主之间自由订立任何协议,这类协议具有完全的法律效力。

16. 选港货物

选港货物(Optional Cargo)是指承运人与托运人在货物装船前约定并在提单中注明,对该货物的卸货港,收货人在一定的条件下可以加以选择的货物。

提单中选港货物条款通常规定,收货人应在船舶驶抵提单中注明的可供选择的卸货港口中的第一个港口之前若干小时(一般规定为48小时),对该选港货物的卸货港加以确定,并以书面通知承运人在上述第一个港口的代理人,否则承运人有权将货物卸于该港或其他任一选卸港,运输合同视为已履行。

17. 共同海损

提单中订入共同海损(General Average)条款,其目的是明确当发生共同海损时,应在什么地点以什么理算规则进行共同海损理算。

18. “互有过失碰撞条款”以及“新杰森条款”

凡是去美国的船舶必须在其运输合同中订入“互有过失碰撞条款(Both to Blame Collision Clause)”以及“新杰森条款(New Jason Clause)”,以保护承运人、船方的利益。

除上述的提单条款外,提单中还会订有其他一些常见的条款,如错误申报条款,转运、换船、联运条款,留置权条款,战争、检疫、冰冻、罢工条款,地区条款等。这些条款在各提单中可能有些差异,在使用提单时,应对这些条款加以注意,并给予正确理解。

七、保函

1. 使用保函的意义

在实践中,为了避免因一些经常出现而估计不会损失很大的有关货物的外表状况和数量的批注或记载产生的争议,影响海上货物运输程序的正常进行,托运人会出具保函承担可能发生的责任,把争议留待日后解决。该做法对促进国际贸易和远洋运输有着积极的意义。随着货物包装的不断完善,外表包装状态不良一般不会损害货物本身,此时,承运人凭托运人提供的保函签发清洁提单,使托运人能顺利结汇,这是保函积极的一面。另外,在实践中,尤其是在航程较短的情况下,提单的流转速度跟不上船舶的航行速度,有时载货船舶已到港,但收货人还没有拿到正本提单,在这种情况下凭保函提货,可以加快船货流转速度,这也是使用保函积极的一面。

2. 保函的形式

保函通常有装货港使用的保函和卸货港使用的保函两种。

(1)装货港使用的保函

在装货港,一般在三种情况下托运人需要提供保函:

①大副已将收受的货物外表状况不良批注于收货单上,托运人为了不影响银行结汇,而向承运人提交保函,要求承运人签发清洁提单。

②托运人与承运人之间就货物的数量、重量或包装存在分歧,如承运人怀疑托运人关于货物的描述,但又没有合适的方法予以检查,承运人要求托运人出具保函,以保证承运人的利益。

③托运人为了达到某种目的,要求承运人在提单上填写与实际货物情况不一致的内容(包括要求承运人签发倒签提单和预借提单),承运人为了保护自己的利益而要求托运人出具保函。

(2)卸货港使用的保函

卸货港使用的保函又称提货保证书,是指船舶抵达卸货港做好交货准备时,收货人不能凭正本提单向承运人或其代理人换取提货单时,向承运人或其代理人提供的书面保证,凭以换取提货单。

通常,收货人出具保函后,凭副本提单换取提货单后提取货物。

3. 保函的法律效力

关于保函的法律效力,目前国际上趋向于:

(1)在装货港出具的保函的法律效力

①保函在托运人与承运人之间有效,即承运人在赔偿第三者收货人或提单受让人的损失后可以凭保函向托运人追偿。

②保函在善意的第三者收货人或提单受让人与承运人之间无效,即对善意的第三者收货人或提单持有人依据提单提出的索赔,承运人不能根据保函拒绝,而应负赔偿责任。

③如果承运人、船长或承运人的代理人凭保函签发清洁提单,构成对善意的第三者收货人或提单受让人欺诈,则保函在托运人与承运人之间亦无效,且承运人在赔付善意的第三者收货人或提单受让人的损害时,丧失责任限制的权利。

(2)在卸货港出具的保函的法律效力

①保函在承运人与凭正本提单请求提货的人之间无效,承运人不能用保函对抗合法持有提单的第三者。

②保函在承运人与出具保函的人之间有效,即承运人在赔偿合法持有提单的第三者的损害后,可依据保函向出具保函的人追偿。

4. 接受保函的注意事项

承运人及其代理人在接受保函时,应注意以下事项:

(1)当所接收的货物与提单所要求记载的情况不一致时,应要求托运人提供与提单所要求记载相一致的货物,尽可能不接受凭保函而签发的清洁提单。

(2)考虑装货港和卸货港的法律,如该地法律规定保函一概无效,应拒绝接受保函。

(3)考虑出具保函的人的资信情况,不应接受资信不良的当事人出具的保函。

(4)考虑货物外表状态不良的程度,货物外表状态严重不良时应拒绝接受保函。

(5)承运人及其代理人接受保函时,不能具有故意损害善意的第三者收货人或提单受让人利益的意图。

(6)考虑货物的价值:价值较低的货物可以接受保函;价值较高的货物,则不应接受保函。

(7)审查保函的内容,保证保函内容清楚、明确。

(8)考虑航运市场的情况,如航运市场好,则可拒绝接受;如航运市场不好,则为提高揽货能力,在考虑前述因素的前提下,可以考虑接受保函。

(9)应尽可能不接受卸港货保函,要求收货人凭正本提单提货。

(10)审查凭保函请求提货的人是否是有权提取货物的人。

八、无单放货

1. 无单放货的概念

无单放货又称无正本提单交付货物,是指承运人或其代理人在收货人未提交正本提单情况下,交付所承运货物的行为。

2. 无单放货产生的法律责任

根据我国最高人民法院于2009年2月26日公布的《最高人民法院关于审理无正本提单交付货物案件适用法律若干问题的规定》,关于无正本提单交付货物(实践中多称为无单放货)的法律规定可以概括为如下内容:

(1)承运人与无单取货人的连带责任。在承运人无正本提单交付货物的情况下,正本提单持有人可以要求无单放货的承运人与无单取货人承担连带赔偿责任。

(2)无单放货情况下承运人的法律责任

①违约责任和侵权责任的竞合。承运人无正本提单交付货物,正本提单持有人可以要求承运人承担违约责任,或者承担侵权责任。

②赔偿额以货物的 CIF 价格计算。承运人因无正本提单交付货物造成正本提单持有人损失的赔偿额,按照货物装船时的价值加运费和保险费计算,其实就是按照货物的 CIF 价格来计算承运人的赔偿额。

③足额赔偿责任。承运人因无正本提单交付货物承担民事责任的,不适用《海商法》第 56 条关于限制赔偿责任的规定,其实就是承担货物 CIF 价格的足额赔偿责任。

3. 承运人无单放货可免责的情形

(1)承运人依照提单载明的卸货港所在地法律规定,必须将承运到港的货物交给当地海关或者港口当局。

(2)承运到港的货物超过法律规定期限无人向海关申报,被海关提取并依法变卖处理,或者法院依法裁定拍卖承运人留置的货物。

(3)承运人按照记名提单托运人的要求中止运输、返还货物、变更到达地或者将货物交给其他收货人。例如,某海上货物运输关系中,承运人签发的提单上载明了收货人的具体名称为“乙公司”。货物在海上运输期间,托运人甲公司给承运人发来非常确定且证据确凿的要求:货物到目的地不交乙公司而交丙公司。承运人依据甲公司的要求,在目的港货交丙公司,若乙公司凭正本提单要求承运人承担赔偿责任,承运人可免责。

要特别注意的是,援引托运人的要求主张无单放货免责只适用于签发记名提单的情形,因为记名提单是非流通的提单,承运人本来就是按照托运人的要求向特定收货人交货。如果托运人变更此种要求导致承运人无单放货,相关责任由托运人承担,运输关系中的承运人可免责。但是,如果签发的是指示提单或不记名提单,由于这两种提单可以单方转让流通,为了保障此两类提单的流通效力及提单善意受让人的利益,托运人的要求就不能成为承运人无单放货的免责理由。

(4)承运人签发一式数份正本提单,向最先提交正本提单的人交付货物后,其他持有相同正本提单的人要求承运人承担无正本提单交付货物民事责任。

4. 无单放货民事诉讼时效及法律适用

正本提单持有人要求承运人承担无正本提单交付货物民事责任的诉讼时效为 1 年,适用的法律为《海商法》,《海商法》没有规定的,适用其他法律规定。

5. 怎样处理无单放货的问题

在实践中,由于提单的流转速度常常慢于货物的海上运输速度,为了解决货物已到港,收货人却未收到正本提单且急需提货的矛盾,减轻无单放货对承运人、收货人的负面影响,可采取以下变通措施,以尽可能地保护承运人的自身利益:

(1)在非记名提单的情况下,要求托运人将承运人或其代理人签发的全套正本提单交回承运人或其代理人,并向承运人指定收货人,然后由承运人授权并采用电传、电报等通信方式通知其在卸货港的代理人,将货物交给托运人指定的收货人。

(2)收货人在未收到正本提单的情况下,可以要求其开户银行或正本提单的开证银行出具银行担保函,凭该担保函换取提货单,然后提取货物。

模块三
不定期船运输业务

单元一 不定期船运输概述

【学习目标】

通过本单元的学习,应达到以下目标:

1. 掌握不定期船运输的特点;
2. 掌握不定期船运输的分类及其特点。

【相关内容】

一、不定期船运输的概念及特点

1. 不定期船运输的概念

不定期船运输(Tramp Shipping)又称租船运输,是一种海上运输经营方式,它没有既定的船期表,也没有固定的航线及挂靠港,而是按照货物对运输的要求,安排船舶运输。

2. 不定期船运输的特点

(1)没有既定的船期表,也没有固定的航线、装卸港及船期,而是按照船舶出租人与承租人双方签订的租船合同安排船舶航线,组织船舶运输。

(2)船舶出租人对每次其船舶的租用必须洽谈单独的合同,而且租船合同条款内容也不尽相同,取决于船舶出租人和承租人的洽谈能力和市场总的趋势,可以出租整艘船舶,也可以出租船舶的部分舱位。

(3)适合于大宗散货运输,如粮食、石油、煤炭、钢材等。

(4)船舶营运中的有关费用及其风险由谁承担,根据租船合同的类别及合同条款确定。

(5)船舶出租人与承租人的权利、义务和责任依据双方当事人之间订立的租船合同。

(6)租船业务的出租人是契约承运人而不是公共承运人,其有权在任何地方以任何术语自由经营船舶。运费率和租金率随船舶供需关系而变动,费率和船舶营运通过船舶出租人与承租人双方洽谈协商来决定,反映契约当事人的特定需求。

二、不定期船运输的种类

租船运输的基本营运方式包括航次租船、包运租船、定期租船、光船租赁和航次期租等。

1. 航次租船

(1)航次租船的概念

航次租船又称程租船(Voyage Charter;Trip Charter),是指出租人向承租人提供船舶的全部或部分舱位,装运约定的货物,在指定的港口之间进行一个或多个航次,由承租人支付运费的一种租船方式。

(2)航次租船的特点

①航次租船合同规定了特定船舶、特定货物、特定港口和特定航线。

②船舶出租人与承租人的权利、义务和责任依据他们之间订立的航次租船合同。

③承租人负责完成货物的组织,根据装船或载运货物的数量支付运费及支付相关的费用。

④船舶出租人占有和控制船舶,负责船舶的营运调度,配备和管理船员。

⑤船舶出租人负责支付船舶营运费用。

⑥承租人向船舶出租人支付的租船费用通常称为运费,而不是租金。

⑦船舶出租人向承租人出租整船或部分舱位。

⑧航次租船合同中规定装卸时间、滞期费和速遣费等。

(3)航次租船的分类

按照约定应完成的航次数量,航次租船可分为:

①单航次租船

单航次租船(Single Trip Charter),是指船舶出租人负责将指定的货物由一个港口运往另一个港口,货物运到目的港卸船交付货物后,船舶出租人的合同义务即告完成。

②往返航次租船

往返航次租船(Return Trip Charter),是指船舶出租人完成一个单航次后,紧接着在上一个航次的卸货港(或其附近港口)装货,运回原装货港(或其附近港口)卸货交付货物后,船舶出租人的合同义务即告完成。从实质上讲,这种方式包括了两个单航次租船。

③连续单航次租船或连续往返航次租船

连续单航次租船(Continuous Single),是指船舶出租人提供船舶连续完成几个而不是一个单航次的租船运输方式。连续单航次租船类似于单航次租船,但船舶被约定在一个航线上,保证一系列货物运输航次。在最后一个航次卸货港交付货物后,船舶出租人的合同义务即告完成。这种运输经营方式主要应用于承租人拥有充分确定的货物运输计划。

连续往返航次租船(Return Trip Charter),是指船舶出租人提供船舶连续完成几个往返航次的租船运输方式。被租船舶在相同两港之间连续完成两个以上往返航次运输后,船舶出租人的合同义务即告完成。实践中很少使用这种租船方式。

2. 包运租船

(1)包运租船的概念

包运租船(Contract of Affreightment),是指船舶出租人以一定的运力,在确定的港口之间,按事先约定的期限,每个航次以较均等的运量,完成与承租人约定的全部货运量运输的一种租船方式。

(2)包运租船的特点

①只确定承运货物的数量及完成期限,不具体规定航次数和船舶艘数。

②不确定履行合同的具体船名、国籍,仅规定船舶的船级、船龄和船舶技术规范等,出租人可以选择合适的船舶装运约定的货物,船舶运力的安排完全由船舶出租人灵活控制。

③所承运的货物主要是干散货或液体散装货物。由于货运量通常很大,因此在较长时间内能保证船舶有比较充足的货源,使运费收益有较稳定的保障。

④租期长短取决于货物的总量及船舶航次周期所需的时间。

⑤航次中的时间损失由出租人承担,而港内装卸作业中的时间损失通常由承租人承担。

⑥运费按船舶实际装载数量及约定的费率计收,通常按航次结算。

⑦即使承租人实际装船的货物数量少于规定的装载能力,也应按照合同的约定支付总运费。但是,若出租人未能按照合同的约定提供装载能力,承租人可以提出要求,降低总运费。

3. 定期租船

(1)定期租船的概念

定期租船(Time Charter)又称期租船,是指船舶出租人向承租人提供约定的由出租人配备船员的船舶,由承租人在约定的期间内按照约定的用途使用,并支付租金的一种租船方式。

在定期租船的租期内,承租人可以安排船舶的营运,既可以将租来的船舶用于班轮运输,也可以作为不定期船使用。

(2)定期租船的特点

定期租船具有以下特点:

①出租人负责配备船长、船员并负担船员的工资及伙食费等。

②出租人负责船舶安全航行和内部事务管理,并承担船舶的折旧费、维修保养费、船用物料费、润滑油费及船舶保险费等船舶营运固定成本;淡水费由谁负担需在租船合同中定明。

③承租人负责船舶的营运调度,并承担燃料费、港口使费、货物装卸费及运河通过费等船舶营运可变成本。

④船长在有关船舶使用和代理方面应服从承租人的指示和命令。

⑤船舶以整船出租,租金按船舶的装载能力、租期长短及约定的租金率计算。

⑥租船合同中通常订有关于交船与还船、停租与撤船的有关规定。

(3)定期租船与航次租船的区别

定期租船与航次租船的区别如下:

①在定期租船条件下,出租人收取的是租金,按承租船舶的时间长短计算,航次租船条件下出租人收取的是运费,按装载货物的数量或按船舶吨位计收。

②在定期租船条件下,出租人在租期内需保持船舶适航,如船舶不能连续一定的时间正常营运,承租人可以因此停租并不付租金;在航次租船条件下,如果出租人在开航前和开航时已尽适航义务,则在运输过程中因船舶故障或其他原因出现延迟,承租人不得因此拒付运费。

③在定期租船条件下,承租人除了按承租时间支付出租人的租金外,还需支付船舶的营运费用,如装卸费、船舶燃油费、港口使费等。在航次租船条件下,承租人一般仅按所载运货物的数量支付运费和按双方约定承担装卸费用。

④在定期租船条件下,承租人负责船舶的营运,并承担有关的费用,因而定期租船合同中订有船速与燃油消耗量条款,承租人承担了船舶航速及货物装卸的时间风险。由于承租人负责货物的装卸,因此,定期租船合同中无装卸时间条款;在航次租船条件下,出租人负责船舶的营运并承担有关的费用,因而无燃油消耗量条款,同时双方约定装卸货的时间,因此航次租船合同中有装卸时间条款。

⑤在定期租船条件下,承租人对租船期间的时间损失负责;在航次租船条件下,出租人对租船期间的时间损失负责。

⑥在定期租船条件下,承租人有权获得一定比例的海难救助报酬;在航次租船条件下,承租人无权获得海难救助报酬。

4. 光船租赁

(1)光船租赁的概念

光船租赁(Demise Charter;Bare boat Charter)又称船壳租船、光租、光船租船,是指出租人将一艘不配备船员的空船出租给承租人使用一定时间,并由承租人支付租金的一种租船方式。

在光船租赁期间,由承租人占有、使用和营运船舶。

(2)光船租赁的特点

光船租赁具有以下特点:

①承租人配备全部船员,装备船舶,承担所有船舶航行、管理及营运调度责任,承担船舶在租期内的时间损失。

②船舶的占有权从船舶交予承租人使用时起转移至承租人,在整个租期内承租人具有出租人的所有职能。

③承租人承担船舶营运的可变成本和部分固定成本;出租人承担船舶折旧费;船舶保险费由谁支付需依照合同的约定。

④以整船出租,租金按船舶的装载能力、租期长短及约定的租金率计算。

⑤对船舶转租进行了严格限制,未经出租人同意,承租人不能转租。

⑥在光船租船期间发生的救助报酬由承租人享有。

⑦光船租船通常被认为是一种船舶融资而不是租船契约。

5. 航次期租

目前,国际租船实务中还经常使用一种介于航次租船和定期租船之间的租船方式,即航次期租(TCT—Time Charter On Trip Basis)。航次期租是指由船舶承租人以定期租船形式为一个特定航次而租用船舶。就双方当事人使用船舶一个或两个航次的意愿而言,航次期租类似于航次租船。航次期租的租期取决于航程,而不像定期租船那样确定租期。船舶出租人和承租人的角色与定期租船合同相同。目前,没有为航次期租标准纯粹设计的租船合同范本,多以定期租船合同范本为蓝本进行洽谈,并做适当修改。虽然租期期限取决于合同航次期间,航次期租仍具有定期租船合同的重要特征,承租人应根据履行航次所使用的时间支付租金。

航次期租是定期租船的简单形式。在租船期间,船舶出租人按照约定的日租金率收取租金,如每天 3 万美元,船舶在承租人的指令下运营。对于承租人,采用航次期租比航次租船运输在指定货物方面有更大的灵活性;对于船舶出租人,采用航次期租的好处是避免船舶在港口时间损失的风险。

三、租船合同条款分类

为了明确受害方是否有权解除合同,首先要看被违反的租船合同条款的性质。就此目的而言,租船合同中的条款基本上可分为三类,即条件条款、保证条款和中间性条款。

1. 条件条款

条件条款是指合同中的重要条款,违反这种条款,受害方有权取消合同并可提出赔偿要求。条件条款的表现形式为,成文法中明文规定作为条件的义务责任之类的条款;合同中明显指出作为条件的义务责任;判例中被视为条件的条款;根据合同条款、合同背景所表示出双方的意图确定为条件条款的。

2. 保证条款

保证条款是指合同中的次要条款,违反这种条款,受害方不能取消合同,但可提出赔偿要求。

3. 中间性条款

中间性条款是指介于条件条款和保证条款之间的合同条款。合同当事人一方违反这种条款时,受害方究竟是按违反条件条款处理,还是按违反保证条款处理,要视违约程度和后果确定。

如果合同一方违反这种条款会使合同双方协议的商业目的无法实现,受害方有权取消合同,否则只能提出赔偿要求。

单元二 航次租船

【学习目标】

通过本单元的学习,应达到以下目标:

1. 掌握我国《海商法》对航次租船的特别规定;
2. 熟悉“金康”合同范本中的主要条款;
3. 掌握装卸时间的规定方法、含义及其起算与止算的标准;
4. 在给定条件下,能够计算滞期费与速遣费。

【相关内容】

一、航次租船合同概述

1. 航次租船合同的概念

航次租船合同,是指船舶出租人(Owner)向承租人(Charterer)提供船舶或者船舶的部分舱位装运约定的货物,从一港运至另一港,并由承租人支付运费的合同。

航次租船合同规定了在航次租船条件下,出租人与承租人之间的法律关系,以及他们各自的权利和义务。航次租船合同属于海上货物运输合同。

2. 航次租船合同中应包括的主要内容

我国《海商法》规定,航次租船合同的内容主要包括出租人和承租人的名称、船名、船籍、载货重量、容积、货名、装货港和目的港、受载期限、运费、滞期费、速遣费以及其他有关事项。虽然其对“航次租船合同”做了专章规定,但除第 47 条关于承运人谨慎处理使船舶适航的规定和第 49 条关于承运人不得随意绕航的规定强制适用于航次租船合同以外,其他有关合同当事人之间的权利与义务的规定仅在航次租船合同没有约定或没有相反约定时适用。

航次租船合同中一般订有船舶说明条款、预备航次条款、出租人责任条款、运费支付条款、装卸条款、滞期费和速遣费条款、租船合同下提单条款、合同解除条款、承租人责任终止条款、双方互有过失碰撞条款、共同海损条款、新杰森条款、战争条款、罢工条款、冰冻条款、仲裁条款、佣金条款等。

3. 航次租船合同范本

为了简化和加速签订航次租船合同的过程,航次租船实务中大量使用各种标准租船合同范本(格式),如用于谷物运输的北美谷物租船合同;用于木材运输的波罗的海木材租船合同;用于油船运输的油船航次租船合同等。这些租船合同范本均罗列了事先拟就的主要条款,在洽租时,只需在函电中列明所选用合同范本的代码,指明对该范本第几款第几行的内容进行增加、删除、修改,就能较快地拟就双方所同意的条款,最后达成协议。

目前,国际上最常用的航次租船合同范本为波罗的海国际航运公会(BIMCO)制定的“统一杂货租船合同(Uniform General Charter)”,简称“金康(Gencon)”合同。该合同可适用于各种航线和各种货物的航次租船。

二、航次租船合同的主要条款

(一)船舶说明

船舶说明(Description of Vessel)是出租人对船舶的情况在合同中所做的陈述。船舶说明是承租人了解船舶可能遭遇危险的程度、船舶的技术状况和载运能力的主要依据。当出租人所提供的船舶与合同中所陈述的船舶情况不符时,承租人可以视误述的程度,决定是否租用船舶。如果因船舶的误述而促使承租人订立合同,且这种误述破坏或严重妨碍了承租人租用船舶所要达到的商业目的,则承租人可以解除合同,并要求损失赔偿。

我国《海商法》规定,出租人应当提供约定的船舶;经承租人同意,可以更换船舶。但是,提供的船舶或者更换的船舶不符合合同约定的,承租人有权拒绝或者解除合同。因出租人过失未提供约定的船舶致使承租人遭受损失的,出租人应当负赔偿责任。

船舶说明通常包括以下内容:

1. 船名

船名(Name of Vessel)是指合同双方约定履行航次租船合同的船舶名称。船名的指定意味着船舶的指定,而船舶的指定对于航次租船合同的履行十分重要。

关于船舶的指定通常有如下几种方式:

(1)指定具体船舶

指定具体船舶指在合同中列明一艘具体船舶的名称,合同的存在取决于船舶的存在。船舶一旦被指定,则意味着出租人只能派遣被指定的船舶前往装货港履行合同,未经承租人同意,出租人不能用其他船舶替代该船。若出租人未能及时提供指定船舶或指定的船舶不符合规定,则出租人违约,承租人有权拒绝或者解除合同。如果原来指定的船舶由于灭失或者宣布推定全损,则合同受阻,这意味着合同自动解除。除非双方在合同中另有约定,否则出租人没有义务为承租人提供指定船舶以外的船舶履行合同。

(2)设立替代船条款

由于在签订合同时,船舶出租人无法预计船舶调配可能发生的变化,为了使出租人有一定的灵活性,可在合同中列明几艘船舶,由出租人选择其一履行合同;或者在合同中订有“替代船条款”,以允许出租人选择替代船。应注意的是,出租人选择的替代船的船型、位置和船级等,必须与原选定的船舶相符,并且替代船一经选定,出租人应及时通知承租人,不得再做改变。

有时,为了使出租人在指派船舶上更灵活,也可以在合同中订明在超过两艘船的多艘船中选择,如“××船,或××船,或……中选择一艘”。

(3)船舶待指定

在租船合同中,有时由于某些原因无法在合同中确定船名,经双方当事人同意,在航次租船合同开始履行前的适当时间,由出租人确定具体船舶,并将船名通知承租人,即“船舶待指定”。为避免出租人利用此权利任意选择和派遣不符合承租人要求的船舶,双方当事人必须事先在合同中明确规定待指定的船舶的具体条件、性质及技术规范。船舶一旦随后在适当时间内由船舶出租人指定,便构成指定船舶,船舶出租人不能再更改。

2. 船舶国籍

船舶国籍(Nationality of Vessel)是通过船旗来表现的。船舶国籍代表了船舶和船旗国的隶属关系,在航次租船合同中需要指定船舶的国籍。政治上涉及船舶在其他国家水域的通行,特别是在战争时期,船舶国籍或船旗直接影响船舶是否会遭受攻击、扣押、充公、征用、没收等;和平时期,涉及港口国监督检查、法律适用、货物保险、港口使费等。如果出租人在合同履行期内,擅自变更船舶国籍或变换船旗,则构成违约。

3. 船级

船级(Classification of Vessel)是指双方在订立合同时船舶应达到的技术状况。船级可以反映一艘船舶的适航能力。因此,如果违反了船级的规定,即可视为违约。但是,除非合同另有明确规定,出租人并没有义务在整个合同期间保持订立合同之时的船舶实际船级。换句话,船舶在履行合同期间丧失约定的船级,不认为出租人违约。英国法认为船级是条件条款,若违反船级规定,可解除合同;美国法认为船级是保证条款,若违反船级规定,仅可要求损害赔偿。

4. 船舶吨位

船舶吨位(Tonnage of Vessel)是指履行合同的船舶的吨位大小,包括登记吨(Registered Tonnage)和载重吨(Deadweight Tonnage)。船舶吨位与港口使费、运河通行费、关税的征收等有密切关系,与能装载货物的数量多少也有密切关系。在租船合同中载明的载重量数字是指实际可装载货物的重量,并不包括船舶燃料、物料、淡水、备用品等以及船舶常数。由于在签订租船合同时,对本航次实际可以装载的货物数量难以做出确切估计,为此,在租船合同中通常只规定一个装载货物的大概数量,以及允许变化的百分比(一般在5%~10%),在这个百分比范围内,出租人有权选择多装或少装。

5. 船舶位置

船舶位置(Vessel's Position)是指合同订立时船舶所在的位置或状态。因为船舶所处的位置对于能否按期抵达预定装货港至关重要,所以对于船舶位置必须予以正确记载。实践中常用"正在营运中"或"正在修理中"的术语,以避免用精确的经纬度来描述船舶状态。出租人必须保证以上陈述的正确性,如陈述与事实不符,即为误述。一般来说,如果误述系出租人故意或过失所致,出租人应对承租人因误述而遭受的损失负责赔偿;如果误述严重到合同不能履行,或致使承租人承租船舶的目的不能实现,则承租人有权解除合同。

(二)预备航次

预备航次(Preliminary Voyage)是指在签订了航次租船合同后,船舶从合同规定的装货港的前一港口(有时是前一合同规定的卸货港)驶往装货港,此一空放航次被称为预备航次。

预备航次是船舶出租航次的一个组成部分,合同中有关出租人权利和义务的规定,同样适用于预备航次。出租人有义务将船舶驶往装货港或船舶所能安全抵达,并始终保持浮泊的地点。有的合同规定船舶开始预备航次的日期,但更多的是规定船舶应以合理的速度,尽快完成预备航次。在预备航次中,不应有不合理的延误。

在航次租船条件下的预备航次中,如果合同任何一方当事人都没有违约,但船舶延误到港,并且这种延误使得合同无法履行,即预备航次受阻,则任何一方都有权无偿地解除合同。

(三)受载期和解约日

1. 受载期

受载期是指船舶在租船合同规定的日期内到达约定的装货港,并做好装货准备的期限,如2021年4月20—30日。船舶应在受载期到达装货港,无论是受载期的第一天还是最后一天,船舶抵达装货港并做好装货准备即可。有的合同进一步规定,若船舶在受载期开始之前抵达装货港,即船舶提前到达时,如果承租人没有备妥货物,对船舶等待的时间损失,承租人不承担责任,这种规定称为“不得提前条款”。

2. 解约日

解约日(Cancelling Date)又称为解除合同日,是指一个日期,如果船舶在此日期之前不能抵达装货港,承租人有解除合同的绝对权利。通常的解约日条款也适用于非船舶出租人所能控制的原因引起的延误,尽管船舶出租人和船长已尽最大努力加速航行。

3. 质询条款

如船舶已经不可能在解约日之前或当天抵达第一个装货港,对于船舶出租人重要的是获得承租人是否解约的通知。除非合同另有约定,只要出租人未能在合同规定的解约日之前抵达约定地点并做好装货准备,不论何种原因所致,承租人有权按照合同中约定的解约条款解除合同。而且,即使出租人或船长明知船舶不能在解约日之前到达装货港并做好装货准备,只要承租人未提出解除合同,船舶仍应驶往装货港。但是,合同中通常约定,承租人要行使解约权,须在规定的期限内或在合理的时间内做出决定,并通知出租人,否则视为承租人放弃解除合同的权利,通常把这种条款称为“质询条款”。

我国《海商法》规定,出租人在约定的受载期限内未能提供船舶的,承租人有权解除合同。但是,出租人将船舶延误情况和船舶预期抵达装货港的日期通知承租人的,承租人应当自收到通知时起 48 小时内,将是否解除合同的决定通知出租人。

1994 年“金康”合同范本规定,如船舶未能在规定的解约日做好装货准备(不论靠泊与否),承租人有权解除本合同。如出租人预计虽谨慎处理仍无法在解约日前准备装货,则应立即通知承租人其预计准备好的日期,并询问是否解约或同意新的解约日。承租人应在收到该通知后 48 小时内宣布,如承租人未行使其解约权,则本租约视为出租人在通知中宣布的准备完毕日期后的第七天为新的解约日。

(四)装卸港口

1. 装卸港口的指定

在航次租船合同中,可以明确规定装卸港口,也可以明确一个地理区域或数个港口作为装卸港口。对于后者,承租人有选择的权利,但这一权利必须按合同的规定及时行使。实践中,通常采取“宣港”的形式向出租人通知最后确定的装卸港港名。如果承租人没有按合同约定的地点或期限向出租人宣港,因此而造成的船舶滞期或绕航损失应由承租人负责,包括出租人为保持“适航平衡”状态下驶往第二卸货港而发生的倒舱、卸载和重装货物的费用。

我国《海商法》规定,合同订有承租人选择卸货港条款的,在承租人未按照合同约定及时通知确定的卸货港时,船长可以从约定的选卸港中自行选定一港卸货。承租人未按照合同约定通知确定的卸货港,致使出租人遭受损失时,应负赔偿责任。

2. 安全港口的概念

为了保证船舶进、出港口的安全,通常要求承租人指定的装卸港口必须是“安全港口”。

安全港口是指在没有突发事件的情况下,某一特定船舶能够安全驶入、停留和驶出,不会遭受任何用良好船艺也无法避免危险的港口。

安全港口必须保证政治局势方面的安全,包括船舶不会遭遇战争、敌对行为、恐怖活动以及因政治上的原因而被没收的风险等;实质条件方面的安全,如地理上的安全,包括港口航道水深、助航设备、系泊设备以及气象条件应能满足安全上的要求。

如果所指定的装卸港或泊位，船舶只有在大潮时才能到达；或者在港内只能装载一部分货物，其余部分须在船舶出港后在港外装载；或者船舶进入卸货港前，必须在港外驳卸一部分货物后才能进港卸货，此类港口或泊位应视为安全。

3. 承租人指定装卸港口的权利和义务

指定装卸港口是承租人的一项权利，根据权利和义务对等的原则，承租人在享受指定装卸港口这一权利时，也必须承担确保所指定的装卸港口安全这一义务。如果承租人指定的装卸港口不安全，承租人要对由于不安全引起的后果负责。但是，如果船长知道或应当知道此港是不安全港口还继续前往，因此而遭受损害的，可以相应地减轻或免除承租人的责任。

根据航运惯例和我国的司法实践，如果装卸港口或泊位已在合同中订明，承租人就无须保证港口的安全性。如果装卸港口或泊位由承租人选择或待指定，在这种情况下承租人有保证港口安全的义务。即列名港口的安全责任由出租人负责，非列名港口的安全责任由承租人负责。而泊位的安全一般由承租人负责，除非泊位事先已在租约中指定。

4. 邻近港条款

如果发生异常情况，使原来合同订立时安全的港口变为不安全，则对于因此产生的船舶损失，承租人不负赔偿责任。遇到这种情况，只要船舶能够安全离开，则承租人有义务另行指定一个安全港口。为此，租船合同中常订有“邻近条款”，大意是：承租人指定的港口发生障碍，而这些障碍又是出租人采取合理措施也不能克服的，船长可以将船舶驶往附近可以安全靠泊的港口装卸货物。

航次租船合同中通常都不规定港内的具体装卸地点。如果指定的装卸港口有几个通常用以进行装卸的地点，则承租人可以选择其中一个地点进行装卸。除非这个通常用以装卸的地点对船舶来说是不安全的，否则船长应执行承租人的指示。

我国《海商法》第 91 条规定：“因不可抗力或者其他不能归责于承运人和托运人的原因致使船舶不能在合同约定的目的港卸货的，除合同另有约定外，船长有权将货物在目的港邻近的安全港口或者地点卸载，视为已经履行合同。船长决定将货物卸载的，应当及时通知托运人或者收货人，并考虑托运人或者收货人的利益。”

（五）货物

1. 契约货物

在没有明文规定的情况下，承租人在合法情况下有绝对义务提供合同指定的货物。如果承租人提供的货物与合同规定不一致，船舶出租人有权要求赔偿损失。在某些情况下，交付货物与指定货物有很大不同，船舶出租人有权解除合同并且要求赔偿运费损失。

我国《海商法》第 100 条规定：“承租人应当提供约定的货物；经出租人同意，可以更换货物。但是，更换的货物对出租人不利的，出租人有权拒绝或者解除合同。因未提供约定的货物致使出租人遭受损失的，承租人应当负赔偿责任。”

承租人在下列情况下可以免除责任：在合同履约地根据履约地法律为非法的情况下；当船舶出租人违反前提条件时；当合同明文中规定免除承租人责任时；由于船舶出租人过失而没有合法理由使承租人无法供货时。

2. 货物数量

在航次租船合同中，关于货物运送的数量，通常只记载一个大概的数字。这是因为在签订合同时，对将要履行的航次中需要携带的燃油、淡水及供应品的数量等，还难以做出精确的计算，所以要等到货物装船前，船长根据将要履行的航次情况，确定燃油、淡水等的储备量，最后计算出该航次的净载重量，才能向承租人宣布可以承运货物的数量。这种向承租人宣布本航次可以承载货物数量的做法，就是通常所说的“宣载”。宣载需以一定的书面通知形式进行，各港都有一定的书面通知格式。

船长宣载的装货数量具有合同效力。承租人有按照船长宣载的数量，提供满载货物的义务。如果承租人提供的货物数量不足，则应向出租人支付亏舱费，作为对出租人因此受到的运费损失的赔偿；反之，如果船舶实际装载能力达不到船长宣载的数量，出租人应向承租人赔偿短装损失，包括承租人根据贸易合同所遭受的损失、货物的退关费用、仓储费用和回运费用等。如承租人根据船长的宣载，把准备好的货物全部装船后，船舶并未达到满载，对于多余的舱容，出租人可以要求承租人“加载”，但这必须取得承租人的同意。

3. 甲板货

如果船舶出租人和承租人双方同意装运甲板货，则承租人须始终承担货物灭失或损坏责任。

(六)装卸费用

1. 装卸费用条款

航次租船合同中，应对装卸费用由谁负责予以明确。这里所说的装卸费用是指从码头船边将货物装入舱内和从舱内将货物卸至码头船边的费用。这笔费用应由谁支付，要由航次租船合同中的有关装卸费用条款中所使用的装卸费用分担术语确定。

常见的装卸费用分担术语有：

(1) Liner Terms，班轮条款：明确由出租人负担货物装卸费用。根据该术语，货物在装货港的装船费用和在卸货港的卸船费用均由出租人负担。

(2) Free In (F. I.)，舱内收货条款：根据该术语，出租人不负担装货费用。

(3) Free Out (F. O.)，舱内交货条款：根据该术语，出租人不负担卸货费用。

(4) Free In and Out (F. I. O.)，舱内收交货条款：根据该术语，出租人不负担装卸费用。

(5) Free In and Out, Stowed and Trimmed (F. I. O. S. T.)，舱内收交货积载和平舱条款：根据该术语，出租人不负担装卸费用以及堆装费和平舱费。

如果装运大件货需要绑扎，并且绑扎费希望由承租人负担，可在上述选用的装卸费用分担术语后加上“Lashed”(绑扎)一词加以明确。如果加上“Dunnages”(垫舱)一词，则表示垫舱费用也要由承租人负担。

(6) Liner In, Free Out (L. I. F. O.)，船舶出租人负责装货费，不负责卸货费条款：明确出租人负担装货费用，但不负担卸货费用。

(7) Free In, Liner Out (F. I. L. O.)，船舶出租人不负责装货费，但负责卸货费条款：明确出租人不负担装货费用，但负担卸货费用。

2. 1994 年“金康”合同范本规定

装卸费用条款的内容，除约定装卸费用由谁负担外，通常还包括由谁雇佣装卸工人，并承担装卸作业中的责任与风险。例如，班轮条款表明出租人负担除货物装卸费用外，还应负责雇用装卸工人，并承担装卸作业中的风险和责任。

(1) 责任与风险：承租人负责把货物送至舱内，装船、积载和/或平舱，绑扎和/或加固，并从舱内提取和卸货,船舶所有人不承担任何风险、责任和费用。如要求并为保护所装货物,承租人应提供并放置所有垫舱物料,装卸时间计算到垫舱物料移走时。

(2)船吊:除非船舶无船吊或双方同意并在合同中记载不使用船舶装卸设备,船舶应在整个装卸货物的过程中提供该装卸设备,并提供足够的动力。经请求,船舶所有人应提供船员充当船吊/绞车司机,如当地法律禁止,则承租人应负责雇用岸上工人的费用。船吊/绞车司机由承租人负责风险和责任,装卸工人视为其雇佣人员,但由船长监督工作。

(3)装卸工人损害:承租人负责装卸工人造成的对船舶的损害(正常的损耗除外)。该损害应由船长尽早通知承租人或其代理人和装卸工人,否则承租人不负责任。船长应尽力取得装卸工人的书面责任证据。

(七)装卸时间

在航次租船条件下,在港装卸时间的长短直接影响完成航次时间的长短,因此,必须在租船合同中对装卸时间加以规定。当实际装卸时间超过了合同中规定的装卸时间时,承租人需向出租人支付滞期费;当实际装卸时间少于合同中所规定的装卸时间时,出租人向承租人支付速遣费。

1. 装卸时间的概念

波罗的海国际航运公会(BIMCO)、国际海事委员会(CMI)、英国全国船舶经纪人和代理人协会联合会(FONASBA)、英国航运总会(GCBS)于1980年12月联合颁发了《租船合同装卸时间定义》(Laytime Definitions of Charter party,1980)(以下简称《1980定义》)。BIMCO、CMI、FONASBA及国际干货船船东协会(INTERCARGO)又联合制定了该定义的新版本,即《1993年航次租船合同装卸时间解释规则》(Voyage Charter Party Laytime Interpretation Rules,1993)(以下简称《1993规则》)。为了满足当代贸易安排的要求和商业实践活动的变化,2013年波罗的海交易所(Baltic Exchange)又研究出台了《2013年租船合同装卸时间定义》(Laytime Definitions for Charter Party,2013)(以下简称《2013定义》)。

上述规则都明确规定,装卸时间是指,合同当事人双方约定的船舶出租人使船舶并且保证船舶适于装卸货物,无须在运费之外支付附加费的时间。

2. 装卸时间的规定方法

装卸时间期限可以分为三种:固定装卸时间、计算的装卸时间和非确定装卸时间。

(1)固定装卸时间

固定装卸时间是最简单的方法,规定允许多少天/小时装货或卸货或者装货和卸货,后者通常为装卸共用时间。术语可以为:"合同规定装货时间为5个连续24小时良好天气工作日"或者"装卸时间共为7个连续24小时良好天气工作日,天气许可,装卸共用时间。"

油船运输中使用固定装卸时间是行业的标准做法,不论船舶大小,几乎总是固定装卸共用时间为72小时。

在航次租船合同规定几个装货港或卸货港时,是否允许分别计算每个港口的装卸时间?例如装卸时间总共为6天,租船合同规定两个装货港口,是否这6天从第一个装货港装卸时间开始时持续计算直到期满,或者每一个装货港为3天装卸时间?根据英国法律的有效推定,正确的答案是从第一个装货港的装卸时间开始连续计算直到期满,而不是每一个港口分别计算。如果承租人希望确保每个装货港或卸货港装卸时间单独计算,承租人应当在租船合同中明确。

(2)计算的装卸时间

计算的装卸时间是指装卸时间首先需要进行计算才能明确具体的时间,根据合同规定的要素和事实记录表格,计算的装卸时间可进一步分为以下两个方面。

①吨位计算

吨位计算是计算的装卸时间中最常见的类型,合同表述为船舶每天/小时装载率和/或卸载率多少吨。因此,对于装船 50 000 t 货物,装卸率每天 10 000 t,承租人总共有 5 天的装卸时间。

实践中可能承租人不能提供全部货物。在这种情况下,船舶出租人可以要求亏舱费,但货物短缺是否影响货物的装卸时间计算?根据英美法律,装卸时间只适用于货物实际装载部分。

②舱口计算

舱口计算比吨位计算要复杂,不过可以借助确定的方法处理。

a. 每日每舱装卸多少吨

每日每舱装卸多少吨是指用船舶具体装卸货物的数量除以每舱日装卸率乘以船舶舱口数的积而得出装卸时间,即:

装卸时间=装卸货物的数量/(每舱日装卸率×船舶舱口数)

b. 每日每工作舱装卸多少吨

每日每工作舱装卸多少吨是指以船舶最大货舱载货量除以每舱日装卸率乘以该舱口数的积而得出装卸时间。即:

装卸时间=(船舶最大货舱载货量)/(每舱日装卸率×该舱口数)

例,某船每舱日装卸率为 175 吨,1 号舱装载 1 200 吨货,2 号舱装载 1 500 吨货,3 号舱装载 1 575 吨货,4 号舱装载 1 400 吨货,5 号舱装载 1 325 吨货。

则:1 575/175 =9,总共 9 天卸货时间。

但是,如果最大的舱有两个或更多的舱口,该单位吨位必须细分。假设两个舱口服务于 3 号舱,例如,在应用每天装卸率 175 吨前,1 575 吨首先除以 2。在这种情况下,最大的货舱为 2 号,装有 1 500 吨货物,装卸时间为:

1 500/175≈8. 571 428,总共 8. 571 428 天卸货时间。

(3)非确定装卸时间

有时船舶出租人或经营人同意以"港口习惯""按习惯尽快装卸""按港口习惯尽快装卸"或"尽可能快"等术语进行装卸货物。目前非确定装卸时间中经常使用的术语是"按港口习惯尽快装卸"。

"按港口习惯尽快装卸"术语意味着承租人部分义务是在合理时间内并且按照港口已经形成的习惯装卸货物的一种协议。如果承租人未履行,船舶出租人有权获得滞留损失的赔偿。

应当注意的是,承租人的义务不仅包括实际的货物作业,而且要促进这些作业事实上的动工和完成。船舶出租人为了能够成功地获得滞留损失的赔偿,其必须确认延误是由于承租人的行为或疏忽造成的。因此,证明承租人事实上违约的责任在出租人而不是承租人。

不合理情况如船舶抵达后货物没有备好,在这种情况下,船舶出租人通常有权要求"滞留损失"。但恶劣天气,港口拥堵等类似风险都由船舶出租人承担。

3)几种装卸日的规定及含义

根据《1980 定义》,对航次租船合同中装卸时间条款里经常出现的"日"的概念,有如下解释：

（1）日

日（Day）即日历日，是指从午夜至午夜，连续24小时的时间。以此种日表示装卸时间时，从装卸货开始至装卸货结束，经过的日数即为装卸货时间，不足一日的按一日计算。在此期间，不论是实际不可能进行装卸作业的时间（如雨雪天、罢工等），还是星期日或节假日，都应计入装卸时间。

（2）连续日

连续日（Running Days，Consecutive Days）是指一天紧接着一天的日数，不足一天的时间按比例计算。日和连续日的含义区别在于：如果某一天只进行了部分时间的装卸作业，日的解释为仍按一天计算装卸时间，不存在比例计算的问题，连续日则按比例计算。如港口正常工作时间为24小时，而装卸作业实际工作时间为8小时，则计为1/3个连续日。

《1993规则》和《2013定义》规定，日和连续日具有同样的含义，在不足一日的情况下都按比例扣减。

（3）工作日

工作日（Working Days，W. D）是指没有被租船合同明确地排除于装卸时间之外，并且也不属于节假日的日数或部分时间，即不包括星期日和法定节假日，港口可以进行工作的时间。

工作日的正常工作时间按港口习惯而定。如我国和世界上多数港口都以8小时为一个工作日。大多地方或港口当局通常都规定：法定节假日和星期日（或双休日）前一日下午某一时点（如1800）以后至法定节假日和星期日（或双休日）后一日上午某一时点（如0800）以前的整段时间，均不计为工作日。

《1993规则》中有关"工作日"的解释与《1980定义》完全一样。《2013定义》对"工作日"的表述调整为：根据当地法律或习惯通常进行工作的时间。

（4）晴天工作日

晴天工作日（Weather Working Days，W. W. D）是指工作日或部分工作日中，不受天气影响，可以进行装货或卸货作业的时间。也就是说，除星期日（或双休日）和法定节假日外，因天气不良而不能进行装卸作业的工作日也不能计入装卸时间。天气不良，通常是指风、雨、雪、雾等，但这并不是绝对的，应根据实际天气状况、承运的货物性质要求以及承租人和船方的磋商确定是否可以进行装卸作业。《2013定义》中关于"晴天工作日"的规定与《1980定义》类似。

在以晴天工作日表示装卸时间的情况下，除包船租船合同以外，一般租船合同都是间接地以规定每天的装卸货数量的方式来规定装卸时间。此种情况下，在装卸作业的最后一天不足一天的装卸量时，是按实际使用的时间计算，还是按整天计算，容易产生争议。因此，最好在租船合同中做出具体约定。

在以晴天工作日表示装卸时间的情况下，经出租人同意，可以进行夜间作业，但因加班而发生的装卸工人的加班费或其他费用，一般应由承租人承担。船员的加班费，根据租船合同的约定确定，通常由承租人负担。

（5）24小时晴天工作日

24小时晴天工作日（Weather Working Day of 24 Hours）是指不考虑港口规定的工作时间是多少小时，以累计港口晴天24小时为一个晴天工作日来表示装卸时间的方法。按照此种计算方法，如果港口的工作时间规定为每天8小时，则一个24小时晴天工作日相当于3个正常工作日。显然,使用这种表示装卸时间的方法,对船舶出租人不利。《2013 定义》中关于“24 小时晴天工作日”采用了与此类似的规定。

(6)连续 24 小时晴天工作日

连续 24 小时晴天工作日(Weather Working Day of 24 Consecutive Hours)是指除去星期日、节假日、天气不良影响装卸作业的工作日或工作小时后,其余所有时间从午夜至午夜连续计算以 24 小时为一日的表示装卸时间的办法。采用这种表示方法可以避免前述 24 小时晴天工作日可能跨及几个正常工作日的情况。在使用连续 24 小时晴天工作日时,不论港口规定的正常工作日是几个小时,均按 24 小时计算。这是目前采用较多的表示装卸时间的方法。《2013 定义》中关于“24 小时晴天工作日”采用了与此类似的规定。

根据《1993 规则》,晴天工作日、24 小时晴天工作日、连续 24 小时晴天工作日三种表示方法具有相同的含义,与连续 24 小时晴天工作日的解释一样,即除去星期日、节假日和天气影响船舶装货或卸货的时间外,真正的连续 24 小时为一日的表示装卸时间的方法。

另外,为了使装卸时间的计算更加明确,实践中往往在上述规定后做进一步的规定,如“晴天工作日,星期日和节假日除外”(Weather Working Day, Sunday and Holiday Excepted, W. W. D. SHEX);有的再加上“除非提前开始”(Unless Sooner Commenced);“除非已使用”(Unless Used, U. U);“除非已使用,但只计算实际使用的时间”(Unless Used, but Only Time Actually Used to Count),或者“即使已使用”(Even If Used, EIU)的字样。

4)装卸时间的起算

关于装卸时间的起算,通常按照租船合同中的约定办理。一般都规定在船长向承租人或他的代理人递交了“装卸准备就绪通知书”(Notice of Readiness, NOR),经过一段规定的时间后,开始计算。

除非另有规定,通常情况下船舶需要满足下列条件才能起算装卸时间。

(1)到达船舶

通常情况下,当船舶成为到达船舶时,装卸时间开始起算。简单地说认定为船舶抵达指定地点的时间。因此,指定地点的表述越详细,船舶出租人越要小心,必须抵达那个地点。船舶是否成为到达船舶取决于租船合同是港口租船合同还是泊位租船合同。

①泊位租船合同

泊位系指在一个港口内船舶装载或卸货的具体地点。如合同规定船舶必须到达合同中规定的或承租人指定的泊位,则船舶只有到达并靠妥该泊位时,才视为到达船舶。这种合同称为泊位租船合同(Berth Charter)。在这种合同中,如果港口拥挤,船舶不能立即靠泊,出租人为了避免等泊引起的时间损失,常常要求列入“到达即可靠泊”(Reachable on Arrival),“不论靠泊与否”(Whether in Berth or Not),或者“等泊时间亦应计入装卸时间”(Time Waiting for Berth to Count)等规定。这些规定对出租人及早起算装卸时间是有利的。

②港口租船合同

如果合同要求船舶应到达规定的港口,则船舶必须抵达该港口才算是到达船舶。这种合同称为港口租船合同(Port Charter)。《1993 规则》规定:港口是指船舶装卸货物的区域,而不论是在泊位、锚地、浮筒或类似地点装货或卸货,港口包括通常等候地点或受命等候或被迫等候地点,而不论这些地点离装卸货物的区域有多远。

(2)准备就绪

根据租船合同,船舶不但要抵达指定的地点,还必须准备就绪以便递交有效的装卸准备就绪通知书来起算装卸时间。准备就绪意味着从法律和实质的意义上讲,该船必须在各方面准备好装载或卸货。

①法律上准备就绪

船舶必须已按所在港口有关法规的要求,通过海关、移民、海事、卫生检疫等部门的各项检查,办妥手续,并且取得了规定的证书或文件。

②实质上准备就绪

船舶已在各方面都做好了装货或卸货的准备,包括吊杆、起货机及其他装货或卸货设备处于随时可用状态;货舱已打扫干净,清洁、干燥、无异味、无虫害,处于适货状态;按货方要求,对装运特种货物做好了特殊准备工作,取得了相应的验舱合格证书等。

(3)准备就绪通知书

递交装卸准备就绪通知书是指船舶抵达合同规定的装卸地点后,船长或其代理人向承租人、托运人、收货人或租船合同规定的其他人发出本船已在各个方面准备就绪等待装卸货物的通知。船舶准备就绪不是结论性的证据,承租人可能不同意并拒绝接受装卸准备就绪通知书。

通常航次租船合同都规定,装卸准备就绪通知书应在承租人的办公时间内递交,如合同中对此没规定,则应按港口习惯的时间递交。在一般情况下,递交装卸准备就绪通知书后,经过一段规定的时间,就可起算装卸时间。比如"金康"合同规定:上午办公时间递交装卸准备就绪通知书,装卸时间从 1300 起算;下午办公时间内递交装卸准备就绪通知书,装卸时间从下一个工作日 0600 起算。

实务中,如果在装卸准备就绪通知书递交之前,承租人实际上已经开始了装卸工作,在这种情况下,出租人可以在航次租船合同关于装卸时间起算时间的规定中,附加"除非提前开始"(Unless Sooner Commenced)或"所有已使用时间均计入装卸时间"(All Time Used Shall Count as Laytime)等用语。

5)装卸时间事实记录

装卸时间事实记录(Laytime Statement of Fact)是指用以记载船舶从到达引航锚地直至装卸货完毕时止的这段时间内,进行各项工作的起止日时和各种待时的起止日时的记录。内容包括:船舶到港日时;递交和接受装卸准备就绪通知书的日时;装卸工作开始的日时;装卸过程中因故中断工作后,重新进行装卸工作的起止日时;星期日、节假日、天气不良、装卸设备故障、等待货物等停止工作或待时的起止日时;装卸工作完毕的日时及装卸货物的数量;等等。

装卸时间事实记录是计算实用装卸时间和速遣或滞期时间的依据。通常它是由出租人委托的代理人,按照船舶在港期间的作业过程,随时地、不间断地记录的。当货物装卸完毕后,船长应对这一记录进行核对,如没有异议,可对其签认,以便代理据以编制"装卸时间表"(Time Sheet)和计算实用装卸时间以及滞期、速遣时间。当船长对装卸时间事实记录有异议时(以船上详细记载的航海日志为依据),可以在签字时加以批注,如"在抗议下签字"(Under Protest),"在争议中"(In Dispute)等,以保护出租人利益。

6)滞期通知

在编制装卸时间事实记录的过程中,船方也应在航海日志上做出相应的记载。为了防止租船合同双方在装卸时间,尤其是滞期时间的起算时间上发生纠纷,通常在船舶将要进入滞期时间以前,船长应把船舶将要进入滞期的具体时间,以及将按照租船合同上规定的滞期费率计收滞期费的事项书面通知承租人。这种书面通知就是滞期通知。承租人收到滞期通知后,应在副本上签字,并将签字后的副本退还给船长或船舶出租人的代理人,以作为日后计收滞期费的依据。

7)装卸时间的止算

航次租船合同中通常不规定装卸时间的止算时间。实务中,习惯上都以货物装完或卸完时间,作为装卸时间的止算时间。这里所指的"装完或卸完货物"应理解为装卸作业已完全结束,船舶处于可随时开航状态。即使货物已装卸完毕,只要货物的加固、绑扎、移走铲车等工作尚未结束,仍不能算是装完或卸完货物,这些结尾工作所耗费的时间,仍应计入装卸时间。只有这些扫尾工作结束后,装卸时间才算结束。

装卸时间止算后,有关船舶的时间损失都由出租人承担。

8. 滞期与速遣

1)滞期与滞期费

当承租人未能在约定的时间内将货物装完或卸完时,需要给予适当时间的延长,这一段延长的时间称为滞期(Demurrage)。对于不是出租人的原因或承租人可以免责的原因造成的船舶滞期,承租人应按约定的费率给予出租人补偿,即滞期费(Demurrage)。滞期费率的确定,通常以本船的期租租金率为基础。

我国《海商法》规定,航次租船合同的装货、卸货期限及其计算方法,超过装货、卸货期限后的滞期费和提前完成装货、卸货的速遣费,由双方约定。

船长应在船舶即将进入滞期时,以书面形式通知承租人或其代理人,请承租人或其代理人在滞期通知副本上签认后,退还给船长或出租人的代理人。

在滞期内,承租人必须向出租人支付滞期费。滞期费率通常按照每天每载重吨或每天每艘船若干元规定,并且按照船舶滞期的天数计收。

2)超滞期与滞留损失赔偿金

如果船舶滞期的时间过长,可能会使出租人遭受更大的损失。因此,在租船合同中,一般都规定一个滞期期限(比如10天),超过规定的滞期期限后,就进入"超滞期"(Over Demurrage Period)。在超滞期内,承租人如要求船舶继续滞留以完成货物的装卸,则需另向出租人支付滞留损失赔偿金(Indemnity of Detention Damages)。滞留损失赔偿金通常需要考虑因延长停泊时间而增加的燃料费、港口费和其他营运费用、营运损失以及期得利益损失,还要考虑因超滞而使船舶所有人不能按时履行与其他承租人签订的下一个租船合同而可能发生的违约赔偿金。因此,滞留损失赔偿金费率要高于滞期费费率。

当进入超滞期后,船长可以根据出租人的指示,不经承租人的同意而开航。

3)速遣与速遣费

承租人在租船合同中约定的装卸时间以前完成货物装卸,称为速遣(Dispatch)。在提前完成货物装卸作业以后,船舶出租人应向承租人支付一定的费用,即速遣费(Dispatch Money)。速遣费费率通常为滞期费费率的一半。

4)滞期费、速遣费的计算

滞期或速遣时间的计算以装卸时间事实记录为依据。滞期时间等于实用装卸时间与合同规定的可用装卸时间之差;速遣时间等于合同规定的可用装卸时间与实用装卸时间之差。

滞期费或速遣费按照滞期或速遣时间以及滞期或速遣费费率计算。但是,一旦发生滞期,在滞期期间的星期日、节假日或不良天气及其他原因而停止工作的时间是否也作为滞期时间计算滞期费,或者在计算速遣费时,是否应扣除星期日、节假日或不良天气及其他原因而停止工作的时间等,常是承租人和出租人之间比较容易发生争议的问题。为了避免纠纷,租船合同中,往往使用一些具有一定含义的术语来明确滞期时间或速遣时间的计算方法。

(1)滞期时间的计算方法

①滞期时间连续计算

滞期时间连续计算(Demurrage Runs Continuously)又称"一旦滞期,永远滞期"(Once on demurrage,always on demurrage),是指船舶进入滞期后,即使遇到节假日、星期日、天气不良等停止工作的时间,也计入滞期时间直至装卸完毕。《1993 规则》中"滞期费"的含义本身已表明滞期时间是连续计算的。

②滞期时间非连续计算

滞期时间非连续计算(Demurrage Runs Uncontinuously)又称"按相同的日"(Per like day),是指计算滞期的"日"的含义与计算装卸时间的"日"的含义相同。如果计算装卸时间使用 W. WD. SHEX,则计算滞期时间的"日"中就不包括上述除外的星期日、节假日和天气不良等原因停止装卸工作的时间,即在进入滞期后,仅将按约定可以计为装卸时间的断续时段计入滞期时间。在滞期内,承租人必须向出租人支付滞期费。滞期费率通常是考虑本船的燃料费、港口费和其他营运费用后,按照每天每载重吨或每天每艘船若干元规定的,并且是按照船舶滞期的天数计收。

《2013 定义》对"滞期费"术语进行了部分修改,即如果租船合同未对滞期时间计算做出特别明确约定的,则采用滞期时间连续计算的方式,如果有特别约定的,则从其规定。

(2)速遣时间的计算方法:

①节省全部时间

节省全部时间(All Time Saved,ATS)是指从装货或卸货完毕时起,至可用装卸时间终止时止,包括所有除外时间在内的时间。即包括节假日、星期日、天气不良等停止工作时间在内的全部节省时间,即速遣时间连续计算。

②节省全部工作时间

节省全部工作时间(All Working Time Saved,WTS)是指从装货或卸货完毕时起,至可用装卸时间终止时止的期间,不包括任何通知时间和装/卸时间的除外时间在内的速遣时间。也就是说,在节省的时间内,节假日、星期日及天气不良等停止装卸工作的时间,不计入速遣时间,即速遣时间非连续计算。

在计算滞期费或速遣费时,还会遇到能否将装卸两港的装卸时间进行统算的问题。一般来说,装卸时间的计算,应以装货港和卸货港分别计算为原则。在有两个或两个以上装货港和卸货港的情况下,也应以各港分别计算为原则。但是,由于滞期费高于速遣费,这样的计算方法对承租人来说是不利的。因为,从承租人的利益考虑,在航次租船合同中,也常用一些专门的术语来明确装货时间和卸货时间是否可以统算以及如何统算。这些术语有:

(1)装卸时间平均计算

装卸时间平均计算(To Average Laytime)是指分别计算装货时间和卸货时间,用一个作业中节省的时间抵消另一个作业中超用的时间。即可用装货港的节省时间或滞期时间抵补卸货港产生的滞期时间或节省时间，从而达到节省或减少通常以速遣费的加倍费率支付滞期费的目的。

(2)可调剂使用的装卸时间

可调剂使用的装卸时间(Reversible Laytime)是指承租人有权选择将约定的装货时间和卸货时间加在一起计算。如果选择了该术语，即约定了装卸作业的总时间。在装货港节省的装货时间可以加在卸货港的卸货时间，从而使卸货港的可用时间延长；在装货港滞期的时间也允许从卸货港可用时间中扣除，从而使卸货港可用时间缩短。

装卸时间平均计算与可调剂使用的装卸时间的区别主要在于两者进入滞期的时间不同，因而所计算出来的滞期长短以及滞期费常常不同。

9. 租船合同下的提单

根据租船合同签发的提单，当其在承租人手中时，一般不具有海上货物运输合同证明的作用，出租人与承租人之间的权利与义务以租船合同为准，除非租船合同另有相反的规定。当出租人签发自己的提单给承租人，承租人又将提单转让给第三人时，如发生纠纷，提单受让人可以根据提单条款直接与出租人交涉。如果出租人根据提单承担的责任超过根据租船合同应承担的责任，则出租人有权就额外承担的部分向承租人追偿。如果出租人签发的是承租人的提单，而提单已转让给第三人，解决纠纷应以提单为依据。如果提单持有人对出租人起诉，出租人应及时通知承租人，由承租人出面应诉。

根据租船合同签发的提单，出租人通常是承运人。由于提单要受《海牙规则》等国际公约或国内法的约束，出租人根据提单所承担的义务可能超出依据租船合同所承担的责任。出租人为了使其根据提单承担的义务和享有的权利，尽可能地与租船合同的规定一致，常常在提单中订入援引租船合同某些规定的条款，这样的条款被称作“并入条款”，其目的是使非租船合同当事人的收货人，实际上间接受租船合同的约束。各国普遍承认“并入条款”的效力，我国也是如此。

10. 战争条款

航次租船合同中都订有战争条款，以明确规定发生战争时，如何处理合同当事人之间的关系。

1994 年“金康”合同范本中的战争条款规定：

(1)如在船舶开始装货前的任何时候，根据船长和/或船东的合理判断，发现履行合同或任何部分合同将使船舶或船长和船员、货物在航次任何阶段遭受战争风险，则船东有权告知承租人解除本租船合同，或拒绝履行部分合同。如果该租约规定了装卸货物港的范围，且承租人指定的港口将使船舶、货物、船员或其他船上人员遭受战争风险，船东应首先要求承租人指定范围内的其他港口，在承租人收到该要求 48 小时后仍未指定安全港时有权解除租船合同。

(2)无论在开始装货后或在卸货结束前的航行的任何阶段，根据船长和/或船东的合理判断，发现船舶、货物(或部分货物)、船员或船上其他人员将遭受战争风险，则不能要求船长继续装货或继续航程或部分航程或签发提单，或通过任何运河或水道，或前往或滞留在任何港口。如发生此种情况，船东应通知承租人指定卸货的安全港口。如在收到该通知 48 小时后承租人未指定所述港口，船东有权选择在任何安全港口(包括装货港)卸下货物，并视为合同的全部履行。船东有权从承租人那里得到因该卸货的额外支出，如在非装货港卸货，则就像货物运达至目的港一样，船东有权收取全部运费；如超过原卸货港 100 n mile，则按距离收取额外运费,且船东有权因该支出和运费留置货物。

(3)如在装货开始后,根据船长和/或船东的合理判断,发现船舶、货物(或部分货物)、船员或船上其他人员将在正常和习惯航线(包括运河和水道)中遭受战争风险,且有一条至卸货港的较长航线,则船东应通知承租人将采用该航线。在此情况下,如总的航行距离超过原航线100 n mile,则船东有权按距离收取额外运费。

11. 罢工条款

罢工条款是指船舶所有人为了在港口发生罢工或停工时,免于对罢工或停工所造成的后果承担责任,而在租船合同中签订的条款。航次租船合同中一般都列有比较详细的罢工条款。

1994 年"金康"合同范本中罢工条款规定:

(1)当船舶从上一港口准备启航时,或在驶往装货港的途中,或在抵港后,如因罢工或停工而影响全部或部分货物装船,船长或船舶所有人可以要求承租人声明同意按没有发生罢工或停工的情况计算装卸时间。如承租人未在 24 小时内以书面形式(必要时以电报)做出声明,船舶所有人有解除合同的选择权。如果部分货物已经装船,则船舶所有人必须运送该货物(运费仅按装船的数量支付),但有权按自己的利益在途中揽运其他货物。

(2)当船舶抵达卸货港或港外之时或之后,如由于罢工或停工而影响货物的卸载,并且在48 小时内未能解决时,收货人可选择使船舶等待到罢工或停工结束,并在规定的装卸时间届满后,支付半数滞期费,或者指示船舶驶往没有因罢工或停工而延误和危险的安全港口卸货。这种指令应在船长或船舶所有人将影响卸货的罢工或停工情况通知承租人后 48 小时内发出。在这种港口交付货物时,本租船合同和提单中的所有条款都将适用,并且船舶应和原目的港卸货一样,收取相同的运费,但当到替代港口的距离超过 100 n mile 时,在替代港所交付的货物运费应按比例增加。

(3)除了上述规定,承租人和船舶所有人对任何罢工或停工而无法或影响货物装卸所引起的后果均不负责任。

12. 冰冻条款

运输合同通常都规定,船舶进入的港口必须是安全港口。如果遇有港口冰冻的情况,则港口就不是安全港口。为了保证船舶的安全运输,在签订航次租船合同时,一般都签订有冰冻条款。如果在具体的航次中不会发生冰冻情况,则合同中可以不订入这种条款。

1994 年"金康"合同范本中的冰冻条款规定:

1)装货港

(1)当船舶准备从上一港口开航时,或在航程中的任何时候,或在船舶抵达时,因冰冻而不能进入装货港,或者,在船舶抵港后发生冰冻,船长可以因担心船舶被冻结而决定不装运货物离港,本租船合同因此失效。

(2)如在装货过程中,船长因担心船舶被冻结而认为离港更有利时,可以决定载运已装船的货物离港,并可为船东的利益将船舶驶往包括卸货港在内的任何其他港口。根据本租船合同已装船的任何部分货物,在不因此增加收货人额外费用的条件下,由船舶所有人转运至目的港并承担费用,但运费仍应支付,此运费按交付的货物数量计付(若为整笔运费,则按比例支付),所有其他条件按租船合同。

(3)如装货港不止一个,并且其中一个或数个因冰冻而关闭,船长或船东可选择在不冻港装载部分货物,并按(1)的规定,为其自身利益而在其他地点揽载货物,或者,当承租人不同意在不冻港装载货物时,宣布本租船合同失效。

(4)本冰冻条款不适用春季。

2)卸货港

(1)如船舶因冰冻(春季除外)而不能抵达卸货港,收货人可选择使船舶等候至恢复通航,并支付滞期费,或指示船舶驶往一安全并能立即驶入、安全卸货而没有因冰冻而存在滞留风险的港口。这种指示应在船长或船东向承租人发出船舶不能抵达目的港的通知后 48 小时内做出。

(2)如在卸货期间,船长担心船舶被冻结而认为离港更为有利时,他可以决定载运船上货物离港,并驶往能驶入且能安全卸货的最近港口。

(3)在此种港口交货时,提单上的所有条件应适用,船舶应按其在原目的港卸货一样,收取相同运费,但如到达替代港口的距离超过 100 n mile,则在替代港口交付货物的运费应按比例增加。

13. 留置权条款

船舶出租人因未收取的运费、亏舱费、滞期费、货物费用、共同海损分摊等而对船上装运的货物有留置权。

(1)留置权可以依据法律、合同或者提单的明文规定。

(2)在航次租船下,通常合同都有一条关于承租人的责任终止在船舶装货后的条款。其意图是由船舶出租人针对任何额外的损失向货主提出赔偿要求,如卸货港的滞期费。通常责任终止条款与留置权条款合并一起冠之"留置权条款"。

(3)船舶出租人在行使留置权前必须了解当地法律和实施的可能性。有些国家规定不能对货物行使留置权。我国《民法典》第 836 条规定:托运人或者收货人不支付运费、保管费或者其他费用的,承运人对相应的运输货物享有留置权,但是当事人另有约定的除外。

(4)1994 年"金康"合同范本赋予船舶出租人货物留置权,但没有解除承租人的责任。

14. 其他条款

除了上述主要条款外,航次租船合同中通常还订有出租人责任条款、运费支付条款、合同解除条款、承租人责任终止条款、双方互有过失碰撞条款、共同海损条款、新杰森条款、代理条款、佣金条款等。

单元三　定期租船

【学习目标】

通过本单元的学习，应达到以下目标：

1. 掌握我国《海商法》关于定期租船合同的规定；
2. 熟悉“波尔的姆”“土产格式”等常用标准定期租船合同的主要条款；
3. 掌握常见的停租事项。

【相关内容】

一、定期租船合同概述

(一)定期租船合同的概念

定期租船合同(Time Charter Party)又称期租合同，是指船舶出租人向承租人提供约定的由出租人配备船员的船舶，由承租人在约定的期间内按照约定的用途使用，并支付租金的合同。定期租船合同具有财产租赁合同和运输合同的双重性，以租赁合同为主，混合了海上货物运输合同的性质。前者表现为“交付租赁物(交船)”“租金请求权”“租赁物返还请求权(还船请求权)”“出租人在租期内对于承租人造成船舶损失的损害赔偿请求权”等权利义务条款。后者表现为出租人在定期租船合同下，对货物运输仍负有一定的义务，如提供适航船舶的义务并享有一定的权利，请求保证船舶安全的权利等。相比较而言，定期租船合同的内容更多地具有财产租赁合同的特点。鉴于此，我国《海商法》把它与光船租赁合同放在一起，单列一章进行调整。根据我国《海商法》第 128 条的规定，定期租船合同应当书面订立。

(二)定期租船合同中应包括的主要内容

定期租船合同一般订有船舶说明条款、交船条款、租期条款、合法货物条款、航行区域条款、出租人提供的事项条款、承租人提供的事项条款、租金支付条款、还船条款、停租条款、出租人责任与免责条款、使用与赔偿条款、转租条款、双方互有过失碰撞条款、共同海损条款、新杰森条款、战争条款、罢工条款、冰冻条款、仲裁条款、佣金条款等。

我国《海商法》规定，定期租船合同的内容，主要包括出租人和承租人的名称、船名、船籍、船级、吨位、容积、船速、燃料消耗、航区、用途、租船期间、交船和还船的时间和地点以及条件、租金及其支付，以及其他有关事项。但这些规定均为任意性条款，我国《海商法》第 127 条规定，关于定期租船合同中出租人和承租人之间权利、义务的规定，仅在船舶租用合同没有约定或没有不同约定时适用。与《海商法》第四章海上货物运输合同不同的是，第六章的规定(船舶租用合同)同时适用于国内沿海租船运输。

(三)定期租船合同范本

和航次租船一样，为了简化和加速签订定期租船合同的过程，定期租船市场中也广泛地使用着一些标准定期租船合同范本(格式)。其中使用最为广泛的是：由波罗的海国际航运公会制定的统一定期租船合同(Uniform Time Charter),租约代号为"波尔的姆"(BALTIME);由美国纽约土产交易所制定的定期租船合同(Time Charter Party),租约代号"土产格式"(Produce Form),航运界常称此格式为"NYPE"或"纽约格式"。这两个范本,前者在很多条款上偏向出租人利益,后者则偏袒货主及承租人的利益。此外还有一些专门用于特定货物运输的定期租船合同范本,以及一些租船公司自行拟订的定期租船合同范本,如油船定期租船合同范本(Tanker Time Charter)、中国租船公司的期租范本(SINOTIME)等。即使以某一格式为基础进行合同条款的磋商,经过删除、修改或增补以后,其内容也往往与标准格式中的内容相差甚远。

二、定期租船合同主要条款

(一)船舶说明

一般来说,定期租船合同中关于船舶的说明比在航次租船合同中更重要,船舶说明也大多更加详细和精确。承租人在与船舶出租人洽谈时必须获知所有有关船舶,如名称、船旗、船级、登记港、载重吨、舱容、建造年份、航速、燃料消耗、国籍、吨位等详细资料。承租人对此形成对船舶商业价值的意见,因此他们掌握正确和充分的船舶信息是重要的。

在定期租船合同中,船名、船舶国籍、船舶吨位、船舶现在位置等关于船舶说明的事项,均与航次租船合同相同或相似。

(二)船速与燃油消耗量

船速与燃油消耗量,是定期租船合同不同于航次租船合同的一项重要说明。在定期租船合同中,承租人是按租期长短支付租金的,所以船速的高低直接影响承租人使用船舶的经济效益。并且,在定期租船合同下承租人负担燃油费,所以燃油消耗的数量直接影响承租人的经营成本。出租人有义务提供符合规定的船速与燃油消耗率的船舶。如果实际船速低于合同规定的船速,对因此所造成的时间损失,承租人可提出船速索赔或减扣租金。如果船舶实际耗油量超出合同规定的数值,承租人可就多消耗的部分向出租人提出索赔。如与约定的数值相差过远,承租人可以解除合同。当然,只要在交船时,船舶达到合同规定的船速与燃料消耗量,即使在租期内船速下降,或者燃料消耗量增加,不视为出租人违约,除非合同中另有相反的规定。

上述船速与燃油消耗量的规定,适用于船舶满载状态。但是,在租期内,船舶可能处于轻载或压载状态,此时通常根据船舶满载状态下的船速与燃油消耗量,推算出船舶在非满载时,出租人应保证的船速与燃油消耗量。有的合同为了明确起见,分别对满载、半载、空载状态下的船速与燃油消耗量做出规定。

另外,应注意的是,合同中约定的是船速而不是航速。船速是船舶相对于水的速度,航速是船舶相对于海底或岸上固定物的速度。在确定船速索赔时,应考虑到船舶具体航次影响船速的各种外界因素,以及因船舶污底造成船速降低的因素等。

期租合约下如何合理应对气导,避免航速索赔

期租合约中通常规定,租船人有权雇用气导公司监督航次的执行。而租船人为了保护自己的利益,一般会安排气导公司跟踪航次执行情况。某公司过往几年中,多次因为船舶航速和/或油耗达不到租约规定,被租家依照气导分析报告扣租。虽然在某些案例中,船舶实际航速及油耗并未超出租约规定,但由于船东缺乏相应的证据,无法有效抗辩租家,给公司造成了额外的损失。

要避免上述损失,首先须熟悉气导公司运作的流程。下面,以一个案例做简单阐述,以便于操作中理解和执行。

某船租约约定如下:良好天气航速 abt 14.2 kt,航行中每日油耗 IFO/27.5 Mt, MDO/0.1 Mt。其中"abt"的范围:最低允许航速 14.2-0.5=13.7 kt。良好天气的定义:风力不超过蒲福 4 级,海况不超过 3 级(注:如一天内上述良好天气的时间超过一半,气导公司即认为该日为良好天气)。另外租约规定,如船长气象报告与气导报告不一致,则以气导报告为准。

1. 航次概要

总航程	7 801.8 n mile	(1)
总航行时间	644.75 h	(2)
平均速度	12.10 kts	(3)
海流影响	-0.21 kts	(4)
天气影响	-0.52 kts	(5)
性能速度	12.83 kts	(6)

注:(3)=(1)÷(2);(6)=(11)。

2. 良好天气分析

良好天气航程	5 753.8 n mile	(7)
良好天气航行时间	452.75 h	(8)
良好天气平均速度	12.71 kts	(9)
良好天气海流影响	-0.12 kts	(10)
性能速度	12.83 kts	(11)

注:(9)=(7)÷(8);(11)=(9)-(10)。

3. 时间分析

性能速度	12.83 kts	(12)
租约约定航速	abt 14.20 kts	(13)
修正后的平均速度	12.97 kts	(14)
航次允许时间	601.53 h	(15)
航次时间损失	43.22 h	(16)

注:若无时间损失,则(13)=14.2 kts,否则(13)=14.20-0.50=13.70 kts;(14)=(13)+(4)+(5);(15)=(1)÷(14);(16)=(2)-(15)。

4. 油耗分析

	IFO	MDO	
租约约定油耗/t	27.50	0.10	(17)
航次实际油耗/t	764.00	2.70	(18)
航次允许油耗/t	689.25	2.51	(19)
多耗燃油/t	74.75	0.19	(20)

注：(19)=(17)×(15)÷24；(20)=(18)-(19)。

5. 航次报告(节录)

				AWT Analyzed Report								Reported Weather (船长报告)		Interval	
Date	Time UTC	Position		Wind		Wave	Swell		Current						
		Lat	Long.	Dir	BF	M	Dir	M	Rel. Dir	kts		Dir	BF	n mile	kts
1118	2000	Dep：Suez													
1119	1000	27.1N	34.4E	ESE	4	1.4	ENE	0.2	BW	0.4		SE	4	184.3	13.16
1120	0900	23.0N	37.2E	ESE	4	0.1	S	0.2	HD	0.2		SE	4	293.8	12.77
1121	0900	18.6N	39.9E	SSE	4	1.0	E	0.3	FL	0.3		SE	6	303.0	12.62
1122	0900	14.3N	42.6E	S	5	1.2	N	0.0	QF	0.2		SE	7	297.9	12.41
1123	0900	12.8N	46.0E	E	4	0.9	E	0.8	HD	0.9		E	6	276.8	11.53
1124	0900	14.2N	50.6E	ENE	4	0.6	E	0.6	QF	0.8		E	5	290.7	12.11
1125	0900	15.2N	55.9E	NNE	4	1.0	ENE	0.7	FL	0.8		NE	6	315.5	13.15
1126	0800	14.4N	60.8E	NE	4	0.8	ENE	0.8	HD	0.5		NE	5	294.7	12.81
1127	0800	12.9N	65.8E	NE	4	0.9	ENE	0.8	HD	0.5		E	4	307.6	12.82
1128	0700	10.0N	70.0E	NNW	3	0.4	SSW	0.9	BW	0.2		E	4	302.5	13.15
1129	0700	7.4N	74.3E	W	2	0.3	SSE	0.9	BM	0.2		SE	4	302.5	12.60
1130	0700	5.7N	79.4E	WNW	3	0.3	SSW	0.8	BW	0.5		SE	4	317.4	13.23
1201	0600	5.7N	83.7E	NNE	3	0.5	SSE	0.8	QF	0.8		NE	4	261.1	11.35
1202	0600	6.1N	88.5E	N	3	0.3	ENE	0.9	BW	0.3		NE	4	288.2	12.02

注：HD-Head，BW-Bow，BM-Beam，QF-Quarter，Follow FL-Follow。

根据上述气导分析报告，租家该航次扣租如下：

(1)时间损失索赔：日租金×43.22÷24；

(2)燃油损失索赔：IFO 油价×74.75+MDO 油价×0.19。

从这一案例中，我们可以总结出以下几点：

(1)气导公司在分析航次执行情况时，首先分析良好天气下船舶的执行情况，如在良好天气下船舶的航速不能达到租约约定航速，则判断船舶在整个航次中不能达到租约约定要求。

（2）气导公司在分析航次气象时，并未考虑沿岸航行时潮流对航速的影响。

（3）对比气导公司的分析报告和船长报告，有关海况的描述差别很大，部分在船长报告中应属于恶劣天气的航程在气导分析报告中被纳入良好天气的范畴。

（4）有的船长在认识上存在一个误区，认为只要每日报告中油耗不超过租约约定标准，则不会造成违约。事实上，通常情况下，若航次中速度达不到要求（即有时间损失），如仍按租约规定报告油耗，则油耗必然会超过标准。

综上所述，在期租合约下，要避免租家因船舶航速达不到租约约定标准而扣租或降低这方面的损失，应从以下几方面着手：

（1）船长应充分熟悉租约中相关的船舶规范，熟悉气导公司运作的流程。

（2）合理选择发送初始报告（COSP）和结束报告（EOSP）的时机，通常在船舶达到定速航行时发送初始报告，在准备机动航行之前发送结束报告。

（3）船长每日在给气导公司发送中午报告前应认真审核报告内容，判断在考虑风流影响后，船舶船速是否达到租约要求。若达不到要求，应分析原因，并将合理原因在每日中午报告中说明（例：因雾航、狭水道航行、通过渔船密集区等频繁避让船舶而合理绕航和/或减速航行导致船速下降）。

（4）沿岸航行时若确因潮流影响而造成船速下降，则应在每日中午报告中予以说明。

（5）每日中午报告中的气象报告应尽可能接近实际情况，若当日平均海况超出良好天气范围，如可能应有证据予以支持（例：地面分析图、海浪实况图、Navtex 气象报告等）。

（6）航次中的油耗应据实报告。当前燃油价格居高不下，若航次中船速达不到租约要求，燃油损失索赔的数额往往高于时间损失索赔的数额。另外，很多期租租家都是以 TCT 形式再将船舶转租出去，每航次结束后都会重新量油，量油后多出来的燃油白送给租家，如油量相差太大，还会给船舶造成麻烦。

（7）若航次中存在可能会影响船速的因素，也应在开航前发给气导公司的预报中说明（例：应租船人要求调整吃水不能达到合适的吃水差、使用热带载重线、装有甲板货等）。

（8）如果船舶设计的航线与气导公司推荐航线不一致，应向气导公司说明原因，以取得气导公司的认可。航次执行过程中需要变更航线时，也应取得气导公司的确认，以免被气导公司认为是绕航行为。

（9）大部分公司租约的船舶规范条款（Description Clause）中约定航速和油耗前都有“abt”修饰，或在条款末尾注明“ALL ABOVE DETAILS ARE ABOUT”，“abt”意味着航速允许有±0.5 kt 的偏差，油耗允许有±5%的偏差。但租家提供给气导公司的船舶规范中常常会将“abt”去除，从而使气导公司对船舶的航次执行情况做出错误的判断。有时由于涉及几层租家，一旦发生船速索赔，船东事后很难依据租约条款来与租家交涉。因此，建议船长在开航前发给气导公司的预报中，附上有关租约约定航速和油耗的内容，并抄送给租家，以避免类似的麻烦。

(三)租期

租期是指承租人租用船舶的期限,在定期租船中,租金是按照租期的长短计算的,因此,如何计算租期至关重要。定期租船条件下的租期通常以日历月(Calendar Month)为基础规定,即按日历月的实有天数作为1个月,但是,也有租船合同是以平均30天为1个月的。租期可以是3个月、6个月、12个月或者更长一段时间。根据我国《民法典》第705条的规定,租赁期限不得超过二十年。超过二十年的,超过部分无效。租赁期限届满,当事人可以续订租赁合同;但是,约定的租赁期限自续订之日起不得超过二十年。

关于租期的起止时间的约定也非常重要,通常在交船之后若干时间内起算。租期届满时,承租人应将船舶还给出租人。但由于海上运输的特点,租期届满之日与承租人使用船舶的最后航次结束之日很难吻合,因此合同中通常规定宽限期。如租期规定为:××月,或××月到××月,这是默示宽限期的规定,一般只有几天宽限期。如规定为:大约××月或××月;或多或少××天由承租人选择;3+3,期租合同为3个月,届满由一方选择是否再续约3个月,这是明示宽限期的规定。如规定为不超过××月,不低于××月,这是没有宽限期的规定。承租人在宽限期内延期还船或提前还船,均不视为违约。

例如,"波尔的姆"合同范本规定,如果对船舶指定的航次将超过租期,承租人可使用船舶至航次结束,但以合理的估算该航次约能在租期届满时还船为限。"土产格式"合同范本规定,上述承租人同意租用上述船舶,从交船时起算,租期为____,并在下述航行区域内使用船舶。

(四)交船和还船

交船(Delivery),是指船舶所有人按合同规定的时间和地点把船舶和船长、船员的服务交由租船人处置,让租船人充分和完全地使用船舶。还船(Redelivery),是指承租人在合同规定的租期届满时,将船舶还给船舶出租人的行为。

定期租船合同都订有交船和还船条款,以明确双方在交船、还船时的责任。该条款的主要内容包括:交船和还船的时间、地点、通知、条件及船上所存燃油、淡水的作价转让办法。

1. 交船和还船地点

(1)交船地点

关于交船的地点,一般是由承租人指定的,也有部分租船合同规定由船舶出租人指定。如"波尔的姆""土产格式"合同范本都规定由承租人选择交船地点。

交船地点一般有以下几种规定方法:

①指定泊位交船

"指定泊位交船"是指由船东负责所有费用和时间,在租船人指定的泊位交船。泊位是否能直接靠上的风险在船东,除非在措辞上使用"可靠泊的"(Reachable),则风险转移到租船人一方。此条款在期租租约中比较少使用。

②到达某港口交船

"到达某港口交船"即船舶只要到达某港口范围就算交船。这对船东比较有利,但有时候港口具体范围比较难确定。实践中,此类条款应尽量少用,以避免以后起争议。

③到达引航站交船

"到达引航站交船"条款在实践中使用得最多。基本上每个港口都有引航站,具体位置也明确,只要船舶到达了引航站就算交船。当然也存在特殊情况,如某区域实施分段引航。因此最明确的措辞为“到达第一个海上引航站”(On Arrival First Sea Pilot Station)。

④引航员登船时交船

“引航员登船时交船”条款较易产生争议。因为从字面上理解,只要引航员未登船,船舶就不能算交船,租期就没有开始。而引航员又由租船人安排,如引航员未登船是租船人的过失,则责任判定有困难。在已有仲裁的相关案例中,存在判定由于港口拥挤,引航员未登船的时间损失归租船人的情况,但也有不少仲裁员持相反意见。

⑤经过某一港口或经纬度交船

“经过某一港口或经纬度交船”即船舶如果南北向行驶,则以过纬度为准,如果东西向行驶,则以过经度为准。此条款规定明白无误,一般不会有争议。

可见,交船地点的选择同船东和租船人之间的利益关系重大,具体的条款同谈判当时的市场情况、双方实力和技巧有关。

(2)还船地点

关于还船地点,大多数定期租船合同都没有明确加以限制,只约定由承租人选择。如“波尔的姆”合同范本规定还船港口由“承租人选择”,而“土产格式”合同范本对此未做规定。

2. 交船和还船时间

(1)交船时间

关于交船时间,在租船合同中可以规定一个具体的日期,或者规定一个最迟的交船日期,一般做法是规定一个交船期限:不得早于×年×月×日且不得迟于×年×月×日。如果出租人未能按约定时间交船,承租人可以解除合同。

我国《海商法》规定,出租人应当按照合同约定的时间交付船舶。出租人违反前款规定的,承租人有权解除合同。出租人将船舶延误情况和船舶预期抵达交船港的日期通知承租人,承租人应当自接到通知时起48小时内,将解除合同或者继续租用船舶的决定通知出租人。因出租人过失延误提供船舶致使承租人遭受损失的,出租人应当负赔偿责任。

如果出租人确定,尽管其尽到谨慎处理的义务,船舶仍不能在解约日之前做好交船准备,只要出租人能明确一个船舶将做好交船准备的合理的确定日期,则最早在船舶预计驶往交船港口或地点的前7天,出租人可以要求承租人宣布是否解除本租船合同。如果承租人选择不解除合同,或在2天内或在解约日之前(以两者中较早者为准)未做出答复,则以出租人通知的预计做好交船准备之日后的第7天代替原来的解约日。如果船舶进一步延期,出租人根据本条规定有权要求承租人再次做出声明是否解约。

(2)还船时间

关于还船时间,原则上承租人应在租期届满时还船。但是,在很多情况下,船舶最后航次结束之日不能与租期届满之日相吻合,经常会出现延迟还船和提前还船的情况。因此,合同中通常都在租期前加上一个“约”字,这样,承租人可以在合同约定的租期届满之前或之后还船。

如果承租人在租期届满之前提前还船,且提前还船的时间远早于合同中规定的租期届满的日期,承租人应赔偿出租人因此而遭受的损失。但是,出租人也应采取措施尽量减轻损失,例如,尽快将船舶再行出租,或以其他方式从事营运。如果承租人在租期届满之后一段时间才还船,也就是超期还船,承租人应当按照合同约定的租金率支付租金;市场的租金率高于合同约定的租金率的,承租人应当按照市场租金率支付租金。

超期还船包括合法的最后航次和非法的最后航次。合法航次是指在最后航次开始之时，承租人合理预期船舶在完成最后航次之后，在租期内或者合理的宽限幅度内将船舶归还出租人。如果承租人在发出最后航次指令时不能合理预期船舶不会超期，则为非法航次。

我国《海商法》规定，经合理计算，完成最后航次的日期约为合同约定的还船日期，但可能超过合同约定的还船日期的，承租人有权超期用船以完成该航次。超期期间，承租人应当按照合同约定的租金率支付租金；市场的租金率高于合同约定的租金率的，承租人应当按照市场租金率支付租金。

最后航次只要合法，即使延迟还船，承租人也不算违约，但是承租人应承担超期使用船的租金市场风险，出租人不能解除合同；在出现非法航次的情况下，出租人可以拒绝履行非法航次。

3. 交船和还船的通知

为了方便承租人安排船舶和货物，并做好接船准备，租船合同中一般还规定，在交船之前，船舶所有人有事先向承租人发出交船通知的义务，并在合同中写明发出交船通知的时间。但是，也有的合同没有对此做出明确规定。

"土产格式"合同范本增加了交船通知的规定，要求出租人应在____天之前向承租人递交预计交付船舶的日期的通知。

和交船时一样，在租船合同中，一般都规定还船时承租人有向出租人发出还船通知的义务。如"波尔的姆"合同范本规定，承租人至少在 10 天前将预定还船港及还船日期通知出租人。"土产格式"合同范本规定，承租人应在____天之前向出租人发出预计还船的时间和可能地点的通知。

4. 交船和还船的条件

交船和还船的条件，是交船、还船条款的重要内容之一，在合同中通常都有规定。

(1)交船条件

关于交船条件，我国《海商法》规定，出租人交付船舶时，应当做到谨慎处理使船舶适航。交付的船舶应当适于约定的用途。出租人违反前款规定的，承租人有权解除合同，并有权要求赔偿因此遭受的损失。

"土产格式"合同范本对交船条件做了比较详细的规定，要求在交船时船舶应做好接收货物的准备，货舱须打扫干净，船体紧密、坚实、牢固，并在各个方面适合于普通货物的运输。船舶应装备有压载水舱，同时具有启动所有装货设备的足够的动力。

通常认为在交船时，出租人应保证船舶处于适航状态，但也仅要求出租人在交船时使船舶适航即可，并不要求在每次开航时适航。船舶在租期内如果不符合约定的适航状态，出租人并未违约，也不负赔偿义务，但要求出租人在合理时间内采取合理的措施，保证船舶尽快恢复适航状态，而且承租人对由此造成的损失有权停租。

(2)还船条件

关于还船条件，我国《海商法》规定，承租人向出租人交还船舶时，该船舶应当具有与出租人交船时相同的良好状态，但是船舶本身的自然磨损除外。如果船舶未能保持与交船时相同的良好状态，承租人应当负责修复或者给予赔偿。

"波尔的姆"合同范本和"土产格式"合同范本都规定，除船舶本身的自然损耗外，还船时船舶应处于与交船时相同的良好状态。

5. 交船和还船时的检验

对于交船、还船时的船舶状态，通常都是通过出租人和承租人会同船舶检验人员对船舶进行检验而加以确定，因此，编制详细的检验记录非常重要。交船、还船时，经过船舶检验所做的检验报告，是交接船后编制交船证书和还船证书的重要依据。

6. 交船、还船时船上的燃油、淡水的处理

在交船、还船时，都要面临船上所剩燃油和淡水的处理问题。一般情况下，合同中都约定，承租人和出租人对交船和还船时船上所剩的燃油和淡水按当时当地的市场价格购买。但是，如果燃油和淡水的剩余量过多，一方面，可能因交船、还船港口的燃油价格过高而使接受船舶的一方增加支出；另一方面，也影响船舶的装货能力。反之，如果过少，可能会因一时难以补充而给接船的一方带来不便。因此，租船合同中通常都对燃油和淡水的剩余量和储备品的数量做出规定。

"波尔的姆"合同范本将燃油、淡水和储备品的数量包括在船舶载重吨中，对于交船时船上剩余的燃油数量未做规定，但对还船时剩余的燃料却要求约定最大限量和最小限量。

"土产格式"合同范本也将燃油、淡水和储备品的数量包括在船舶的载重吨中，并要求约定交船、还船时船上剩余燃油的数量和价格。

(五)货物

定期租船合同通常并不限定装载货物的种类，而是规定在租期内，承租人使用船舶只能从事合法贸易，装运"合法货物"，并列明某些特殊货物除外。合法，是指符合装货港、卸货港、中途挂靠港所在地法律、船旗国法律或合同所适用的其他法律。如果承租人指示船舶装运的货物不符合合同规定，船长有权予以拒绝。除合同另有规定外，承租人不得擅自装运危险货物。

我国《海商法》规定，承租人应当保证船舶用于运输约定的合法的货物。承租人将船舶用于运输活动物或危险货物的，应当事先征得出租人的同意，否则，致使出租人遭受损失的，应当负赔偿责任。

"波尔的姆"合同范本规定，船舶只能为合法贸易装运合法货物，而不得装运牲畜、危害品、易燃品及危险品(如酸类、爆炸物、碳化钙、矽铁、挥发油、汽油、沥青及其制品)等。

(六)航行区域与安全港口

定期租船合同中的"安全港口"概念与航次租船合同中的一样。承租人应保证，在整个租期内根据其指示，船舶前往的港口或泊位应是一个安全港口或泊位。承租人不能命令所租船舶驶往一个不安全港口。如果在承租人给船长下达命令后，由于发生不可预料的异常事情，原本安全的港口变为不安全，承租人有义务取消原来的命令，并向船长指定新的安全港口。

定期租船合同中，一般都规定船舶的航行区域，有的还特别订明船舶不能前往的地区，如战区、冰冻区、与船旗国处于敌对状态的国家或地区、传染病流行区、高纬度地区等。承租人必须在合同规定的航行区域内给予船长航行指示。如果超出规定的航行区域，除非事先征得出租人同意，船长有权不执行该指示。

我国《海商法》规定，承租人应当保证船舶在约定航区内的安全港口或地点之间从事约定的海上运输。承租人违反前款规定的，出租人有权解除合同，并有权要求赔偿因此遭受的损失。

(七)租金支付

租金是承租人在使用船舶期间，按使用的时间和约定租金率，支付给船舶出租人的报酬。

除按约定可以停付租金外,在租期内,如果没有其他约定,承租人应按合同规定的数额、时间、地点和方式,向出租人支付租金。

1. 租金支付的时间、地点、方式

在定期租船合同中,租金率一般是按每月每载重吨若干金额的形式来约定的。另外,还要约定租金支付的时间和地点。一般在合同中都规定按每一个月或每半个月预付租金。例如,"波尔的姆"合同范本规定,租金需每 30 日一次以____现金毫无折扣地支付给____(收款人的名称和地址)。

为了保证租金的支付,以及避免出租人撤船对承租人所造成的不良后果,有的租船合同还对租金支付的时间规定了一个宽限期。

每期租金应预付并且必须准时支付,即承租人必须使出租人或其指定的银行,在每一期租金应付日之前或当天,收到该期租金。如果租金应付日是银行休息日,则承租人应在前一银行工作日支付。除非合同另有明确约定,否则不得随意扣减租金。

2. 垫付款

在定期租船合同中,都有关于承租人垫付款项的规定。为了支付船舶的日常开支,出租人通常要求在船长提出需要时,承租人应给予必要的正常垫款。在结算租金时,从租金内扣除已垫付款项。如"波尔的姆"合同范本规定,当船长在任何港口要求借款时,承租人或其代理人应给予必要的正常垫款,计入船方账内,年息不超过 6%。此项垫款应在租金内扣除。1993 年"土产格式"合同范本规定,经出租人要求,承租人应现金垫付船舶在任何港口的日常费用,并收取 2.5%的佣金,该垫款从租金中扣除。但是,承租人对该垫款的使用不负责任。

(八)撤船

如果承租人不按合同规定准时、全额支付租金,不论承租人有无过错,出租人均有权撤回船舶,且不影响出租人对承租人的索赔。出租人撤船无须征得承租人同意,也不需要通过法院或履行其他手续,但出租人应在合同规定的或合理的时间内行使这一权利,否则便构成弃权。有的合同规定,出租人行使撤船权利,必须向承租人发出撤船通知,否则亦构成撤船权利的放弃。我国《海商法》规定,承租人未按照合同约定支付租金的,出租人有权解除合同,并要求赔偿因此遭受的损失。我国《民法典》第 722 条规定,承租人无正当理由未支付或者延迟支付租金的,出租人可以请求承租人在合理期限内支付;承租人逾期不支付的,出租人可以解除合同。

在出租人由于欠付租金而撤回船舶时,为了确保出租人对租金和其他债权的请求权的行使,通常在租船合同中规定出租人对装运的货物享有留置权。

1993 年"土产格式"合同范本规定,由于承租人或其银行一方的疏忽,过失或错误而未能准时支付租金时,出租人应向承租人发出书面通知,要求其银行工作日(为协议的支付地点所承认)补交未付的租金,当承租人根据出租人通知在____天内予以补交时,应视为其准时支付租金。如承租人在收到出租人通知的____天内未能支付租金,出租人享有规定的撤船权。

英国法下的禁止反言:如果承租人一直迟付租金,而出租人从来不对此提出抗议也不行使撤船权利,那么出租人这种不作为就会构成禁止反言。以后租金市场上扬,承租人如果继续迟付租金,出租人也不能马上行使解除权来撤回船舶的使用权。这种情况下,出租人要想恢复合同中赋予的享有解除权的法律地位,必须事先发通知给承租人,即出租人不会再接受迟付的租金。

在我国《民法典》下,每期租金支付都是独立的,每期项下都有可能产生撤船权,即使出租人放弃行使前几期的撤船权，之后出租人也可以针对后来的租金迟付行使撤船权。

（九）停租

1. 停租的概念

停租（Off Hire）是指在租期内，由于合同约定的原因，承租人不能对船舶按合同规定予以使用时，可以停止支付租金的行为。

2. 停租事项

关于可以停租的事项，一定要在合同中清楚订明。通常认为，只要不是承租人妨碍对船舶的使用，都可以构成停租条件。但是，如果因为气象恶劣，出现为避免事故的发生而需要在避难港避难、停航或绕航等情况，应由承租人承担，不能作为停租的条件。

常见的停租事项包括：

（1）船员或物料不足（如果船员不足不影响船舶的效率，从而未妨碍船舶处于充分的工作状态，船舶不会被停租）；

（2）船体、机器或设备的故障或损坏；

（3）海损事故或船舶缺少有效证书等引起的延误；

（4）船舶定期修理及入干坞检查、清理、油漆船底；

（5）清洗锅炉超过 48 小时；

（6）船员罢工；

（7）非由于承租人的原因造成的船舶被扣押；

（8）合同中规定的其他原因。

定期租船合同中都订有停租条款。如“波尔的姆”合同范本规定，因维持船舶的效率而使船舶入坞，或进行其他必要的措施，或船员、物料不足，机器损坏，船体受损或其他事故，造成连续超过 24 小时阻碍船舶工作，则对该船因此不能执行必要的任务的一切时间，停付租金。预付的租金应相应地调整。

3. 停租的起止时间

停租的起止时间，是指从船舶不能继续使用时开始至恢复使用时为止的这一段时间。但是，如果停航的时间是断断续续的，在航行或停泊期间船舶处于不能使用的状态的时间比较短，则计算停租的工作非常麻烦。因此，有些合同规定船舶连续多长时间不能使用时，才能停租。我国《海商法》规定，船舶不符合约定的适航状态或者其他状态而不能正常营运连续满 24 小时的，对因此而损失的营运时间，承租人不付租金，但是上述状态是由承租人造成的除外。

当停租事由发生后，承租人可以停止支付租金的时间，一般规定为由于停租发生而因此损失的营运时间。承租人应证明船舶在这段时间实际遭受到损失，如船舶在航行途中机器失灵，船舶被拖至目的港，船舶的卸货设备良好，货物在目的港被卸下。因为船舶在被拖带期间的时间损失，可以停租，但是在卸货期间，船舶已实际为承租人有效使用，所以卸货期间不能停租。承租人可以停止支付租金的时间计算，一般有净时间损失原则和整段时间损失原则两种方法。

净时间损失原则，是指仅对由此造成的净时间损失期间停租，如果没有时间损失的话，则不能停止支付租金。例如，某船第五货舱的吊杆在卸货港发生损坏而且不能很快修复，该舱只能靠雇佣浮吊卸货，卸货共使用 5 天，正常用船吊卸货需要 4 天，因此延迟 1 天，即承租人的净时间损失只有 1 天，则承租人可停租 1 天。整段时间损失原则，是指从停租事由发生后起，到船舶恢复充分有效的营运状态为止的整段时间，承租人都可停付租金。因此在前述的情况下，承租人从开始卸货时起至卸货完毕时止的整段5天时间，均可停租。可见，净时间损失条款对出租人有利。

如果在租期中船舶灭失，表明租船合同自船舶灭失之日起已被解除，则从此时起也应停付租金。

(十)费用分担

定期租船合同中通常规定，在定期租船条件下：

出租人承担船舶的固定成本，如支付船长和船员的工资，提供伙食和给养、备品及物料的费用，船舶保险费，折旧费，修理费和船舶日常开支等。

承租人承担船舶的营运成本，如提供船舶燃料、垫舱物料和防移板(船上已有的除外)并支付费用，安排货物装卸，支付货物装卸费及其他港口使费、代理费、税金等费用。

应注意的是，在定期租船的情况下，船舶的燃料费用由承租人承担，但船舶润滑油的费用是由出租人承担的，船舶淡水的费用应根据双方所签订的合同确定由谁承担。

(十一)出租人的责任与免责

在定期租船条件下，货物的装载、积载、卸货均由承租人负责。但合同中通常又规定，上述工作须“在船长监督之下”进行，甚至有的合同还在监督一词后附加“及负责”的字样，意味着出租人需要对货物的装载、积载及卸货负责。

除以上责任外，保证船舶适航是船舶出租人的另一个主要义务。定期租船合同中的适航概念和前面在提单中以及航次租船合同中介绍的适航概念相同，但出租人保证船舶适航的时间与班轮乃至航次租船的适航时间不同，它并不要求船舶在整个租期内都保持适航，也不要求在租期内每一航次开航前保证船舶适航，而只要出租人保证在交船时船舶处于适航状态即可。但是，当发生海事而影响船舶的适航性能时，出租人应采取合理措施，在合理的时间内恢复船舶的适航状态。

关于出租人的免责事项，尽管各种不同的定期租船合同范本中都有规定，但大都是维护出租人利益的。在实践中，承租人往往要求将上述规定删除，并另订首要条款，规定船舶出租人的一切责任、权利和豁免，适用于《海牙规则》或相应的国内立法中有关承运人责任、权利和豁免规定。

(十二)承租人指示

在定期租船条件下，船舶在营运方面应接受承租人的指示，如指定货载、装卸港、航线等。对承租人发出的符合合同规定的有关船舶营运方面的指示，船长及船员应予以执行，并在各种习惯上应进行的工作方面给予承租人协助。对于承租人违反合同规定发出的指示，或带有欺诈或其他违法性质的指示，船长有权拒绝执行。在任何情况下，承租人都应对船长服从其有关船舶营运方面的指示而导致的后果负责。船长服从其指示，造成船舶损害，或者使出租人因此遭受的任何损失，包括对第三者承担的赔偿责任，应由承租人负责赔偿。

承租人根据正当理由，可以向出租人提出关于对船长或船员的意见，甚至要求更换。

(十三)装卸造成船舶的损失

在定期租船期间，很多船体损坏是由装卸工人造成的，为保护承租人的利益，承租人希望在合同中加入“装卸损失条款”。该条款的主要内容如下：

(1)船方必须提供装卸公司承认对船舶受损负责的证明;

(2)损坏事件发生后的24小时或12小时之内必须通知承租人;

(3)必须立即与船级社联合对船舶损坏部分进行检验以求得实际损失程度。

关于装卸损坏条款,1993年"土产格式"合同范本具体规定如下:

(1)尽管有与此相反的规定,只要船长在发现任何损坏后不超过48小时以书面形式通知承租人和/或其代理人,承租人应赔偿装卸工人对船舶造成的任何和全部损坏。该通知应详细说明船舶损坏情况,并要求承租人指派一名验船师以确定该损坏的程度。

(2)如果任何和全部损坏影响到船舶的适航,和/或船员的安全,和/或影响船舶的营运能力,承租人应自负费用对该损坏立即安排修理,并且到该修理结束时和如经要求,通过船级检验时为止,应照付船舶租金。

(3)对上述第(2)款未提及的任何和全部损坏,根据承租人的选择,在还船之前或还船之后同出租人要做的修理一起进行。在此情况下,不应向出租人支付租金和/或费用,除非承租人负责修理所需的时间和/或费用,超过半数完成出租人修理所需的必要时间和/或费用,并仅以此超出时间为限。

(十四)海盗条款

波罗的海国际海事协会通过的条款:

(1)不得命令或要求船舶驶往或继续驶往或通过任何港口、地方、地区或区域或任何航道或运河(以下简称地区),在船长和/或船舶出租人合理判断下,船舶、船上货物、船员或船上其他人员,可能会遭遇任何实际威胁或报告的海盗行为、暴力抢劫、捕捉、扣押(以下简称海盗),不论这种海盗危险发生在订立本合同时或其后。如果船舶处于上述任何地点,只要该地方变得危险,或有可能变得危险,船舶就有权自由离开。

(2)如果根据上述(1)船舶出租人决定不能驶往上述地区,其应当立即通知承租人,承租人应有义务发布替代航次命令。承租人应当赔偿船舶出租人由于等待这种命令,或者履行替代航次导致提单持有人或第三人受损的任何索赔。遵从有关命令造成的任何时间损失将不得视为停租。

(3)如果船舶出租人同意或者如果船舶驶往或通过遭遇海盗风险地区,船舶出租人有权自由:

①采取合理的预防措施保护船舶、船员和货物,包括但不限于采取合理的替代航线,使用护航,避免白天或夜晚航行,调整航速或方向,或对船舶聘请保安人员或设备;

②遵守船舶保险人的命令、指示或建议;

③遵守船旗国政府,或船舶出租人必须遵守法律的其他政府,或任何其他政府、机构或团体,包括军事当局,任何有权强制他们遵循命令或指示的机构;

④遵守任何联合国安理会决议的规定,任何其他有权发布命令的国际机构,以及船舶出租人必须遵守的国家法律,有权发布的指示;

承租人应赔偿船舶出租人因为遵守这些指示引发提单持有人或第三人提出的索赔,除非这种索赔被规定的附加保险所涵盖。

(4)成本

①如果船舶驶往或通过一个地区,由于海盗风险有额外费用产生,费用包括但不限于额外的保险费,增加人员和避免海盗袭击预防措施,应由承租人承担。任何由于等候护航,遵循所

推荐的航线、时间，或降低航速，或采取措施以减少风险的时间损失，应当由承租人承担，船舶不能视为停租。

②如果船舶出租人就船舶航行到有海盗风险的地区且根据雇佣条款负有支付船员奖金或额外工资的责任，则实际支付的额外奖金或工资应由承租人在下一个付款到期时，或还船时，以先发生为准，支付给船舶出租人。

③如果船舶出租人的保险人要求支付额外保险费和/或保费，根据承租人的命令，船舶在，或由于进入，或通过任何地区或地方，而这些区域被船舶保险人列为海盗风险要交额外保费的区域，则实际的额外保险费和/或保费应由承租人在下一个付款到期时，或还船时，以先发生为准支付给船舶出租人。

④根据“成本”款项下所发生的所有支付应在收到船东发票收据的 15 天内或还船时结算，以先发生为准。

(5)如果船舶被海盗袭击或扣押，任何时间的损失应由承租人负责，船舶没有停租。

(6)如果船舶被扣押，船舶出租人应就使船舶获释所做的努力及时保持与承租人的紧密联系。船舶在整个被扣押期间视为在租，承租人的义务不受影响，船舶被扣押 91 天后租金停付，被释放后重新支付租金。承租人对船舶被海盗扣押造成的逾期还船不负责任。

遵循本条款所做或不做的任何事情不得被视为绕航，但应作为履行本租船合同来考虑。如果本条款与租船合同任何默示或明示条款冲突，本条款仅就冲突部分优先适用。

(十五)其他条款

定期租船合同一般还订有转租条款、双方互有过失碰撞条款、共同海损条款、新杰森条款、战争条款、罢工条款、冰冻条款、仲裁条款、佣金条款等。

模块四
集装箱运输与国际多式联运

单元一 集装箱运输概述

【学习目标】

通过本单元的学习，应达到以下目标：

1. 掌握集装箱货物的装箱方式与责任归属；
2. 熟悉集装箱货物的交接方式。

【相关内容】

集装箱运输是以集装箱作为运输单位进行货物运输的一种先进的运输方式，目前已成为国际货物运输中一种重要的运输方式。由于本身的特点和各类运输工具的专用性，在运输过程中，集装箱既是货物的一部分，又是运输工具的一部分。

一、集装箱的概念

(一) 集装箱运输应具备的条件

集装箱，又称货箱或货柜，应具备以下基本条件：

(1) 具有足够的强度，能长期反复使用；

(2) 运输途中转运时，可以不移动箱内货物而直接换装；

(3) 设有便于装卸和搬运的装置，可以从一种运输工具方便地换装到另一种运输工具；

(4) 便于货物的装满和卸空；

(5) 具有 1 m^3 以上的内容积。

(二)集装箱运输的优点

集装箱运输是一种高效率的运输方式,其优越性主要是由运输现代化的大生产方式和海陆联运相结合的特征而产生的。

与普通的杂货船运输相比较,集装箱运输具有下列显著的优越性:

(1)提高装卸效率,减轻劳动强度;

(2)加速船舶周转,提高运输能力;

(3)减少货损货差,提高货运质量;

(4)减少中转环节,便于货物联运;

(5)节省包装费用,简化理货手续;

(6)减少营运费用,降低运输成本。

二、集装箱货物的装箱与交接方式

(一)集装箱货物的装箱方式

集装箱货物的装箱方式可分为整箱货和拼箱货两种。

1. 整箱货

整箱货(Full Container Load,FCL),是指货方自行将货物装箱后,以一个集装箱为单位交运的集装箱货物。通常情况下,发货人一次托运的货物能装满一个或多个集装箱。发货人在自己的工厂或仓库自行装箱,海关人员在装箱现场进行监管,货物装妥并办理货物出口报关手续且经海关检验后,对集装箱施加铅封,船方以整箱为单位接收和交付集装箱货物。在整箱货交接形态下,一般只有一个托运人和一个收货人。

2. 拼箱货

拼箱货(Less Than Container Load,LCL),是指由承运人或其代理人将分属不同货主的同一目的地的单件货物分类整理后,集中适当批量装入集装箱内,经海关检验并对集装箱加以铅封后予以运输的货物。拼箱货的收货、装箱、拆箱和交付在码头集装箱货运站或内陆站进行,承运人和货方对拼箱货的交接以集装箱货运站或内陆站为界。在拼箱货交接形态下,每个集装箱的货物一般有多个发货人和多个收货人。

(二)集装箱货物的交接地点

在集装箱运输中,集装箱货物的交接地点有三种,即集装箱堆场、集装箱货运站和集装箱"门"。

1. 集装箱堆场

集装箱堆场(Container Yard,CY)包括集装箱码头堆场和集装箱内陆货运站、中转站的堆场。集装箱堆场交接,一般意味着发货人应自行负责装箱及集装箱到堆场的运输;承运人(集装箱运输经营人)或其代表在堆场接受货物,责任开始。货物运达后,承运人在堆场上向收货人交付货物,责任终止,由收货人自行负责集装箱货物到最终目的地的运输和拆箱。在集装箱堆场交接的货物都是整箱交接。

2. 集装箱货运站

集装箱货运站(Container Freight Station,CFS)一般包括集装箱码头货运站和集装箱内陆货运站、中转站。在货运站进行的货物交接一般是拼箱货的交接。因此集装箱货运站交接一般意味着发货人自行负责将货物送到集装箱货运站，承运人或其代理人在集装箱货运站以货物原来的形态接受货物并负责安排装箱，然后组织海上运输或陆海联运。货物运到目的地货运站后，承运人或其代理人负责拆箱，并以货物原来的形态向收货人交付，收货人自行负责提货后的事宜。

3. 集装箱“门”

集装箱“门”(Door)是指由发货人的工厂或仓库交付。“门”交接的集装箱货物都是整箱交接，一般意味着发货人或收货人自行装箱或拆箱。承运人负责自接受货物地点到交付货物地点的全程运输。

(三)集装箱运输中货物的交接方式

在集装箱运输中，根据实际交接地点不同，集装箱货物的交接有多种方式。在不同的交接方式中，承运人与货方承担的责任、义务不同，承运人运输组织的内容、范围也不同。

集装箱货物的交接方式有以下几种：

1. 整箱接，整箱交(FCL/FCL)

(1)门到门(Door to Door)交接方式

这是指承运人在发货人的工厂或仓库，接受由发货人装箱并经海关铅封的整箱货，负责将其运至收货人的工厂或仓库，整箱向收货人交付。

(2)门到场(Door to CY)交接方式

这是指承运人在发货人的工厂或仓库，接受由发货人装箱并经海关铅封的整箱货，负责将其运至卸货港的码头堆场或内陆货运站堆场，整箱向收货人交付。

(3)场到门(CY to Door)交接方式

这是指承运人在装货港的码头堆场或内陆货运站堆场，接受由发货人装箱并经海关铅封的整箱货，负责将其运至收货人的工厂或仓库，整箱向收货人交付。

(4)场到场(CY to CY)交接方式

这是指承运人在装货港的码头堆场或内陆货运站堆场，接受由发货人装箱并经海关铅封的整箱货，负责将其运至卸货港的码头堆场或内陆货运站堆场，整箱向收货人交付。

2. 整箱接，拆箱交(FCL/LCL)

(1)门到站(Door to CFS)交接方式

这是指承运人在发货人的工厂或仓库，接受由发货人装箱并经海关铅封的整箱货，负责将其运至卸货港的码头货运站或内陆货运站，在那里经拆箱后按件向各收货人交付箱内所装的货物。

(2)场到站(CY to CFS)交接方式

这是指承运人在装货港的码头堆场或内陆货运站堆场，接受由发货人装箱并经海关铅封的整箱货，负责将其运至卸货港的码头货运站或内陆货运站，在那里经拆箱后按件向各收货人交付箱内所装的货物。

3. 拼箱接，整箱交(LCL/FCL)

(1)站到门(CFS to Door)交接方式

这是指承运人在装货港的码头货运站或内陆货运站，接受发货人按件交运的货物并进行拼箱和海关铅封，负责将拼箱后的集装箱运至收货人的工厂或仓库，整箱向收货人交付。

(2)站到场(CFS to CY)交接方式

这是指承运人在装货港的码头货运站或内陆货运站,接受发货人按件交运的货物并进行拼箱和海关铅封,负责将拼箱后的集装箱运至卸货港的码头堆场或内陆货运站的堆场,整箱向收货人交付。

4. 拼箱接,拆箱交(LCL/LCL)交接方式

这是指承运人在装货港的码头货运站或内陆货运站,接受发货人按件交运的货物并进行拼箱和海关铅封,负责将其运至卸货港的码头货运站或内陆货运站,经拆箱后按件向各收货人交付箱内所装的货物。

单元二 集装箱运输主要货运单证

【学习目标】

通过本单元的学习，应达到以下目标：

1. 掌握集装箱运输主要货运单证的作用与意义；
2. 熟悉集装箱提单主要条款的内容。

【相关内容】

集装箱运输单证是集装箱运输过程中有关各方（包括货方及其代理人、运输经营人及其代理人、实际承运人、港口、站场、监管部门等）责任、权利、义务转移和界定的凭证。

一、集装箱出口货运的主要单证

集装箱出口货运单证与传统的货运单证有所不同，主要表现在：以场站收据代替传统的收货单；需缮制装箱单以便办理货物进、出口报关和货物交接等手续；需缮制设备交接单以便办理集装箱及其附属设备的交接。

（一）集装箱设备交接单

集装箱设备交接单（Equipment Interchange Receipt，E/R），简称设备交接单，是集装箱进、出港口、场站时用箱人或运箱人与管箱人或其代理人之间交接集装箱及设备（如底盘车、台车、冷藏装置、电机等）的凭证。它既是管箱人发放、回收集装箱或用箱人提取、返还集装箱的凭证，也是证明集装箱在交接时状态的凭证，还是划分管箱人和用箱人双方责任、义务和权利的依据。此单证通常由管箱人（租箱公司或代理人、船公司或其他类型的集装箱经营人等）签发给用箱人，用箱人据此向场站领取或送还集装箱及设备。

各类管箱人，如集装箱租赁公司、船公司等，一般都印制自己的设备交接单，其内容大同小异。设备交接单的背面印有划分管箱人（或租箱人，或接受其委托经办有关事宜的堆场）和用箱人之间责任的使用或租用集装箱合同条款。

（二）集装箱装箱单

集装箱装箱单（Container Load Plan，CLP）是详细地记载每一集装箱内所装货物的名称、数量、包装种类、标志等货运资料和积载情况的单证。它是集装箱运输中记载箱内货物详细情况的唯一单证。此单证以箱为单位制作，由装箱人填制并经装箱人签署后生效。

集装箱装箱单的主要作用有：

（1）向承运人、收货人提供箱内所装货物的详细情况；

（2）作为向装货港海关申报货物出口的主要单证；

（3）发货人、集装箱货运站与集装箱码头之间的货物交接证明；

（4）船方编制船舶配载计划的依据；

（5）在卸箱地作为办理集装箱保税运输手续和拆箱作业的重要单证；

(6)发生货损时,用来作为处理索赔的原始依据之一。

集装箱装箱单的主要内容包括船名、航次、装卸港、收交货地点、集装箱号、规格、铅封号、场站收据或提单号、发货人、收货人、通知人及货名、件数、包装种类、标志、号码、重量、尺码等。对特殊货物还需说明闪点(危险品)、箱内温度要求(保温或冷藏货)、是否检疫(需检疫货物及器材)等。

制作集装箱装箱单时,装箱人负有装箱单内容与箱内货物一致的责任。

(三)场站收据

场站收据(Dock Receipt,D/R)又称港站收据或码头收据,是指船公司委托集装箱堆场、集装箱货运站或内陆站在收到整箱货或拼箱货后,签发给托运人证明已收到货物,托运人可凭此换取提单或其他多式联运单证的收据。

场站收据是一份综合性单证,相当于传统的托运单、装货单、收货单等一整套单据。通常由托运人或货运代理人填制,在承运人委托码头堆场、集装箱货运站收到整箱货或拼箱货后签发生效,托运人或其代理人可凭场站收据向承运人的代理人换取已装船提单或收货待运提单。

场站收据的主要作用有:

(1)经承运人或其代理人签认的场站收据,表明在承运人和托运人之间建立了集装箱货物海上运输合同关系;

(2)托运人凭以办理集装箱货物出口报关手续;

(3)承运人已收到托运货物并开始对货物负责的证明;

(4)换取海运提单或联运提单的凭证;

(5)船公司、港口组织装卸、理货、配载的资料;

(6)运费结算的依据。

(四)特殊货物清单

如果集装箱内装运危险货物、活动物、植物以及冷冻(冷藏)货物等特殊货物,托运人在托运这些货物时,必须根据有关规定,事先向船公司或其代理人提交相应的危险货物清单、动物货清单、植物货清单和冷冻(藏)货集装箱清单。

二、集装箱进口货运的主要单证

(一)提货通知书

提货通知书(Delivery Notice)是指船公司在卸货港的代理人向收货人或通知人(通常是收货人的货运代理人)发出的船舶预计到港时间的通知。它是船公司在卸货港的代理人根据掌握的船舶动态和装箱港的代理人寄来的提单副本或其他货运单证、资料编制的。该通知是否能及时发出以及收货人或其代理人是否能收到,作为承运人的船公司并不承担责任。

(二)到货通知书

到货通知书(Arrival Notice)是指在卸货港的船舶代理人,在集装箱卸货后运至集装箱堆场,或移至集装箱货运站,并办好交接准备后,向收货人发出要求收货人及时提取货物的书面通知。

(三)提货单

提货单(Delivery Order)是指承运人或其代理人根据正本提单签发给收货人的据以提取货

物的凭证。

(四)交货记录

交货记录(Delivery Record)是指集装箱运输经营人把货物交付给收货人或其代理人时,双方共同签署的证明货物已经交付及货物交付时状况的单证。交货记录的签署,表明运输经营人对货物的责任已告终止。

(五)卸货报告

卸货报告(Outturn Report)是指集装箱堆场或货运站在交付货物后,将交货记录中记载的批注,按不同装载的船名,分船编制的交货状态的批注汇总清单。

三、集装箱提单

集装箱提单(Container Bill of Lading)是指集装箱货物运输的承运人或其代理人在收到集装箱货物后,签发给托运人的用以证明海上集装箱货物运输合同和集装箱货物已经由承运人接管或者装船,并保证在目的港据以交付货物的单证。

集装箱提单的作用类似于普通提单,被专门用于海上集装箱货物运输。由于海上集装箱货物运输有其自身特点,集装箱提单中既包含了普通提单中某些常见的条款,同时也包含了一些专门为适应海上集装箱货物运输而订立的条款。特别是当集装箱运输进入国际多式联运环节后,有关国际多式联运的法则也就必然要在集装箱提单条款中反映出来,因此,适用于海上集装箱货物运输的集装箱提单在很多地方有别于普通提单。

(一)集装箱提单记载事项

集装箱提单的正面记载事项通常包括以下内容:

(1)承运人或联运经营人的姓名、地址;

(2)发货人、收货人及通知人的姓名、地址;

(3)集装箱运输方式、装货港、卸货港以及接收、交付集装箱货物的地点及方式;

(4)集装箱号、铅封号以表明集装箱内装载货物性质的识别标志;

(5)托运人提供的有关集装载箱内装载货物的详细情况;

(6)集装箱外表状况;

(7)可否转船/可否分批;

(8)提单签发的日期、地点及份数。

(二)集装箱提单条款

1. 集装箱提单正面条款

集装箱提单除正面记载事项外,与普通提单一样,也订有正面条款,通常包含的内容有:

(1)确认条款

这是确认集装箱承运人收到外表状况良好的装箱货物,同时声明集装箱提单是"收货待运提单",集装箱提单一经签发,即表明集装箱货物已在承运人掌管下,收讫待运。

(2)承诺条款

这是表明经正式签发的正本集装箱提单具有运输合同的效力,对提单持有人和集装箱承运人双方都有约束力的条款。

(3)签署条款

这是表明承运人签发正本提单的份数和各份正本提单具有相同效力,声明凭其中一份正本提单完成交货后,其余各份均告失效的条款。

(4)已装运条款

这是表明在内陆某一地点接收货物时,把在内陆将货物装上运输工具视同在装货港将货物装船的条款。

2. 集装箱提单背面条款

这里重点介绍有别于普通提单的集装箱提单背面条款。

(1)有关承运人的定义

在普通提单中,承运人是指与托运人订立海上货物运输合同的人。在集装箱提单中需列明,承运人还包括集装箱运输的经营人,即无船承运人。

根据我国《国际海运条例》的规定,依法获准经营集装箱运输业务或经营内陆运输的无船承运人,在办理提单登记、缴纳保证金后也可签发自己的提单。因此,应同样承认无船承运人的承运人身份。

(2)承运人责任期间

在集装箱运输条件下,负责集装箱运输的承运人交接集装箱货物的地点,可能会在发货人的工厂、仓库,或是集装箱货运站、内陆站、码头堆场,这样普通提单中对承运人规定的责任期间不再适用。根据集装箱运输这一特点,集装箱提单通常将承运人责任期间扩大。我国《海商法》将集装箱承运人的责任期间规定为:从在装货港收到货物时开始,至在卸货港交付货物时为止,货物处于承运人掌管之下的全部期间。

(3)舱面货物选择权条款

现行的海上货物运输法律与实务规定,如承运人将货物装于舱面运输,则此种运输应仅限于根据航运习惯或有关法规可装于或应装于舱面的货物,或事先已征得货主同意,并在提单上记载“装于舱面”等字样的货物。如承运人擅自将货物装于舱面运输而导致货物损坏,承运人因此会丧失抗辩理由,包括免责事项、责任限制、索赔、诉讼时效等,并承担损害赔偿责任。在集装箱运输条件下,这样的规定对承运人来说很不利。这是因为,由于集装箱船舶构造的特殊性和从经济性角度考虑,需要在每个航次中将相当一部分集装箱放置舱面运输。然而,在实际业务中,又不可能在接收集装箱的当时就确定哪些箱子将放在舱面运输。故承运人为了保护自己,在集装箱提单中明确订立:承运人有权将集装箱装在舱内或舱面,而无须事先通知货方。有了这一“舱面货选择权条款”,即使承运人将集装箱装于舱面,也可视作舱内货物。对由于承运人责任引起的装于舱面上的集装箱货物发生货损或货差,承运人应负赔偿责任。当然,也可根据有关规定享受赔偿责任限制。对于共同海损,装于舱面的集装箱既有参加分摊的义务,也有要求补偿的权利。

(4)承运人的赔偿责任限制

在集装箱运输条件下,对于拼箱交付运输的集装箱货物,有关承运人的赔偿责任限制通常与普通提单中规定的一样,按交付运输的货物的件数或单位数或毛重每千克赔偿。但如集装箱整箱交付运输,承运人收到的仅仅是外表状况良好、铅封完整的集装箱,如果将这样的箱子视为一件货物,而不管箱内实际装了多少件货物,来确定承运人的赔偿责任限制,对货主来说是极为不合理的。为此,《维斯比规则》在对《海牙规则》中相关内容修改时,对由集装箱(包括托盘或类似的运输工具)集装的货物做了这样的规定:如在提单中已载明这种工具内的货物件数或单位数,则按所载明的件数或单位数赔偿。如集装箱、托盘或类似的运输工具为货主所有,赔偿时也作为一件。

(5)货物损失的通知与诉讼

现行的集装箱提单对于拼箱货的货损、货差的通知要求和诉讼时效基本上与普通提单的规定相同。对于货主装箱的整箱货,集装箱提单则有不同的规定。因为整箱货物在目的地交货时一般并不拆箱,所以提单规定,只按表面状况交货,如表面无明显损坏,集装箱铅封完好,承运人责任即告终止。如果货物存在表面不能发现的损坏,考虑到集装箱的特殊情况,提单上有的规定为 3 天内,有的规定为 7 天内以书面通知承运人。我国《海商法》第 81 条规定,集装箱货物交付的次日起连续 15 日内,收货人未提交书面通知的,视为承运人已经按照运输单证的记载交付以及货物状况良好的初步证据。至于就损坏赔偿提出诉讼时效,有的提单规定为 1 年,有的则规定为 9 个月。如属全损,有的提单规定,就损坏赔偿提出诉讼时效为 2 个月,超过规定期限,承运人将解除一切赔偿责任。

(6)铅封完整交货条款

集装箱提单中这一条款的规定仅适用于整箱货交货,承运人在集装箱外表状况良好、铅封完整的情况下接货、交货,即可认为承运人已完成了货物运输,并解除了其所有责任。

(7)货物检查权条款

货物检查权条款规定,当承运人对箱内货物的实际状况有怀疑或积载不正常时可以对集装箱启封检查,而无须得到托运人的预先同意。当然,一般来说,对由货主自己装载的集装箱启封检查时,原则上应征得货主同意,其费用由货主负担。

(8)海关启封检查条款

根据《国际集装箱海关公约》的规定,海关有权检查集装箱。因此,集装箱提单中都规定:当集装箱的铅封被海关或其他当局开启以便检查箱中货物时,承运人对由此发生或引起的任何灭失、损坏、费用或任何其他后果,概不负责。在实际业务中,尽管提单条款做了这样的规定,承运人如遇此种情况仍应做好记录,并保留证据,以使其免除责任。

除上述有别于普通提单的集装箱提单条款外,还有其他一些有别于普通提单的集装箱提单条款,如承运人不知条款、发货人对货物内容准确性负责条款、货主自行装箱责任条款等。在使用集装箱提单时,应对这些条款加以注意,并给予正确理解。

单元三 多式联运

【学习目标】

通过本单元的学习,应达到以下目标:

1. 了解国际多式联运的基本条件;
2. 掌握国际多式联运经营人的责任类型、责任人与法律适用。

【相关内容】

一、国际多式联运

(一)国际多式联运的概念

国际多式联运(International Multimodal Transport),是指按照多式联运合同,以至少两种不同的运输方式,由多式联运经营人将货物从一国境内接管货物的地点运至另一国境内指定交付货物的地点。其是提供一次托运、一次收费、一票到底、一次保险、全程负责的“一条龙”服务的综合性运输。

根据我国《海商法》的规定,海上货物多式联运合同是指多式联运经营人以两种以上的不同运输方式,其中一种是海上运输方式,负责将货物从接收地运至目的地交付收货人,并收取全程运费的合同。

多式联运经营人是货物多式联运的承运人,是指本人或者委托他人以本人名义与托运人订立多式联运合同的人。多式联运经营人可以是船公司,也可以是无船承运人,后者往往就是货运代理人。

国际多式联运是一种以实现货物整体运输的最优化效益为目标的联运组织形式。它通常以集装箱为运输单元,将不同的运输方式有机地结合在一起,形成一个连续的一体化运输模式。集装箱货物运输具有装卸效率高、货损货差少,途中可以不移动箱内货物,迅速从一种运输工具换装到另一种运输工具,从而实现“门到门”运输等特点,因此,国际货物多式联运在全球得以广泛、迅速发展。

(二)国际多式联运的基本条件

开展国际多式联运必须具备下列基本条件:

(1)必须是国际间货物运输;

(2)必须至少使用两种不同的运输方式进行联运;

(3)必须订立国际多式联运合同;

(4)必须使用一份国际多式联运单证,该单证应满足不同运输方式的需要,并按单一运费率计收全程运费;

(5)必须由一个多式联运经营人对全程运输负责。

(三)国际多式联运经营人的责任类型

在多式联运情况下,至少涉及两种运输方式,运输分几个区段完成,每一种运输所在区段适用的法律对承运人的责任规定往往不同。在很多情况下,承运人又委托他人(即实际承运人或分段承运人)完成部分或全部运输。因此,当货物在运输过程中发生货损货差时,由谁对此承担责任,承运人依据何种标准对损害承担责任,即确定损害实际发生的区段所适用的法律十分重要。

目前,多式联运经营人对货物的责任有以下两种类型:

1. 责任分担制

责任分担制又称分段责任制,是指多式联运经营人仅对其自己履行运输区段中发生的货物灭失或损坏承担责任,而对由区段承运人履行的运输不负责任。各区段承运人亦只对本区段中发生的货物的灭失或损坏承担责任,各区段适用的责任原则,按适用于该区段的法律予以确定。对于不能判定发生在哪一区段的货物灭失或损坏,通常视为发生在海上区段,由海上区段承运人按适用于海上区段的法规承担责任。

2. 单一责任制

在单一责任制下,多式联运经营人对全程运输负责,而不论货物损坏发生在哪一区段,托运人和收货人均可向多式联运经营人索赔。

单一责任制又可分为统一责任制和网状责任制:

(1)统一责任制

统一责任制又称同一责任制,是指多式联运经营人对全程运输负责,各区段的实际承运人仅对自己完成的运输区段负责,无论损害发生在哪一区段,都按统一规定的限额进行赔偿。多式联运经营人在整个运输中均按一个统一的原则向货主负责。

(2)网状责任制

网状责任制又称混合责任制,是指多式联运经营人对全程运输负责,各区段的实际承运人仅对自己完成的运输区段负责。各区段适用的责任原则按适用于该区段的法律予以确定;对于不能判定发生在哪一区段的货物灭失或损坏,一般视为发生在海上运输区段,并按适用于该区段的法规确定多式联运经营人的责任。因此,不论货损发生在哪一区段,托运人或收货人既可向承运人索赔,也可向事故发生区段的区段承运人索赔。

二、国内多式联运合同

我国《民法典》第 838 条至第 842 条对多式联运做出了规定。

(一)多式联运经营人及权利义务

多式联运经营人负责履行或者组织履行多式联运合同,对全程运输享有承运人的权利,承担承运人的义务。

多式联运经营人,是多式联运活动的组织者、经营者,负责履行或者组织履行多式联运合同,对全程运输享有承运人的权利,承担承运人的义务。多式联运经营人是与托运人相对应的多式联运合同的另一方当事人,负责对多式联运合同的履行和组织履行,享有全程运输的全部权利,包括收取运输费用,在托运人违约时请求赔偿等;同时也履行全部义务和承担全部责任,在各实际承运人在运送中造成延迟或者货物损害的,经营人都要承担赔偿责任。

(二)多式联运合同责任规则

多式联运经营人对多式联运承担责任,是多式联运合同责任承担的基本原则。由于多式联运的各区段承运人之间都存在通过共同合作从事联合运输的内部协作，所以，各区段承运人之间存在一种事实上的合同型的联营关系。在多式联运经营人与托运人签订了多式联运合同后，各区段承运人都参与了这一合同关系，都应当承担责任。基本规则是：

（1）多式联运经营人可以与参加多式联运的各区段承运人就多式联运合同的各区段运输约定相互之间的责任，这种约定是有效的，可以依照该约定确定责任归属。

（2）该约定的效力不影响多式联运经营人对全程运输承担的责任，即就联运的各个承运人尽管可以约定各区段的责任归属，但是对托运人而言，多式联运经营人仍然要承担全部责任，上述约定对这一责任规则不发生作用。

（三）多式联运单据

多式联运的托运人在办理多式联运手续时，在交付货物、支付运费的同时，还应当填写相关的联运单据，确认相关事项。多式联运经营人在收到托运人交付的货物时，根据托运人提供的资料，签发多式联运单据。多式联运单据既是债权文书，也是货权凭证。

多式联运单据，既可以是可转让单据，也可以是不可转让单据。是否为可转让，多式联运经营人应根据托运人的要求签发，托运人对此有选择权。其意义在于，取得不可转让单据，托运人对托运的货物不可转让权属；取得可转让单据，在运输过程中可以转让货物的权属。

（四）托运人的赔偿责任

在多式联运合同中，由于托运人托运货物时的过错造成多式联运经营人损失的，托运人应当承担赔偿责任；即使托运人已经转让了多式联运单据，并不因为其转让了多式联运单据而免除其责任或者将赔偿责任转移给多式联运单据的权利人承担，托运人也仍然对自己的过错行为造成的损害承担赔偿责任，并不因为托运人已经不是该货物的所有人而免除责任。

（五）多式联运经营人的货损赔偿责任和责任限额

在多式联运合同履行中，由于是用不同的运输方式进行货物运输，而我国的专门运输法律、法规对不同的运输方式中的赔偿责任和责任限额的规定是不同的，因而出现不同运输区段有不同的赔偿责任和责任限额的问题。依据能否确定货损发生的运输区段的标准，适用不同的规则：

（1）货物的毁损、灭失发生于多式联运的某一运输区段的，如果法律、法规对某种运输方式、某种运输工具、某一运输区段的赔偿责任和责任限额有特别规定的，多式联运经营人的赔偿责任和责任限额应当适用调整该区段、该运输方式的有关法律规定予以确定。例如，在海运或者空运中发生的货物毁损、灭失，就不能用铁路运输法律、法规的损害赔偿责任的规定，而要适用海运或者空运的法律、法规规定的损害赔偿责任的规定确定责任。

（2）货物毁损、灭失发生的运输区段不能确定的，适用“隐蔽损害一般原则”规定确定多式联运经营人的责任，即对这一类货损采用某项统一规定的办法确定经营人的责任。实际上就是依据《民法典》第 839 条关于“多式联运经营人可以与参加多式联运的各区段承运人就多式联运合同的各区段运输约定相互之间的责任”的规定，确认承担责任的规则。

模块五
海上旅客运输与海上拖航

单元一 海上旅客运输

【学习目标】

通过本单元的学习，应达到以下目标：

1. 掌握我国《海商法》中海上旅客运输合同当事人的主要权利与义务；

2. 掌握《1974年海上旅客及其行李运输雅典公约》（以下简称《雅典公约》）主要条款的精神。

【相关内容】

一、海上旅客运输合同的概念

海上旅客运输合同，是指承运人以适合运送旅客的船舶经海路将旅客及其行李从一港运送至另一港，由旅客支付票款的合同。其特征是：(1)海上旅客运输合同的标的是运输旅客的行为；(2)海上旅客运输合同为格式合同，旅客只能选择购票或者不购票，没有讨价还价的余地。承运人和旅客是合同的当事人，旅客及其行李的海上运输是合同的标的。

海上旅客运输合同分为国内沿海旅客运输合同和国际海上旅客运输合同两大类。前者指起运港和目的港均在一国国内的海上旅客运输合同；后者指起运港和目的港处在不同国家，或者起运港和目的港处在同一国家，但是中途停靠港位于另一国家的海上旅客运输合同（如环球航线下的旅客运输）。

我国《海商法》第五章海上旅客运输合同适用于上述两种旅客运输合同。

海上旅客运输的承运人，是指本人或者委托他人以本人名义与旅客订立海上旅客运输合同的人。另外，我国《海商法》还规定了海上旅客运输中实际承运人的概念，即接受承运人委托，从事旅客运送或者部分运送的人，包括接受转委托从事此项运输的其他人。

旅客是指根据海上旅客运输合同运送的人，包括经承运人同意，根据海上货物运输合同随船护送货物的人。这种随船而行的人与承运人之间虽不是海上旅客运输合同的关系，但应视其为旅客，即他们在船上与旅客享有的权利和承担的义务相同。当其在运送期间发生人身伤亡时，承运人对此的赔偿与对旅客的赔偿相同。至于成年人按规定免费携带的儿童，虽其本人无须买票，但与其同行的成年人与承运人有海上旅客运输合同关系，该合同又允许成年人免费携带儿童，从这个意义上说，儿童也是根据海上旅客运输合同运送的人，因此也是旅客。

行李与自带行李是两个不同的概念。旅客随身携带、保管或放置在客舱中的行李为自带行李，超过限额的，经允许可自带上船放置在客舱中，但应按规定付费。与自带行李不同，行李是交给承运人载运的任何物品和车辆。通常，旅客凭客票向承运人办理行李托运手续，在运送期间由承运人保管，随船而行。应当指出的是，活动物不算行李，在运送期间发生的灭失、损坏，不能按海上旅客运输合同的各项规定处理。

旅客客票是海上旅客运输合同的证明。承运人向旅客出售客票后，合同即告成立。客票上一般载明姓名、船名、航次、日期、起运港、目的港、客舱等级、票价等。国际海上旅客运输的客票上，通常还载明承运人的名称和地址、旅客姓名、船舶抵达目的港的日期、海上客运条件或旅客须知，以及合同适用的法律等事项。

二、海上旅客运输合同的特点

(一)客票仅仅作为海上旅客运输合同的凭证

客票是海上旅客运输合同成立的证明，合同当事人均可提出反证，证明当事人双方另有约定，这种不同于或补充客票条款的约定是有效的。《海商法》第 110 条规定：“旅客客票是海上旅客运输合同成立的凭证。”我国《民法典》第 814 条规定：“客运合同自承运人向旅客出具客票时成立，但是当事人另有约定或者另有交易习惯的除外。”客运合同以承运人向旅客出具客票时起成立，旅客提出购票的请求为要约。在特殊情况下，承运人交付客票并不是合同成立，如旅客先登船而后补票的，承运人准许其登船时是承诺之时，只不过乘船时尚未有书面合同而已。这属于另有约定。在当前实行的电子客票形式中，交付客票的形式基本不存在，通常是网上购票，网上申请购票并得到确认，即为合同成立。

(二)实行承运人完全过错责任制

海上旅客运输合同中承运人的责任基础是过错，实行完全的过错责任制，不存在过失免责事项，如果承运人有过失并造成旅客受伤害或损失，应承担赔偿责任。

(三)承运人的适航义务贯穿整个航程

海上旅客运输的承运人保证船舶适航的义务不仅限于开航之前和开航当时，而且贯穿开航之后的整个航次期间。在船舶不适航的情况下，承运人应对由此造成的后果承担责任，不管其在开航之前和开航当时是否已尽到谨慎处理的义务。此外，在旅客人身伤亡、行李丢失或损坏等情况下，法律还规定了“举证责任倒置”原则，即推定承运人有过失，承运人要想免责，必须证明自己没有过失。

(四)法律对于海上旅客运输有更多的约束

由于海上旅客运输涉及人命安全，故有关立法做出很多不允许承运人改变其法定义务的强制性规定。根据《雅典公约》以及我国《海商法》第 126 条的规定,海上旅客运输合同中含有下列内容之一的条款无效:免除承运人对旅客应当承担的法定责任;降低承运人责任限额;对于举证责任做出与法律相反的约定;限制旅客提出赔偿请求的权利;等等。

三、海上旅客运输合同当事人的主要权利和义务

(一)承运人的主要义务

海上旅客运输承运人的义务,不仅应根据合同约定的内容,还应根据有关法律的强制性规范。承运人不得以合同条款的方式排除法律的强制性规范。

承运人的义务包括:

1. 提供适航船舶并保持适航状态

这种适航保证是一种严格的责任,承运人必须保证船舶在事实上适合航行,并具备法律要求的各类证书,同时承运人必须在整个航程中使船舶处于适航状态,适当配备船员、装备船舶和配备供应品,以保证旅客运送的安全。在海上旅客运输情况下,承运人对船长、船员等驾驶船舶和管理船舶的过失造成旅客及其行李的损害不能免责。

2. 提供适当舱位

承运人在旅客登船后,必须提供与其持有的客票等级相符合的舱室与铺位,以便乘客搭乘。舱室内的设备,应符合与客票等级相应的规定。根据我国《民法典》第 821 条的规定,如承运人擅自变更运输工具等降低服务标准的,旅客享有解除权和减收票款的变更权,承运人应当根据旅客的请求退票即解除合同或者减收票款即变更合同价款条款;如承运人擅自变更运输工具而提高服务标准的,承运人不得加收票款。

3. 使船舶合理速遣并安全运送旅客至目的港

承运人应当在约定期间或者合理期间内,按照约定航线或者通常航线将旅客安全运送到目的港。船舶在航行过程中,不应有不合理的延误。除为救助或企图救助海上人命或财产,或者其他合理情况外,承运人或船长不得变更航线或无故在中途停留,否则,承运人应对旅客因此遭受的伤害或损失负赔偿责任。其他合理情况包括:为保证船舶和旅客安全而避台风或其他海上风险;政府或有关当局命令船舶变更航线;旅客在船上患重病必须立即上岸治疗;等等。

4. 为旅客提供膳食

如果票款中已包括旅客在船期间的膳食费,则在船舶航行期间,承运人应向旅客提供相应的膳食。如票款中未包括膳食费,且航程较长,承运人应向旅客提供膳食服务。

5. 运送旅客行李

承运人应免费为旅客运送一定数量的行李,并对旅客的非自带行李负有妥善保管的义务。

6. 告知义务与救助义务

根据我国《民法典》第 819 条、第 822 条的规定,承运人在履行安全义务时,应及时告知旅客安全运输应当注意的事项,要求旅客按照要求进行。在运输过程中,如果承运的旅客出现意外情况,如患病、分娩、遇险等,承运人应当尽力救助,尽力采取救助措施,使旅客脱离危险。这是承运人承担安全运输义务的表现,也是保障旅客安全的内容,承运人应当善尽这一义务。违反该义务造成后果的,应当承担违约责任。

7. 对旅客的人身伤亡或行李的灭失或损坏负赔偿责任

我国《民法典》第 186 条规定,因当事人一方的违约行为,损害对方人身权益、财产权益

的,受损害方有权选择请求其承担违约责任或者侵权责任。承运人对发生在运输期间的旅客人身伤亡,或行李的灭失或损坏的赔偿责任,各国法律及国际公约普遍实行完全过错责任原则,即如果旅客的人身伤亡和行李的灭失或损坏,是由于承运人或其受雇人员或代理人在受雇范围或代理权限范围内的过错(包括故意和过失)行为或不行为所引起的,承运人便应承担赔偿责任。

旅客的人身伤亡或者自带行李的灭失或损坏,是由于船舶的沉没、碰撞、搁浅、爆炸、火灾所引起的或者是由于船舶的缺陷所引起的,承运人或者承运人的受雇人、代理人除非提出反证,应当视为其有过失。

旅客自带行李以外的其他行李的灭失或损坏,不论由于何种事故所引起,承运人或者承运人的受雇人、代理人除非提出反证,应当视为其有过失。

经承运人证明,旅客的人身伤亡或者行李的灭失或损坏,是由于旅客本人的过失或者旅客和承运人的共同过失造成的,可以免除或者相应减轻承运人的赔偿责任。

旅客的人身伤亡或者行李的灭失或损坏是由于旅客本人的故意造成的,或者旅客的人身伤亡是由于旅客本人健康状况或承运人处理旅客违反规定随身携带或者在行李中夹带的违禁品、危险品造成的,承运人不负赔偿责任。

(二)承运人的主要权利

1. 运费请求权

作为运送旅客及其行李的代价,承运人有权按合同约定的票款收取运费。我国《海商法》规定,当旅客无票乘船、越级乘船或者超程乘船时,承运人有权要求旅客补足票款,并可按规定加收票款;如旅客拒不交付,船长有权在适当地点令其离船,承运人有权向其追偿。

2. 对旅客行李的留置权

如旅客未支付或未付足运费、行李费或承运人为旅客垫付的其他费用或者其他应由旅客支付的费用,承运人有权对旅客交运的行李行使留置权。

3. 船舶开航权

旅客在起运港或船舶中途挂靠港,不在约定的时间内登船时,船长有权将船舶按时开航或续航,并且承运人不退还票款。

4. 赔偿责任限制的权利

承运人对旅客的人身伤亡或行李的灭失或损坏负有赔偿责任时,可依法援引责任限制。

当旅客的人身伤亡或者行李的灭失或损坏是由于承运人的故意或者明知可能造成损害而轻率地作为或者不作为造成时,承运人丧失享受责任限制的权利。

5. 对违禁品、危险品的处置权

承运人可以在任何时间、任何地点将旅客违反前款规定随身携带或者在行李中夹带的违禁品、危险品卸下、销毁或者使之不能为害,或者送交有关部门,而不负赔偿责任。

承运人依据《海商法》承担的是最低限度的义务,享有的是最大限度的权利,以保护旅客的合法权益。当然,承运人可以增加其义务或放弃其权利,但不得降低义务或者增加权利。

(三)旅客的主要权利和义务

1. 旅客的主要权利

旅客的主要权利有:在支付票款后,有权要求承运人将其安全运至目的港;免费携带一定

数量的行李;对遭受的伤害或行李的灭失或损坏,向承运人索赔;等等。

2. 旅客的主要义务

旅客的主要义务有:支付票款;在船期间,应遵守客运规章,服从船长的指挥与管理;旅客不得随身携带或者在行李中夹带违禁品或者易燃、易爆、有毒、有腐蚀性、有放射性以及有可能危及船上人身和财产安全的其他危险品。

四、雅典公约

《雅典公约》是IMO于1974年12月2日—13日在雅典召开的海上旅客及其行李运输的国际法律会议上制定的。该公约于1987年4月28日生效。1976年,IMO又通过《1976年雅典公约议定书》,规定以"特别提款权"(Special Drawing Right,SDR)作为公约的计算单位,该议定书于1989年4月30日生效。我国于1994年加入《雅典公约》及其1976年议定书。

(一)《雅典公约》及其1976年议定书的主要内容

1. 公约的适用范围

本公约适用于国际海上旅客运输,即合同规定的起运港和目的港位于不同国家,或者中途港位于不同国家。

2. 承运人责任期间

承运人责任期间为旅客和行李运送期间。对旅客和自带行李而言,运送期间是指旅客登船开始至离船为止的整个期间。如果客票票价含接送费用,运送期间还包括承运人经水路将旅客从岸上接到船上和从船上送到岸上的时间。对旅客自带行李以外的其他行李而言,运送期间为旅客将行李交付承运人或其雇佣人员或代理人时起,至承运人或其雇佣人员或代理人将行李交还旅客时止。

3. 承运人责任

对于发生在运输期间的事故造成旅客的人身伤亡和行李的灭失或损坏,如是承运人或其雇佣人员或代理人在受雇范围或代理权限内的过错行为或不行为所引起,承运人应负赔偿责任。

如果旅客的伤亡或自带行李及其他行李的灭失或损坏,是由于船舶沉没、碰撞、搁浅、爆炸、火灾或船舶缺陷所致,便推定承运人或其雇佣人员或代理人有过失。但是,承运人可提出反证,证明旅客的人身伤亡或行李的灭失或损坏,非承运人或其雇佣人员或代理人的过失行为或不行为所致。在上述情况以外的其他情况下,索赔人应对承运人或其受雇人员或代理人的过错负举证责任。而且,索赔人在任何情况下均须证明造成损害的事故发生在运输期间,并证明损害程度。

4. 承运人免责

经承运人证明,旅客的人身伤亡、行李的灭失或损坏,是由于旅客本人的过失或者和承运人的共同过失造成的,可以免除或者相应减轻承运人的赔偿责任。

经承运人证明,旅客的人身伤亡、行李的灭失或损失,是由于旅客本人的故意造成的,或者旅客人身伤亡是由于其自身健康状况所致,则承运人不负赔偿责任。对旅客未交承运人保管的货币、金银、珠宝、有价证券等贵重物品,如有灭失或者被盗,承运人不负赔偿责任。

5. 承运人责任限制

承运人对每名旅客的伤亡应承担的赔偿责任限额,每次运输不超过46 667 SDR;承运人对旅客自带行李的灭失或损坏的赔偿责任限额，每一旅客每次运输 833 SDR；承运人对车辆及其车上所载行李的灭失或损坏的赔偿责任限额，每一车辆每次运输 3 333 SDR；承运人对旅客其他行李的灭失或损坏的赔偿责任限额，每一旅客每次运输 1 200 SDR。

如经证明，损害是承运人故意造成，或明知可能造成而轻率地作为或不作为所引起，承运人便丧失上述责任限制的权限。

6. 旅客贵重行李的灭失或损坏

承运人对旅客自带的货币、可转让证券、黄金、珠宝、装饰品、艺术品等贵重物品的灭失或损坏，不负赔偿责任。但是如果旅客将贵重物品交承运人保管，则承运人应按公约规定承担责任，并可享受责任限制的权利，除非双方另约定了较高的责任限额。

7. 行李灭失或损坏的通知

旅客对其自带行李发生的明显损坏，应在离船时向承运人提交书面通知；如果其他行李发生明显损坏，旅客应在行李交还给他之前或当时，提交此种通知。如果行李损坏不明显，或行李发生灭失，此种通知应在旅客离船之日或行李交还之日或本应交还之日起 15 日之内提交。如旅客未按上述要求提交通知，便推定其已收到完好的行李，但旅客可以提出反证。如在旅客提取行李时，双方已对损坏状况进行联合检查，则无须提交损坏通知。

8. 诉讼时效

旅客伤亡或行李灭失或损坏赔偿的诉讼时效期间为 2 年。就旅客伤害而言，自旅客离船或本应离船之日起算；如旅客在运输期间受到伤害并导致离船后死亡，则自死亡之日起算，但不超过自离船之日起 3 年。就旅客的行李灭失或损坏而言，上述时效期间自行李离船或本应离船之日起算，以较晚者为准。

(二)《雅典公约》的 2002 年议定书

IMO 于 2002 年 10 月 21 日至 11 月 1 日讨论通过并签署了《2002 年雅典公约议定书》，经该议定书修改的公约文本被定名为《2002 年国际海上旅客及其行李运输雅典公约》，以下简称《2002 年雅典公约修正案》。

《2002 年雅典公约修正案》主要修正的内容包括：承运人的责任基础、赔偿责任限额、举证责任、强制保险等。

《2002 年雅典公约修正案》的具体规定如下：

1. 承运人的责任基础

《2002 年雅典公约修正案》对承运人的责任基础做了如下规定：

(1)对航运事故(如碰撞、触礁、搁浅、火灾、爆炸等)造成的旅客人身伤亡损害，如果承运人赔偿额在 25 万 SDR 以下的，适用无过失责任制，即严格责任制，承运人即使无过错(无过失或疏忽)，也要承担赔偿责任；如果承运人赔偿额在 25 万 SDR 以上的，适用过失责任制，除非承运人证明对于造成该损失的事故的发生承运人没有过失或疏忽，否则应当承担赔偿责任。

(2)对非航运事故造成的旅客伤亡损害引起的损失，适用过失责任制。如果造成该损失的事故是承运人的过失或疏忽所致，承运人应当承担赔偿责任。

(3)就自带行李灭失或损坏引起的损失，同样适用过失责任制。如果造成该损失的事故是承运人的过失或疏忽所致，承运人应当承担赔偿责任。如果该损失由航运事故所造成，则推定承运人有过失或疏忽。

(4)对自带行李以外的行李灭失或损坏引起的损失，也适用过失责任制，除非承运人证明对造成该损失的事故的发生承运人没有过失或疏忽，否则应当承担赔偿责任。

2. 赔偿责任限额

因航运事故造成的旅客人身伤亡引起的损失，承运人就该旅客在每一次事故中的损失所应承担的赔偿责任不超过 25 万 SDR，除非承运人证明该事故是战争、敌对行为、内战、叛乱或不可预见、不可避免、不可抗拒的自然灾害导致的，或完全由于第三方旨在造成该事故的故意行为与不行为导致的。对于超出上述限额的损失，承运人还应进一步承担赔偿责任，除非承运人证明对于造成该损失的事故的发生承运人没有过失或疏忽，但对每名旅客的最高赔偿不超过 40 万 SDR。

3. 举证责任

(1)由于航运事故造成旅客伤亡引起的损失的免责，由承运人负举证责任；

(2)由于非航运事故造成旅客伤亡引起的损失，由旅客负举证责任；

(3)由于航运事故造成旅客自带行李灭失或损坏引起的损失的免责，由承运人负举证责任；

(4)由于非航运事故造成旅客自带行李灭失或损坏引起的损失，由旅客负举证责任；

(5)由于旅客自带行李以外的行李的灭失或损坏引起的损失的免责，由承运人负举证责任。

4. 强制保险

要求载运 12 人及以上旅客的船舶承运人必须投保旅客人身伤亡险或提供银行或金融机构的财务担保。强制保险或其他财务保证应不少于每名旅客每次事故 25 万 SDR。缔约国政府主管机关在确认承运人满足上述要求后，应向承运人签发一份证明该船舶已满足公约规定的证书。

五、我国《海商法》关于海上旅客运输合同的规定

我国《海商法》第五章中关于海上旅客运输合同的规定共 20 条，在内容上主要参照了《雅典公约》及其 1976 年议定书的规定。但是，我国《海商法》授权国务院交通主管部门，另行制定我国港口之间海上旅客(不论是中国公民还是外国公民)运输中承运人的赔偿责任限制。内容详见模块九中的海事赔偿责任限制章节。

单元二 海上拖航

【学习目标】

通过本单元的学习,应达到以下目标:

1. 熟悉海上拖航合同的概念和种类;
2. 掌握海上拖航合同双方当事人的主要权利与义务;
3. 掌握海上拖航损害赔偿的责任归属;
4. 掌握海上拖航转变为海难救助的条件。

【相关内容】

一、海上拖航合同的概念及种类

(一)海上拖航合同的概念

我国《海商法》第 155 条规定,海上拖航合同(Towage Contract),是指承拖方用拖船将被拖物经海路从一地拖至另一地,而由被拖方支付拖航费的合同。

承拖方是合同的一方当事人,用其自己拥有的或租用的船舶,为他人提供海上拖航服务而收取拖航费。被拖方是合同的另一方当事人,是被拖物的所有人或其他利害关系人。承拖方有的是专业性海上拖航企业,有的是打捞、救助企业兼营海上拖航服务。被拖物体包括驳船或其他无动力的船舶、钻井平台、浮码头、浮船坞等海上漂浮装置,以及失去动力的船舶等。

在实践中,拖航方式有吊拖、旁拖和顶推三种。吊拖是指拖船位于被拖物之前,同拖缆与被拖物连接的拖航方式。旁拖是指拖船位于被拖物的一侧并紧靠被拖物,用拖缆与被拖物连接的拖航方式。顶推是指拖船位于被拖物之后并顶住被拖物,用拖缆或特殊装置的拖航方式。有时一艘拖船同时旁拖和顶推两艘或多艘驳船。拖船和被拖物通常被合称为拖航船队(Marine Spread)。在国外,拖航一词通常不包括顶推。

(二)海上拖航合同的种类

1. 按海上拖航作业的地域划分

(1)沿海拖航合同

沿海拖航合同,是指起拖地和目的地均位于一国境内的海上拖航合同。很多国家法律规定,沿海拖航只能由其本国的拖船经营。根据我国《海商法》第 4 条的规定,我国港口之间的海上拖航由悬挂我国国旗的船舶经营,但法律、行政法规对悬挂我国国旗的船舶经营我国港口之间的海上拖航有限制性规定的除外。非经国务院交通主管部门批准,外国籍船舶不得经营我国港口之间的海上拖航。

(2)国际海上拖航合同

国际海上拖航合同,是指起拖地与目的地位于不同国家的海上拖航合同。

我国《海商法》第七章关于海上拖航合同的规定,不适用于在港区内对船舶提供的拖带服务。这是因为,拖船在港区内为大船靠离码头及其他操纵协助提供,通常由被协助的大船指挥,持续时间较短,手续简便,并且这种服务十分频繁,因而无须用《海商法》第七章的规定加以调整。这种服务的费用在我国是按照服务船舶的长度和类型以及拖船的艘次来计算的。

2. 按拖航费计收方式的不同划分

(1)日租型海上拖航合同

这种合同是指在海上拖航期间,拖航费按双方约定的拖船日租金率和使用拖船的时间计收的海上拖航合同。按照约定的拖航费支付时间,拖航费有预付和到付两种形式。

(2)承包型海上拖航合同

这种合同是指拖航费为双方约定的一笔金额的海上拖航合同。除拖航费按照约定由被拖方一次性付清外,合同经常约定,拖航费分期支付,如约定合同签订之时、从起拖地起拖之时、到达目的地之时应分别支付的金额。有的承包型海上拖航合同同时约定,拖船日租金率可作为当被拖方在起拖地延误起拖、在目的地延误解拖及因拖航过程中的延误,而向承拖方支付拖航的滞期费或损失赔偿金的计算标准。

(三)海上拖航合同标准格式

两百多年的海上拖航实践发展催生了诸多的海上拖航合同标准格式,这些标准合同的制定者既有直接作为承拖方的拖航公司,也有相关的协会组织。其中,拖航实践中常常采用的合同范本有 BIMCO 编制的国际远洋拖航协议(承包)(TOWCON)和国际远洋拖航协议(日租)(TOWHIRE)、中国海洋工程服务有限公司编写的拖航合同(承包)(CHINATOW)。除此之外,海上拖航合同范本还有日本航运交易所拖航合同(NIPPONTOW)、日本协同株式会社拖航合同、荷兰斯密特国际远洋拖航救助公司拖航合同、中国拖船公司拖航合同等。这些标准合同的广泛应用在一定程度上弥补了海上拖航立法的不足,对海上拖航当事人的责任分担有重要影响。

二、海上拖航合同的订立、变更与解除

(一)海上拖航合同的订立

我国《海商法》第 156 条规定,海上拖航合同应当书面订立。海上拖航合同通常是在双方当事人选定的合同格式基础上,通过对格式条款和内容加以补充和修改而达成。目前,国际上主营或兼营海上拖航业务的大公司一般都有其自己的合同格式。

根据《海商法》第 156 条的规定,海上拖航合同的内容主要包括:承拖方和被拖方的名称和住所、拖船和被拖物的名称和主要尺度、拖船马力、起拖地和目的地、起拖日期、拖航费及其支付方式以及其他有关事项。在实践中,有关拖船的约定除名称、主要尺度和马力外,通常还包括国籍和登记港、总吨、船级社、缆桩拉力(Bollard Pull)、耗油量、绞车与主拖装置(Winches and Main Towing Gear)。有关被拖物的约定除名称和主要尺度(总长、总宽和前后吃水)外,如被拖物是船舶,还包括该船舶的国籍和登记港。其他有关事项通常包括:解约日(Cancelling Date)、预计到达目的地的日期、拖船和被拖物的适航性和适拖性(Tow-worthiness)、拖船的替换、被拖船的随船船员(Riding Crew)、许可文件与证书、安全港口、港口费用、双方的责任与免责、承拖方对被拖物的留置权、绕航、救助、共同海损、索赔时效、仲裁与法律适用和经纪人佣金等。

(二)海上拖航合同的变更

除承拖方和被拖方协商一致或法律规定的合同变更的其他一般情形外,我国《海商法》第159条规定了海上拖航合同变更的一种特殊情况,即因不可抗力或者其他不能归责于双方的原因,致使被拖物不能拖至目的地的,除合同另有约定外,承拖方可以在目的地的邻近地点或者拖船船长选定的安全港口或者锚泊地,将被拖物移交给被拖方或者其代理人,视为已经履行合同。

(三)海上拖航合同的解除

除承拖方和被拖方协商一致解除合同或法律规定的合同解除的其他一般情形外,海上拖航合同的解除主要有下列两种情形:

(1)因当事人一方违反合同而解除。如承拖方未能在合同约定的解约日之前,在约定的地点提供约定的拖船并使拖船处于适航、适拖状态,被拖方有权解除合同。如被拖方未能在合同约定的解约日之前,在约定的地点使被拖物处于适拖状态,承拖方有权解除合同。承拖方或者被拖方有其他违约行为,致使不能实现合同的目的时,另一方可以解除合同。违反合同的一方当事人对另一方因此遭受的损失,除依照法律或者合同的约定可以免责外,应承担赔偿责任。

(2)因非双方当事人应负责的原因而解除。根据我国《海商法》第158条和第159条的规定,在起拖前或者起拖后,因不可抗力或者其他不能归责于双方的原因,致使合同不能履行或者不能继续履行时,双方均可解除合同,并互相不承担损害赔偿责任。如在起拖前,合同因此而被解除并且被拖方已支付拖航费,除合同另有约定外,承拖方应退还该拖航费。

三、海上拖航合同当事人的义务和权利

(一)承拖方的主要义务

1. 提供拖船并使之适航、适拖

承拖方应当提供合同约定或可替换的拖船。我国《海商法》第157条规定,承拖方在起拖前和起拖当时,应当谨慎处理,使拖船处于适航、适拖状态,妥善配备船员,拖航索具和供应品以及该航次必备的其他装置、设备。

适航、适拖要求拖船本身必须处于适航状态,包括船体结构强度和船舶附属拖带设备两方面的要求;拖船必须配备足额船员,船员必须持有有效的合格证书和资格证书,并能胜任海上拖航的工作;拖船的拖曳设备必须适航。要求拖船必须根据被拖物的特征,装备能够安全拖带被拖物的拖曳设备,如拖缆机、拖钩、拖桩、主拖缆、副拖缆等。

承拖方如果不能在约定的时间和地点使拖船做好适航、适拖准备,被拖方有权根据合同约定解除合同。

2. 负责拖航作业的指挥

除拖船协助大船靠离码头或移泊等作业外,拖航作业一般由承拖方指挥。承拖方应负责拖船与被拖物之间的接拖与解拖,以及拖航的安全。如果在拖航过程中,拖船与被拖物相脱离,拖船应守护被拖物,并尽力重新接拖。拖船对被拖物的救助一般不产生救助报酬,除非拖船的服务超出了合同规定的范围。

3. 合理速遣，不进行不合理绕航

海上拖航合同大多规定，承拖方应在约定的时间内起拖被拖物，并按照海上拖航合同要求完成拖航作业。在拖航过程中，除为救助或企图救助海上人命或财产，拖航的安全而避台风等合理的情况，以及符合合同规定的情况外，承拖方应按约定的或通常习惯的或地理上的航线，尽快完成拖航作业，不产生不合理的绕航，将被拖物安全地从起拖地拖带至目的地。

4. 救助被拖物

在拖航过程中，如被拖物处于危险状态，拖船应尽力救助被拖物。例如，拖船与被拖物之间的拖缆断裂，拖船应尽力重新接上拖缆。拖船对被拖物的救助不得请求救助报酬，除非拖船的服务超出合同约定的范围。海上拖航合同通常约定，在海上拖航中，当承拖方或拖船船长认为有必要寻求第三方进行救助时，被拖方应保证承拖方、其代理人或受雇人和拖船船长具有代理被拖方以合理的条件接受救助服务的权利。

（二）承拖方的主要权利

1. 拖航费和其他约定费用的请求权

海上拖航合同是有偿合同，承拖方完成约定的拖航服务，有权按合同约定收取拖航费和其他约定的费用作为报酬。其他约定的费用是指未包括在拖航费内、按照约定应由被拖方向承拖方支付的费用，如承拖方配备的被拖船上随船船员的费用，拖船的滞期费和承拖方为被拖方垫付的款项等。

2. 留置权

我国《海商法》规定，被拖方未按照约定支付拖航费和其他合理费用时，承拖方对被拖物有留置权，即被拖方如未按约定向承拖方支付其应付的拖航费和延滞费、承拖方为被拖方垫付的款项等，承拖方对处于其占有之下的被拖物可实行留置。

（三）被拖方的主要义务

1. 提交被拖物并使之适拖

我国《海商法》第 157 条规定，被拖方在起拖前和起拖当时，应当做好被拖物的拖航准备，谨慎处理，使被拖物处于适拖状态，并向承拖方如实说明被拖物的情况，提供有关检验机构签发的被拖物适合拖航的证书和有关文件。由此可见，我国《海商法》就被拖方和承拖方的适航义务的规定，承拖方比被拖方要简单得多。

需注意的是，无论是被拖方的适拖义务还是承拖方的适航义务，都不能因为相对方对被拖物或拖船进行检验或依赖相应检验而受到影响或被免除。

2. 服从拖船船长的指挥

当合同规定拖带作业由承拖方指挥时，在拖航过程中，被拖物上如有被拖方的押运人员或其他人员，则应采取积极合理的措施配合拖船的航行，并服从拖船船长的指挥。违反此项义务造成的任何损失，被拖方应自行承担。

3. 保证港口的安全

被拖方应保证起拖港（或其他地点）、目的港（或其他地点）和合同约定挂靠的中途港为安全港口。有的合同进一步规定，被拖方应保证在上述港口或地点，拖船和被拖物在任何潮汐情况下，均能安全浮泊。当合同约定的目的港为不安全港口时，承拖方可以在附近安全地点交付被拖物，即视为已履行合同。

4. 及时接受被拖物

被拖方在目的地接到承拖方发出的准备交付被拖物的通知后，应及时接受被拖物，否则，被拖方应按合同规定的费率向承拖方支付滞期费或其他额外赔偿费用，除非被拖方未能及时接收被拖物系天气原因或其他被拖方依合同可以免责的原因所致。

5. 支付拖航费及其他费用

被拖方应按合同规定的费率或金额，支付的时间、地点和方式，支付拖航费。被拖物的一切港口费用、引航费、代理费、税款、运河通行费、保险费以及与被拖物有关的其他费用，包括必要时的辅助拖船服务费等，均按合同规定由被拖方支付。

四、海上拖航损害赔偿的责任归属

（一）海上拖航合同责任期间

判断海上拖航合同当事人是否应承担合同责任，应如何承担责任，必须首先确定海上拖航合同的责任期间。只有在责任期间内发生的责任事故及损害赔偿，有关当事人才须依据拖航合同承担责任。

海上拖航合同的责任期间是指从起拖时开始，至拖航结束的这一段时间。

起拖时间一般是指拖缆已由拖船传递给被拖船之时，或者拖船已到达应被拖船要求即可开始提供拖航服务的位置之时，以先发生者为准。拖航结束的时间一般是被拖船要求解下拖缆的命令已被执行时，或者拖船已最终脱离被拖船时为止，以后发生者为准。

（二）承拖方与被拖方之间的损害赔偿责任

在海上拖航中，对于承拖方和被拖方所遭受的损害以及对第三者遭受的损害，应依照合同的约定和所适用的法律，确定承拖方与被拖方相互间的赔偿责任。对此，有的国家的海商法采用指挥原则，规定在海上拖航过程中，负责拖航指挥的一方应对另一方遭受的损害和对第三方遭受的损害承担赔偿责任。由于拖航通常由承拖方负责指挥，承拖方应对被拖方遭受的损害和第三方遭受的损害承担赔偿责任，除非承拖方证明，其本人、拖船船长、船员或者其他受雇人员对于损害的发生没有过错。有的采用过错责任的归责原则，规定如承拖方证明，被拖方的过错，造成承拖方的损害或者使承拖方对第三方的损害承担赔偿责任，承拖方可向被拖方索赔或者追偿。如双方均有过错，则按各自的过错程度比例承担损害或者对第三者的损害承担赔偿责任。但是这种法律规定往往不具有强制性，允许合同双方另行约定。因而有的合同约定，承拖方具有类似国际海上货物运输合同承运人的免责权利，包括拖船船长、船员、引 航员或者其他受雇人员在驾驶拖船或者管理拖船中的过失，以及由于非其本人的过错引起的火灾，造成被拖方的损失或者被拖方对第三方承担的赔偿责任，承拖方均可免责。有的合同甚至约定，对被拖物的损失或者对第三方所遭受的一切损失的赔偿责任，即使是拖船所有人或者拖船船长、船员、引航员的过失或者拖船设备的潜在缺陷所致，均由被拖方承担。

我国《海商法》第 162 条规定，对于承拖方与被拖方之间的损害赔偿责任，原则上实行过错责任的归责原则，即损失由一方过失造成时，有过失的一方应承担损害赔偿责任。损失由双方过失造成时，双方按各自过失程度的比例承担损害赔偿责任。但是如承拖方证明，被拖方的损失由下列原因之一所造成时，承拖方可以免责：

（1）拖船船长、船员、引航员或者承拖方的其他受雇人、代理人在驾驶拖船或者管理拖船中的过失。

（2）拖船在海上救助或者企图救助人命或者财产时的过失。但是上述规定不是强制性规定，仅在海上拖航合同没有约定或者没有不同约定时适用。

3. 拖航双方对第三方的责任

如在海上拖航中造成第三方的损害，例如，拖船或者被拖物碰撞他船，造成被碰船的损害、被碰船上货物损害或人员人身伤亡，承拖方和被拖方对第三方所受损害的赔偿责任，按侵权损害赔偿的原则确定。但是不论拖航采取何种方式，是吊拖、旁拖还是顶推，由于拖船与被拖物或连成一体，或相互牵连，第三方很难确定损害的发生是拖船的过错还是被拖物的过错。因而各国司法实践均强调拖航中拖船与被拖物的不可分性，通常把拖船与被拖物视为单一船舶或者航行体，进而在确定与第三方的损害赔偿责任时，把承拖方和被拖方作为当事一方，第三方作为另一方。因此，承拖方和被拖方之中一方或者双方的过错造成第三方的损害时，承拖方和被拖方对第三方所受损害承担连带赔偿责任，但并不妨害向第三方赔付的一方，当赔付金额超过其按合同约定或者所适用的法律应承担的数额时，向另一方追偿的权利。如第三方亦有过错，承拖方和被拖方作为当事一方，第三方作为另一方，双方按各自的过失程度比例承担连带赔偿责任或者损失。

我国《海商法》规定，在海上拖航过程中，承拖方或者被拖方的过失造成第三方人身伤亡或者财产损失的，承拖方和被拖方对第三方负连带赔偿责任。除合同另有约定外，一方连带支付的赔偿超过其应当承担的比例的，对另一方有追偿权。

五、海上拖航合同的性质

海上拖航合同是一种具有运输合同性质并与承揽合同有一定相似之处的服务合同。因此，根据特别法优于一般法的法律适用规则，就包括当事人责任分担在内的海上拖航合同争议的解决，在合同未做约定或约定不明确，《海商法》也没有特别规定的情况下，应适用我国《民法典》中关于运输合同的一般性规定并参照承揽合同的相关规定执行。

（一）海上拖航合同与海上货物运输合同的不同之处

海上拖航合同所约定的海上拖航行为既不同于港区内的拖航服务，也不同于使用拖带方式进行的海上运输行为。海上拖航行为不同于海上货物运输行为主要表现为两方面：第一，海上货物运输的标的是运送货物，货物装于作为运输工具的船舶上；海上拖航的标的是被拖物，被拖物（包括装载被拖物的驳船）与拖船分属于不同当事人，其与拖船用索具或者其他特定装置连接。第二，在海上货物运输情况下，承运人不但提供运力，而且负责货物的装船、搬移、积载、运输、照料、保管与卸载，当运输期间货物受损时，承运人被推定对货损有过失；海上拖航中的承拖方只负责提供拖力，一般仅对被拖物和其上的货物承担一般注意义务。

但是，在拖船和与装载被拖物的驳船由同一人所有或经营的情况下，拖船所有人和被拖船上货物的所有人之间就不是海上拖航合同法律关系，而是海上运输合同关系。根据《海商法》第 164 条的规定，拖船所有人拖带其所有的或者经营的驳船载运货物，经海路由一港运至另一港的，视为海上货物运输。因此，在我国法律上，海上拖航行为究竟是被认定为海上拖航合同关系还是海上运输合同关系，要看拖船和驳船是否由同一所有人所有或者经营。

（二）海上拖航合同与海上雇佣救助合同的不同之处

海上拖航合同与海上雇佣救助合同既有相同之处，又有不同之处。相同之处在于：两者都具有海上服务性质,海上雇佣救助常常也表现为海上拖航,并且两者通常都按使用拖船的时间计算报酬。两者不同之处在于:第一,海上拖航合同中被拖物没有遭受海上风险,而在海上雇佣救助合同中,被拖物或其他海上财产已经处于危险状态;第二,海上拖航合同的标的是拖航,承拖方的义务主要是提供拖船的动力,海上雇佣救助合同则是承拖方提供的服务,将处于危险之中的船舶或其他海上财产摆脱危险。但是海上拖航合同在一定的条件下是可以转化为海上救助的。拖航转变为救助,需要同时满足以下三个条件:第一,海上拖航过程中遭遇了意外的海上风险,而且这种风险已使被拖物处于危险状态;第二,承拖方提供的服务超出其在海上拖航合同下应尽的义务范围;第三,被拖物所遭遇的海上危险,不是由于承拖方过失或缺乏技术造成的。

模块六 船舶碰撞

由于海上特有的风险以及船舶驾引人员的疏忽大意或违反航行规则等，可能会发生船舶之间的碰撞事故，给船舶、货物、船上人员造成严重损害，并带来一系列复杂的法律关系。一般认为，船舶碰撞是一种侵权行为，应按《民法典》中的侵权责任编来调整。但引起船舶碰撞的原因颇为复杂，对船舶碰撞责任的判别亦非易事，仅靠《民法典》中的相关规定来调整船舶碰撞引起的各种关系有时存在一定的困难。因此，各国在自己的海商法中，一般都对船舶碰撞引起的法律关系以及碰撞损害赔偿辟专章予以规定。

单元一 船舶碰撞概述

【学习目标】

通过本单元的学习，应达到以下目标：

1. 了解船舶碰撞的广义与狭义概念；
2. 掌握我国《海商法》意义上船舶碰撞的构成要件。

【相关内容】

一、船舶碰撞的概念

船舶碰撞的概念有广义和狭义之分。

广义的船舶碰撞，是指两艘或两艘以上船舶的某一部位同时占据同一空间，致使一方或几方发生损害的一种物理状态。

狭义的船舶碰撞，即海商法意义上的船舶碰撞，只是广义的船舶碰撞的一部分。从国际公约及各国海商法对船舶碰撞的规定看，概念很不统一，主要表现在对发生碰撞的船舶的特别限定上。

《1910年统一船舶碰撞若干法律规定的国际公约》(International Convention for the Unification of Certain Rules of Law with Respect to Collision between Vessels)(以下简称《1910年碰撞公约》)规定,公约适用于海船与海船或海船与内河船舶发生碰撞,致使有关船舶或船上人身、财产遭受损害的情况。第13条同时规定,公约扩大适用于一船由于进行或不进行某种操纵,或由于不遵守规则,而给他船或任一船上的货物或人员造成的损害的赔偿,即使碰撞实际上未曾发生。

我国《海商法》规定,船舶碰撞是指船舶在海上或者与海相通的可航水域发生接触造成损害的事故。这里所说的船舶,不包括军用船舶和用于政府公务的船艇。

二、船舶碰撞成立的条件

根据我国《海商法》对船舶碰撞的规定,狭义的船舶碰撞应满足以下几个要件:

(一)碰撞必须发生在船舶之间

这一要件排除了船舶与非船舶间的碰撞,如船舶与码头、栈桥、防波堤、灯标、灯船及其他水上、水下固定建筑的触碰,通常不属于船舶碰撞法所调整的船舶碰撞范畴。此类触碰所造成的民事损害赔偿责任适用各国民法及相关法律。

根据我国《海商法》第165条的规定,碰撞的船舶一方必须是我国《海商法》第3条所定义的船舶,即海船和其他海上移动式装置,但是用于军事的、政府公务的船舶和20总吨以下的小型船艇除外。船舶,包括船舶属具;而海船,是指适合航行于海上或者通海水域的船舶。对于尚不具有航海能力的在建船舶,原则上不属于《海商法》的调整对象,但建造中船舶设定抵押权应适用《海商法》第14条的特别规定。一般通过船舶检验证书来认定是否为海船,但又不能仅局限于船舶检验证书的名称是海船证书或者内河船证书,关键看证书载明船舶是否具有航海能力和可以在什么海域内航行。例如,有的船舶持有的船舶检验证书名称为内河船舶检验证书,但船舶检验机构核定航区为A级,在广东水域经交通主管部门批准可在一定范围内(距岸不超过5千米)航行港澳航线。如果这类船舶(超过20总吨且非用于军事或政府公务)在核定海上航区内航行发生事故,其就是《海商法》第3条中规定的海船。

碰撞的船舶其他方是除用于军事的或政府公务的船舶以外的任何船艇,包括海船、内河船、20总吨以下的船艇。因此,用于军事的或政府公务的船舶、20总吨以下的小型船艇、内河船舶之间,或其中同一种船舶之间发生的碰撞,均不属于我国《海商法》范畴下的船舶碰撞。军事船舶、政府公务船舶在从事商业活动时与上述其他方的船舶发生碰撞产生纠纷的,适用《海商法》的有关规定。

船体与船舶属具、船舶属具与船舶属具间的碰撞也属于船舶碰撞。锚链是船舶必不可少的属具,碰撞锚链应视为船舶碰撞。

船舶碰撞以两艘为常见,但并非限于两艘,三艘以上的船舶发生碰撞时,同样适用船舶碰撞的法律规定。

(二)船舶之间要有接触

船舶之间接触是指两艘或两艘以上船舶的某一部位同时占据同一空间的物理状态。间接碰撞或浪损不属于船舶碰撞的范畴。间接碰撞是指由于一船或多船的过失造成其他两船或多船间的碰撞，虽然过失船没有与碰撞船舶发生实际接触，但使其他船舶以及船上的人员、货物或者其他财产遭受损失的事故。浪损是指船舶在狭水道航行，因航行速度过快，掀起波浪致使他船遭受损失的事故，如系泊船舶断缆损失。我国《海商法》第 170 条规定，船舶因操纵不当或者不遵守航行规章，虽然实际上没有同其他船舶发生碰撞，但是使其他船舶以及船上的人员、货物或者其他财产遭受损失的，适用本规定。由此可见，关于船舶碰撞的规定，适用于间接碰撞和浪损。《最高人民法院关于审理船舶碰撞和触碰案件财产损害赔偿的规定》（1995 年）第 16 条规定，船舶碰撞是指船舶在海上或者与海相通的可航水域，两艘或者两艘以上的船舶之间发生接触或者没有直接接触，造成财产损害的事故。该条将船舶碰撞的概念明确为有接触和无接触的船舶碰撞。

（三）碰撞发生在海上或者与海相通的可航水域

这是由《海商法》的调整范围所决定的。可航水域是指事实上可供船舶航行的任何水域（不论该处是否有潮汐，也不论该处是否有允许航行的公共权利）。在我国，与海相通的可航水域有长江、珠江、鸭绿江等。发生在与海不相通的或者不能用于船舶航行的内河、湖泊上的碰撞，不构成我国《海商法》意义上的船舶碰撞。

（四）碰撞造成了损害

碰撞的结果要使一方或几方发生损害。碰撞法律之所以必要，最终就是为了解决损害赔偿问题。如果任何一方都没有损害，不存在损害赔偿问题，也就不产生诉因，船舶碰撞法律关系就不能成立。

单元二 船舶碰撞责任基础及碰撞责任划分

【学习目标】

通过本单元的学习，应达到以下目标：

1. 掌握船舶碰撞的责任基础；
2. 掌握确定船舶碰撞过失的原则；
3. 熟悉船舶碰撞的分类。

【相关内容】

一、船舶碰撞责任基础及判断标准

（一）船舶碰撞责任基础

船舶碰撞是一种侵权行为，一般以过错责任原则作为归责原则。过错责任原则，是以过错作为价值判断标准，判断行为人对其造成的损害应否承担侵权责任的归责原则。我国《民法典》第1165条第1款规定，行为人因过错侵害他人民事权益造成损害的，应当承担侵权责任。船舶碰撞责任基础，是指船舶碰撞的责任方承担碰撞损害赔偿责任的前提。根据《1910年碰撞公约》和各国海商法，责任方承担碰撞损害赔偿责任的前提是有过错，包括过失和故意。只有责任方在碰撞事故中有过错，并因此造成了碰撞对方人员伤亡或财产损失，才需承担赔偿责任。通常情况下，船舶碰撞是由于过失造成的，故意行为引起的船舶碰撞十分少见。因此，在海商法中，船舶碰撞损害赔偿的责任基础是过失责任制。

（二）判断船舶碰撞过失的标准

从各国立法和长期的海事审判实践来看，确定船舶碰撞过失的原则是客观标准。在驾驶船舶、管理船舶的过程中，以通常技术和谨慎从事的航海人员，应该预见碰撞损害的发生而没有预见，或者应该防止碰撞损害而没有防止损害的发生或扩大，在此种情况下所做出的行为或不行为，构成船舶碰撞中的过失。可见，缺乏通常的技术和谨慎是构成船舶碰撞过失的客观标准。

二、确定船舶碰撞过失的原则

确定船舶碰撞过失的原则包括一般原则和特殊原则。前者适用于通常情况，后者仅适用于特殊场合，且在不同国家适用的情况也有所不同。

（一）确定碰撞过失的一般原则

确定碰撞过失的一般原则，就是确定碰撞双方在驾驶船舶或管理船舶方面是否存在着过失。驾驶船舶的过失包括：遵守海上避碰规则的疏忽，遵守各国政府和有关主管机关根据特殊情况制定的特殊规定的疏忽，遵守海员通常做法上的疏忽，根据当时特殊情况可能要求的任何戒备上的疏忽等。管理船舶的过失是指：在管理船舶中，作为一名合格的船长或船员，没有做到通常要求的谨慎和发挥通常的技能,来维持机器的正常运转和船舶的有效性,以及船舶所有人没有尽到合理的责任,提供适航船舶并保持其处于良好状态。

凡是用"通常技术和谨慎从事"这根尺子来衡量,要求在驾驶船舶和管理船舶方面,有关航海人员应做到而实际上未做到,或不应做却做了(应为而不为,或不应为而为),即构成驾驶船舶或管理船舶上的过失。

(二)确定碰撞过失的特殊原则

只是确定碰撞过失的一般原则,还不能满足司法实践的需要,在特殊场合还需要有特殊原则给予补充。一般原则大多是成文法,在世界范围内适用较普遍,而特殊原则多半是海运国家长期司法实践形成的习惯,为人们所遵循。该原则因国而异,适用范围有一定的局限性。

1. 法律推定过失原则

法律推定是指从已经确立的基本事实中,根据法律规定推断出假定的事实,直至这一推定遭到相反证据的驳斥或否认。在船舶碰撞中,法律推定过失原则是指当一船违反法定航行规则(包括国际规则或地方规则)时,除非该船能证明在当时情况下背离航行规则是必要的,或者违反该规则在当时的情况下不可能导致碰撞的发生,否则,法律便推定违反航行规则的船舶犯有过失。

鉴于法律推定过失原则违背了侵权行为损害赔偿的过失与损害必须具有因果关系的要件,且给违反规则的一方带来了过重的、不合理的举证责任。《1910 年碰撞公约》和我国《海商法》均不承认法律推定过失原则,我国司法实践也不承认该原则。

2. 双方疏忽等效原则

双方疏忽等效原则是指碰撞当事双方疏忽一直持续到碰撞时刻,且每一方的疏忽都能导致碰撞的发生,此时难以区分谁的过失为主,则应各自承担 50%的责任。

双方疏忽等效原则较公正地体现了碰撞双方的过失比例,我国法律和司法实践承认该原则。

3. 最后机会原则

最后机会原则是指在船舶碰撞中,有最后机会避免碰撞发生的船舶,由于其过失而未能使碰撞避免时,则认定该船舶对损失负全部责任。如果一方确实观察到或经过仔细地观察可以发现另一方有疏忽行为,并有充分的时间采取避碰措施却没有采取合理的行为,则应承担责任。

最后机会原则往往成为过失方逃脱责任的借口,因为即使其存在过失,只要能证明对方有避碰的"最后机会",则可免责。照此推论,始终疏忽瞭望的一方永远不会承担最后机会的责任,因此我国司法实践不承认该原则。

4. 事实推定过失原则

事实推定是指从已经证实的事实中,人为地推断出假定事实的存在。在船舶碰撞损害赔偿中,事实推定是指如果受害方证明其遭受船舶碰撞损害的事实以及其他基本事实,法院根据特定情况推定加害方犯有过失,除非加害方证明他无过失,或者他的过失与损害之间无因果联系,否则,应负赔偿责任。事实推定过失原则一般适用于在航船碰撞锚泊船的情况。

我国司法实践承认事实推定过失原则。

三、船舶碰撞的分类

根据《1910 年碰撞公约》和各国海商法的普遍规定，按碰撞的起因划分，船舶碰撞可分为过失碰撞、不可抗力或意外事故的碰撞以及故意碰撞。按碰撞的性质划分，碰撞可分为无过失责任碰撞和有过失责任碰撞两大类。其中，无过失责任碰撞，各方都不承担责任；有过失责任碰撞，各方根据其过失大小承担责任。

(一)当事方无过失的船舶碰撞

当事方无过失碰撞是指对碰撞的发生，双方均无过失，即不存在人为的因素，完全是客观原因造成的。客观原因可能来自不可抗力，也可能是意外事故。

常见的无过失责任碰撞有以下几种：

1. 不可抗力造成的船舶碰撞

根据我国《民法典》的规定，不可抗力是不能预见、不能避免且不能克服的客观情况。不可抗力是指人力所不可抗拒的力量，包括自然原因(如地震、台风、洪水、海啸等)和社会原因(如战争等)。不可抗力应当符合以下三项要求：

(1)不能预见，即以一般人的预见能力无法提前知晓事件是否发生、何时何地发生、发生的情况如何。

(2)不能避免，即无论采取什么措施，或即使尽了最大努力，也不能防止或避免事件的发生。

(3)不能克服，即以当事人自身的能力和条件无法战胜该客观情况。

不可抗力引发的船舶碰撞的事件，如，地震引发的海啸致使港区内停泊的船舶发生碰撞，此项碰撞就属于不可抗力所致。又如，某船在港内锚地避台风，已采取了相应的抗台措施，松长了锚链，加抛了双锚，加强了瞭望值班，但终因风力过猛，船舶走锚而撞击了邻近的其他船舶，事后调查证明，船长、船员在抗台期间没有任何过失，因此，该事故只能属不可抗力所致。

司法实践应用不可抗力的基本规则是，因不可抗力造成损害的，当事人一般不承担民事责任，但须不可抗力为损害发生的唯一原因，当事人对损害的发生和扩大不能产生任何作用。在发生不可抗力的时候，应当查清不可抗力与造成的损害后果之间的关系，并确定当事人的活动在发生不可抗力的条件下对所造成的损害后果的作用。

当然，主张依据不可抗力免责的当事方应负有举证责任，证明以下事实：

(1)已尽到了通常的技术和合理的谨慎；

(2)无驾驶船舶和管理船舶的过失；

(3)碰撞是由不可预见、不能克服和不可避免的客观情况造成的。

2. 意外事故造成的船舶碰撞

意外事故是指船长、船员、引航员等已运用了通常的技术和尽到了合理的谨慎，仍不能避免的事故。“通常的技术和合理的谨慎”是指船方已做到了谨慎处理，根据具体情况已采取了应采取的防范措施，既未违章，又未违反良好船艺。

主张依据意外事故免责的当事方应负有举证责任，证明以下事实：

(1)碰撞是由不可预见和不可避免的意外造成；

(2)已运用了通常的技术和尽到了合理的谨慎；

(3)本船无过失。

对于举证人来说，仅证明碰撞当时或者紧迫危险形成之后的短暂时刻必然会出现碰撞是不够的，只有证明从危险局面形成之前开始，直至碰撞发生或即将发生为止的整个期间都没有疏忽，方可构成意外事故的碰撞。在实践中，属于意外事故造成的船舶碰撞很少。

3. 原因不明的船舶碰撞

原因不明是指碰撞究竟是一方过失、双方过失，或者双方均无过失，无法查明。由于碰撞原因无法查明，因此，碰撞造成的损失只能由各方自行承担。随着科学技术和鉴定手段的进步，属于这类情况的碰撞事故将越来越少。

原因不明的船舶碰撞，与不可抗力和意外事故造成的碰撞具有相同的法律后果，各自承担自己的损失。但它不同于过失比例相当或过失程度难以判定的情况。过失比例相当或过失程度难以判定，是指在肯定双方互有过失的前提下，难以确定碰撞各方的过失究竟应占多大的比例。有学者认为，不能将原因不明的碰撞归类为双方无过失责任碰撞，应将其单独列为一种。

双方无过失碰撞造成的损害由遭受者自行承担，即当事方之间互不承担任何损害赔偿责任。我国《海商法》规定，船舶发生碰撞，是由于不可抗力或者其他不能归责于任何一方的原因或者无法查明的原因造成的，碰撞各方互不负赔偿责任。《1910 年碰撞公约》规定，如果碰撞的发生是意外、不可抗力导致的或碰撞原因不明，其损害应由遭受者自行承担。

（二）当事方过失所致的船舶碰撞

当事方过失所致的船舶碰撞是指碰撞是由于当事的一方或双方的过失所导致的。在实践中，绝大多数的船舶碰撞属于有过失责任碰撞。

根据过失的承担方不同，碰撞又可分为下列两种：

1. 单方过失责任碰撞

单方过失责任碰撞是指完全由某一方过失造成的船舶碰撞。我国《海商法》第 168 条规定，船舶发生碰撞，是由于一船的过失造成的，由过失的船舶负赔偿责任。根据该条规定，如果船舶碰撞完全是一船的过失造成的，那么该有过失的船舶应对碰撞造成的全部损失负责；也就是说，有过失的船舶不但就碰撞造成己方的一切损失要自己负责，而且对于由碰撞造成的相碰船舶和第三人的全部财产损失与人身伤亡也要负赔偿责任。这里一船的过失，是指船东、船长、船员的过失以及船舶所有人对某些人的行为、过失负有责任的人员的过失，如引航员、船舶经营人等的过失。

单方过失责任碰撞往往表现为在航船与停泊船之间的碰撞，如船舶在港内行驶或锚泊、移泊过程中，碰撞锚（系）泊船，只要在航船不能证明锚（系）泊船有过失，又不能举证说明碰撞系不可抗力等其他可以免责的原因所致，就应单方面承担过失。当然，单方过失碰撞也可能发生在两艘在航船之间。

《1910 年碰撞公约》规定，如果碰撞是由于一船的过失所造成的，损害赔偿责任应由该过失船承担。

2. 双方过失责任碰撞

双方过失责任碰撞指对于碰撞的发生，双方都有过失。这种碰撞往往发生在船舶在海上或港内航行，双方避让或协助避让过程中，都不同程度地违反避碰规则和有关安全航行方面的规定。

《1910 年碰撞公约》规定，如果两艘或两艘以上船舶犯有过失，各船应根据其所犯过失程度，按比例分担责任。但根据客观情况，不能确定各船所犯的过失程度，或者看起来程度相当，则应平均分担责任。由此可见，在发生双方过失责任碰撞的情况下，划分责任的一般原则是按各自的过失比例承担责任，如果双方过失比例相当或过失比例难以确定，则各自承担 50% 的碰撞责任。对于人身伤亡，碰撞当事方应负连带责任。

我国《海商法》遵循过失比例原则，规定碰撞的船舶互有过失的，各船按照过失程度的比例负赔偿责任；过失程度相当或者过失程度的比例无法判定的，平均负赔偿责任。互有过失的船舶，对碰撞造成的船舶以及船上货物和其他财产的损失，依照前款规定的比例负赔偿责任。碰撞造成第三方财产损失的，各船的赔偿责任均不超过其应当承担的比例。互有过失的船舶，对造成的第三方的人身伤亡，负连带赔偿责任。一船连带支付的赔偿超过规定比例的，有权向其他有过失的船舶追偿。第三方财产损失，是指除互有过失的船舶上所载货物或船员、旅客或船上其他人员的物品外，由于船舶碰撞事故所直接造成的其他财产损失。第三方的人身伤亡，包括碰撞当事船舶上的船员、旅客和其他人员的人身伤亡。

值得一提的是，有时船舶碰撞是由一方或双方引航员的过失造成的。对于引航员过失造成的船舶碰撞应视同是船长、船员的过失造成的船舶碰撞，即使是依法强制引航。

单元三 船舶碰撞损害赔偿

【学习目标】

通过本单元的学习,应达到以下目标:

1. 掌握船舶碰撞损害赔偿的构成要件与举证要求;
2. 掌握船舶碰撞损害赔偿的基本原则;
3. 掌握船舶碰撞损害赔偿的范围与计算方法。

【相关内容】

一、船舶碰撞损害赔偿的举证要求

举证是指提出证据,证明某一种或某些事实。根据法律,当事人对自己提出的主张,有责任提出确实和充分的证据,即在诉讼中,原告(受害方)应当证明他提出的诉讼情况所根据的事实;被告(加害人)应当证明其反驳所根据的事实。

在船舶碰撞损害赔偿中,举证责任具体可分为以下三种情况:

1. 一般情况下的举证责任

船舶碰撞作为一种侵权行为,对其承担损害赔偿责任的要件与民法中民事损害责任赔偿的要件一致。这些要件有:存在过失、有碰撞事实、造成损害、过失与损害之间有因果关系。这四个要件应同时具备,缺一不可。换言之,一般情况下,船舶碰撞中的受害方应提出证据,证明下列事实:因船舶碰撞造成损害的事实,即受害方在船舶碰撞中遭受了损害,包括财产损害和人身伤亡;加害方有过错的事实;船舶碰撞造成损害的事实与加害方有过错的事实两者之间的因果关系,即证明船舶碰撞及因此造成的损害,系加害方的过错所致。

2. 在实行法律推定过失时的举证责任

法律推定是指从已经证实的基本事实中,根据法律推断出假定的事实。因此,在实行法律推定过失时,受害方要证明:因船舶碰撞造成损害的事实,加害方违反航行规章的事实。

3. 实行事实推定时的举证责任

事实推定是指从已经证实的事实中,人为地推断出假定事实的存在。在实行事实推定过失时,受害方只要证明:因船舶碰撞造成损害的事实;其他基本事实,如他在事故中没有过失的事实。如在航船与锚泊船发生的碰撞事故中,锚泊船只要证明在航船所造成的碰撞事实和本船在本起事故中无过失即可。

二、船舶碰撞损害赔偿的基本原则

(一)恢复原状原则

恢复原状是一种民事责任方式,是指恢复权利被侵害前的原有状态。恢复原状是碰撞损害赔偿的基本原则之一。在船舶碰撞案件中,恢复原状是指损害赔偿应使请求人尽可能地达到引起该请求的事故发生前其所处的同等地位,是受害方追偿损害的尺度与标准。这一原则长期以来一直被各国司法实践和国内立法所采用。

对于船舶碰撞造成的人身伤亡,不适用恢复原状原则。

(二)直接损失赔偿原则

能够得到赔偿的损害必须是碰撞的直接后果,直接损失赔偿原则是碰撞损害赔偿普遍遵循的又一原则。判断某一项损失是否属于碰撞直接损失,应把握以下几点:

(1)损失必须是碰撞直接后果,包括船货损失、其他财产损失和人身伤亡等。间接碰撞或浪损准用船舶碰撞法,因此,由其造成的船货损失或人身伤亡,也属于船舶碰撞的直接损失。

(2)损失必须是相继碰撞事故之后立即发生的后果。例如,船舶碰撞后受损,需要救助、拖航或打捞而产生的费用和运费损失,修理期间的营运损失等,均可作为直接损失向责任方追偿。但受损方不能追偿因营利损失而失去的投资、投标、贷款等机会的损失,这不能视为相继碰撞事故之后立即发生的后果,将其作为直接损失索赔。

(3)损失必须是伴随碰撞事故的发生可合理预见的后果。损失虽不是碰撞事故的直接损失,也不是相继碰撞事故后立即发生的损失,但应是可合理预见的损失。

(三)受损方尽力减少损失原则

在船舶碰撞中,加害方赔偿受害方的损失,这是加害方的责任;而受害方应尽一切可能减少加害方对其造成的损害,这是受害方对应的责任。海事司法实践一直把受害方减少损害的相应责任作为碰撞损害赔偿的基本原则之一。

受损方尽力减少损失之责的标准是:作为一个谨慎的船舶所有人,当船舶发生碰撞后,是否会采取同样的措施。如果索赔方尽合理的谨慎就会避免或减少的损害没有被避免或减少,则该部分损害不予赔偿。这一原则的适用,能够有效地防止受害方有意扩大损失的情况。

三、船舶碰撞损害赔偿

船舶发生碰撞,造成了损害,如属于有过失责任的碰撞,便产生碰撞损害赔偿问题。碰撞如是单方过失所致,过失方应按实际损失情况赔偿对方船舶和船上所载货物的损失。如果碰撞船舶互有过失,而过失程度又不相同,就需要事先判定碰撞双方在碰撞事故中的过失大小,确定过失程度比例,然后按此比例赔偿互相遭受的损失。

船舶碰撞损害赔偿的范围为:因碰撞而造成的船舶损害,船上所载货物的损害,船上旅客、船员的人身伤亡及其财产的损害,环境污染损害,因碰撞而产生的救助、拖带、打捞等费用和运费损失等。若与渔船发生碰撞,则赔偿范围包括渔船、渔具、渔货损失以及收入损失。但若当事人违反渔业法的有关规定,未取得捕捞许可证而从事海上捕捞作业,且当事人主张上述收入损失的,人民法院不予支持。

应该指出的是,船舶对货物的损害赔偿,一般不包括对本船所载运货物的赔偿,因为按照适用国际海上货物运输合同的国际公约及国内法律的规定,如《海牙规则》、《海商法》,对于船长、船员、引航员在驾驶和管理船舶中的过失,造成本船所载运货物的损失,本船不负赔偿责任。但是,对于对方船舶所载运的货物损失,则应按过失比例负赔偿责任。

根据《最高人民法院关于审理船舶碰撞纠纷案件若干问题的规定》(2020 年 12 月 23 日最高人民法院审判委员会第 1823 次会议通过):碰撞船舶互有过失造成船载货物损失,船载货物的权利人对承运货物的本船提起违约赔偿之诉,或者对碰撞船舶一方或者双方提起侵权赔偿之诉的，人民法院应当依法予以受理。船载货物的权利人因船舶碰撞造成其货物损失向承运货物的本船提起诉讼的，承运船舶可以依照《海商法》第 169 条第 2 款的规定主张按照过失程度的比例承担赔偿责任。前款规定不影响承运人和实际承运人援用《海商法》第四章关于承运人抗辩理由和限制赔偿责任的规定。

《1910 年碰撞公约》对人身伤亡的损害赔偿是单独规定的，即有过失的碰撞双方对此负有连带责任。在发生人身伤亡损害赔偿的情况下，受害人可以向碰撞船舶任何一方提起诉讼，受害人从任何一方都可以得到百分之百的赔偿。我国《海商法》中对此也做了类似的规定。

根据《最高人民法院关于审理船舶油污损害赔偿纠纷案件若干问题的规定》，船舶互有过失碰撞引起油类泄漏造成油污损害的，受损害人可以请求漏油船舶所有人承担全部赔偿责任。

对于引航员引领船舶的过失造成的碰撞，不管该引航行为是否强制，其碰撞损害由被引领船舶的所有人负责，而引航员本人和派出单位无须负赔偿责任。这一原则被绝大多数国家所接受。《1910 年碰撞公约》规定，由于引航员的过失所发生的碰撞，即使是依法强制引航，发生的损失亦由船方承担。

单元四 船舶碰撞的司法管辖及法律适用

【学习目标】

通过本单元的学习，应达到以下目标：

1. 掌握《1952 年船舶碰撞中民事管辖权方面若干规定的国际公约》（以下简称《1952 年船舶碰撞民事管辖权公约》）和我国法院对船舶碰撞案件的民事管辖范围；

2. 掌握船舶碰撞损害赔偿的法律适用。

【相关内容】

发生在一国领海内的船舶碰撞，一般应适用该国的法律并由该国法院管辖。但是，大量的船舶碰撞事故发生于公海，且当事船属于不同国家，如何确定适用于船舶碰撞的准据法及司法管辖权，关系到案件审理的结果。由于各国的法律规定不尽相同，同一案件在不同的国家审理，结果可能会不同。因此，关于船舶碰撞的司法管辖权与法律适用就显得非常重要。

国际私法小知识

准据法是指经冲突规范指定援引用来具体确定民商事法律关系当事人权利与义务的特定的实体法。冲突规范是指某种国际民商事法律关系应适用何国实体法来调整的法律规范。简单地说，冲突规范就是法律适用规范，是国际私法的特有法律规范，属于一种间接调整的规范。

一、有关船舶碰撞案件的管辖权的规定

（一）1952 年船舶碰撞民事管辖权公约

《1952 年船舶碰撞民事管辖权公约》就船舶碰撞案件的民事管辖权问题做了如下规定：

除非当事人另有协议，船舶碰撞当事人只能在下列法院就船舶碰撞案件提起诉讼：

（1）被告经常居住地或主要营业所在地的法院；

（2）扣押过失船舶或可依法扣押的属于被告的任何其他船舶的法院，或者为避免扣押而提出保证金或其他保证的地点的法院；

（3）碰撞发生于港口或内河水域以内时，碰撞发生地的法院。

（二）我国法院对船舶碰撞案件的民事管辖权

我国最高人民法院于 1986 年 1 月 31 日通过了《最高人民法院关于涉外海事诉讼管辖范围的具体规定》。根据该规定，下列情况下我国法院对船舶碰撞案件具有民事管辖权：

（1）发生在我国港口、内水、领海以及我国管辖的其他海域的船舶碰撞案件；

（2）船舶碰撞的受害船或加害船的船籍港为我国港口；

（3）船舶碰撞的受害船最初到达港为我国港口；

(4)船舶碰撞的加害船或属于加害船舶所有人的其他船舶或财产在我国被扣押,或为避免扣押而提供了担保;

(5)船舶碰撞造成中国公民或财产损害,无论碰撞发生于何水域;

(6)船舶碰撞案件的双方协议在我国法院诉讼。

二、船舶碰撞损害赔偿的法律适用

(一)船舶碰撞损害赔偿的法律适用

船舶碰撞事故的发生具有随意性,其损害赔偿的法律适用问题在当事人之间不可能有事先的约定。法院在解决这类海事争议时,首先必须解决其法律适用问题。关于船舶碰撞损害赔偿的准据法主要有以下几种:

1. 侵权行为地法

在一国领海及内水内发生的碰撞,不论是单方面过失还是双方互有过失所致,都是一种侵权行为。只要侵权行为产生了损害,就应以侵权行为地的法律作为准据法来处理损害赔偿问题。这一原则已为各国海商法普遍接受。

2. 船旗国法

当船舶在公海上发生碰撞时,由于公海不受任何国家管辖,因而无侵权行为地法可言。然而,任何船舶都受其船旗国法保护和制约,因此,当在公海发生同一国籍的船舶相互碰撞时,用船旗国法来处理船舶碰撞损害赔偿,是一件理所当然的事,并为各国海商法普遍接受。

3. 法院地法

不同国籍的船舶在公海上发生碰撞,便会产生适用哪个国家法律的难题。在这种情况下,法院地法原则被人们普遍接受。

我国《海商法》规定,船舶碰撞的损害赔偿,适用侵权行为地法律;船舶在公海上发生碰撞的损害赔偿,适用受理案件的法院所在地法律;同一国籍的船舶,不论碰撞发生于何地,碰撞船舶之间损害赔偿适用船旗国法律。

在实际处理船舶碰撞损害赔偿的法律适用问题时,要按如下顺序:第一,若碰撞船舶有共同船旗,直接适用其共同的船旗国法;第二,若碰撞船舶没有共同船旗,要看碰撞地在哪里。若碰撞于一国内水(包括港口)或领海,适用侵权行为地法;若碰撞于公海,适用法院地法。

(二)船舶碰撞管辖权与法律适用的内在联系

船舶碰撞民事管辖权的选择与船舶碰撞损害赔偿的法律适用,两者属于不同的法律范畴,前者属于程序法范畴,后者属于实体法范畴,但它们之间又联系紧密。管辖权的选择往往决定了法律适用范围。

大量的案例告诉我们,当允许对碰撞案件行使管辖权的选择时,必须十分注意管辖权的选择给法律适用带来的影响。在一般情况下,管辖权的确定直接关系船舶碰撞案件的审理结果。确定了由哪国法院审理碰撞案件,也就大体上确定了碰撞各方的权利与义务。因此,选择船舶碰撞案件的管辖权,是当事人各方势在必争的。

单元五 船舶碰撞事故处理

【学习目标】

通过本单元的学习，应达到以下目标：

1. 掌握我国《海商法》中船舶碰撞后相碰船舶的法定义务；
2. 熟悉船舶碰撞事故处理的要点。

【相关内容】

船舶发生碰撞后，为了减轻损失和便于日后查明原因、分清责任，维护自己的合法权益，船方应做好下列各项工作：

(一)报告义务

船舶、设施发生碰撞事故，必须立即用甚高频电话、无线电报或其他有效手段向就近的海事部门报告。报告的内容应包括：船舶或设施的名称、呼号、国籍、起讫港，船舶或设施的所有人或经营人名称，事故发生的时间、地点、海况以及船舶、设施的损害程度、救助要求等。

报告责任

《中华人民共和国船员条例》第52条规定，违反本条例的规定，船员发现或者发生险情、事故、保安事件或者影响航行安全的情况未及时报告的，由海事管理机构处1 000元以上1万元以下罚款；情节严重的，并给予暂扣船员适任证书6个月以上2年以下直至吊销船员适任证书的处罚。

《中华人民共和国内河交通安全管理条例》第76条规定，违反本条例的规定，船舶、浮动设施遇险后未履行报告义务或者不积极施救的，由海事管理机构给予警告，并可以对责任船员给予暂扣适任证书或者其他适任证件3个月至6个月直至吊销适任证书或者其他适任证件的处罚。

我国《海上交通安全法》第110条规定，船舶、海上设施遇险或者发生海上交通事故后未履行报告义务，或者存在瞒报、谎报情形的，由海事管理机构对违法船舶、海上设施的所有人、经营人或者管理人处3 000元以上3万元以下的罚款，对船长、责任船员处2 000元以上2万元以下的罚款，暂扣船员适任证书6个月至24个月；情节严重的，对违法船舶、海上设施的所有人、经营人或者管理人处1万元以上10万元以下的罚款，吊销船长、责任船员的船员适任证书。

(二)碰撞双方的通知义务

在船舶碰撞后，相碰船船长应当尽可能相互通告各自的船舶名称、船籍港、出发港和目的港以及代理名称，这是船长的一项法定义务。当然，船长不履行上述义务，船舶所有人并不因此当然地承担责任。若对方船舶逃逸，应尽可能记下该船舶的船名、特征、逃离方向，并通知附近海事主管机关，弄清肇事船的具体情况和动向。

肇事逃逸法律责任

我国《海上交通安全法》第 111 条："船舶发生海上交通事故后逃逸的，由海事管理机构对违法船舶的所有人、经营人或者管理人处 10 万元以上 50 万元以下的罚款，对船长、责任船员处 5 000 元以上 5 万元以下的罚款并吊销船员适任证书，受处罚者终身不得重新申请。"

我国《刑法》第 133 条："违反交通运输管理法规，因而发生重大事故，致人重伤、死亡或者使公私财产遭受重大损失的，处三年以下有期徒刑或者拘役；交通运输肇事后逃逸或者有其他特别恶劣情节的，处三年以上七年以下有期徒刑；因逃逸致人死亡的，处七年以上有期徒刑。"

《最高人民法院关于审理交通肇事刑事案件具体应用法律若干问题的解释》（法释〔2000〕33 号）第 6 条："行为人在交通肇事后为逃避法律追究，将被害人带离事故现场后隐藏或者遗弃，致使被害人无法得到救助而死亡或者严重残疾的，应当分别依照《刑法》第 232 条、第 234 条第 2 款的规定，以故意杀人罪或者故意伤害罪定罪处罚。"

（三）及时抢险

根据船舶安全管理体系、船舶应急计划和应急部署中的有关规定，组织应急抢险，以尽量减轻因碰撞而造成的损失和防止损失的进一步扩大。

（四）施救义务

船舶发生碰撞之后，如他船及（或）他船上的船员和旅客处于危险状态，当事船的船长在不严重危及本船和船上人员安全的情况下，对于相碰的船舶和（或）船上人员必须尽力施救。船长若违反这一法定义务，船舶所有人并不对其承担责任。但有些国家海商法规定，船长违反该项义务，应负刑事责任。

不履行救助义务的法律责任

我国《海上交通安全法》第 112 条："船舶、海上设施不依法履行海上救助义务，不服从海上搜救中心指挥的，由海事管理机构对船舶、海上设施的所有人、经营人或者管理人处 3 万元以上 30 万元以下的罚款，暂扣船长、责任船员的船员适任证书 6 个月至 12 个月，直至吊销船员适任证书。"

（五）及时与船公司联系

碰撞事故发生后，船长应尽快将事故发生情况，电告或以其他手段报告船公司，以便船公司和船舶保险公司或船东保赔协会共同研究，从而确定最佳处理方案。如果碰撞事故发生地附近有船公司的代理、保险公司或船东保赔协会的代理，船长应尽快和他们取得联系，以便获得其指导和帮助。

（六）查看碰撞事故并做现场记录

各方除查看本船被碰位置、角度，以及船货受损情况并做好书面记录外，在条件允许的情况下，碰撞双方的船长应登上对方船舶现场查看，了解他船碰撞情况以及因碰撞而造成的船舶、货物和人员的损害情况，包括他船使用过的海图、车钟记录、航海日志以及雷达等情况，做好书面记录，并据此编写碰撞事故现场记录。两船被碰情况的书面现场记录，应争取要求对方船长签认。另外，除了书面现场记录，对现场情况尽量进行拍照和摄像，这种书面现场记录和影像资料，可作为事后处理案件的证据。

（七）办理船舶碰撞通知书

碰撞事故发生后，无论何方责任，船长应尽可能主动、及时地向对方船长提交“碰撞事故通知书”（Notice of Collision）。通知书上应简要说明两船碰撞情况，包括碰撞事故发生的时间和地点、因碰撞而造成的损害等。同时，船长还应声明，要求对方对因碰撞而产生的一切后果负责，并争取对方船长在通知书上签认。对于对方船长提交并要求本船船长签认的“碰撞事故通知书”，本船船长可在通知书上签署收到的日期和时间，并注明保留申诉权，而不应草率承认本船对事故的责任。

（八）与他船约定检验地点

若船舶碰撞发生在港内或条件许可时，两船船长应约定同去一个修船港，聘请验船师对两船的受损情况进行检验，并要求验船师对检验结果出具检验报告，以便作为修船和将来处理船舶碰撞损害赔偿的主要依据。对船壳、车、舵等水下部分的检验，如需留待下次坞修时再进行，应在检验报告里注明。在对船舶碰撞损坏进行检验时，应要求各方派代表参加。

（九）提交海事声明和海事报告

在船舶抵达碰撞事故发生后第一挂靠港时，船长应立即向当地港口当局或我国驻外使、领馆或公证机构提交海事报告，取得签证后抄送对方。如果船舶碰撞发生后，估计货物有可能遭受损害，但损害情况又不明确，则船长还应同时向港口当局或我国驻外使、领馆提交海事声明，取得签证后，抄送货方及其他有关方。在提交上述文件时，船长可以采取当地港口的习惯格式，在内容上应注意采用严谨、准确的文字叙述事实。海事报告应认真、完整和翔实地记录事故发生的时间、地点、碰撞过程、损害情况、救助情况（如果有）等，并尽量强调对方的责任。

（十）提供相应的担保

如果在碰撞事故中本船受到损失，应要求对方船舶提供可靠的担保，从而保证本船的损失能得到充分的赔偿。担保形式可以是现金担保、银行担保、保险公司或保赔协会担保。若对方拒绝提供担保，可根据情况，考虑是否申请海事主管部门或海事法院扣留对方船舶。如果对方要求我方提供担保，应及时请示公司，由船公司负责办理必要的担保手续。

（十一）充分准备好在事故处理中将采用的材料

在船舶碰撞案件中，由于碰撞事故现场无法保留，关键性的证据容易消失，也容易事后补作或更改，所以船舶碰撞事故发生后，船长和船员应立即尽量详细地收集、记录和保存有关碰撞情况的资料，以备接受主管机关的调查处理。这些材料通常包括但不限于：

（1）海事报告或海事声明；

（2）航行日志、甲板、轮机、车钟、电台、雷达等原始记录或类似文件；

（3）船舶罗经差表和碰撞时所使用的原始海图及自动航向记录；

（4）船舶相对运动图；

（5）海损检验报告；

(6)船损证明材料；
(7)引航员和拖船的报告；
(8)船舶碰撞发生后现场查看的书面记录和影视资料；
(9)船舶碰撞事故通知书；
(10)海事事故发生水域的气象、水文情况等证明材料；
(11)船舶所有权证书和船舶国籍证书；
(12)船舶检验证书和适航证书；
(13)船长、值班驾驶员、轮机员的适任证书，船员人数、名单、地址及相应的职务证书；
(14)船舶发生海事事故时在场证人的证言等。

模块七
海难救助

海难救助(Salvage at Sea)又称海上救助,是海商法中特有的一项古老的法律制度,它以公平原则、公共利益原则和鼓励救助作业原则为其立法、司法之基础,以救助报酬关系为其核心内容。当救助人在海上或其他可航水域,成功地使得遇险船舶、货物等脱离危险,他即有权为自己的救助行为请求救助报酬。海难救助的这一特点是为克服海上特殊风险的需要所决定,而为陆地上其他任何救助所不具有。

单元一 海难救助概述

【学习目标】

通过本单元的学习,应达到以下目标:

1. 熟悉海难救助广义和狭义的概念;
2. 掌握我国《海商法》意义上海难救助的构成要件;
3. 掌握海难救助的形式与适用范围。

【相关内容】

一、海难救助的概念

海难救助是指对遭遇海上危险的船舶、货物及运费等海上财产,由外来力量实施救助,使之全部或部分脱离危险,并由此产生救助报酬的行为。

海难救助有广义和狭义之分。广义上的海难救助是指对海上遭遇危险的人命和财产的救助。狭义上的海难救助,即海商法意义上的海难救助,仅限于对遭遇海上危险的财产的救助,因为唯有对海上财产的救助才产生救助报酬请求权。

二、海难救助的构成要件

海难救助是一种法律行为或活动，其构成须具备一定的要件，救助方始得有权对被救助方请求救助款项和主张其他相关的留置权、船舶优先权等权利。

（一）救助标的必须是法律所承认的

救助标的必须是船舶和其他财产，不包括单纯的人命救助，且标的必须是法律所承认的，如果救助了法律所不承认的标的，救助人无权请求救助报酬。这里所说的法律，既包括国际公约，也包括国内法。

《1910 年统一海难救助某些法律规定的国际公约》（以下简称《1910 年救助公约》）所指的救助标的仅限于海船及船上其他财产和客货运费。《1989 年国际救助公约》以及我国《海商法》所指的救助标的为：船舶、非永久性和有意地依附于岸线的任何海上财产（已就位的固定式、浮动式平台和移动式近海钻井装置除外）、有风险的运费等。值得一提的是，两个救助公约都把军用船舶和政府公务船舶排除在公约适用范围之外，因而也就将其排除在海难救助标的之外。对于军用船舶和政府公务船舶的救助或被救助的救助报酬，应按各国国内法的规定处理。

我国《海商法》有关海上救助的标的在表述上与《1989 年国际救助公约》是一样的，但内涵存在一定的差异。

1. 船舶

如果救助方使用船舶进行救助，则救助船和被救助船两者之一必须是我国《海商法》第 3 条中所称的船舶，即海船和其他海上移动式装置，但是用于军事的、政府公务的船舶和 20 总吨以下的小型船艇除外。而救助船和被救助船的另一方只要不是军用船舶或政府公务的船舶即可。

2. 财产

永久地和有意地依附于岸线的栈桥、防波堤、码头、伸入海中的输油装置、海上货物装卸设施等不能作为海难救助标的。除此之外的其他海上财产，包括船上的货物、从船上或岸上落入海中的货物，脱位漂移的灯船、灯标、浮筒、渔具、浮船坞，甚至落入海中的飞机和卫星等，都是海难救助标的。

3. 平台和钻井装置

在海上已经就位的从事海底矿物资源勘探、开发或者生产的固定式、浮动式平台和移动式近海钻井装置不属于海难救助标的。但如果此种平台和钻井装置尚未就位，而是处于在航、转移或运送状态，当其处于危险状态时，仍属于海难救助标的。

（二）救助标的必须处于危险之中

关于构成海难救助的危险，目前国际上并无统一规定，各国海商法也未明列。我国《海上交通安全法》（2021）第 117 条所指的海上交通事故（船舶、海上设施在航行、停泊、作业过程中发生的，由于碰撞、搁浅、触礁、触碰、火灾、风灾、浪损、沉没等原因造成人员伤亡或者财产损失的事故）和海上险情（对海上生命安全、水域环境构成威胁，需立即采取措施规避、控制、减轻和消除的各种情形）可视为海难救助中所指的危险。海上危险可以是自然灾害、意外事故或潜在缺陷造成的，也可以是被救助人的过失或故意造成的。即使是后者，同样认为属于海难救助范畴下的危险。

全面理解这一要件，应把握如下方面的内容：

1. 此种危险必须发生在海上或与海相通的可航水域

我国《海商法》明确规定，海难救助是指救助人在海上或与海相通的可航水域，对遇险的船舶和其他财产进行的救助。《1989年国际救助公约》也做了类似的规定：救助作业是指在可航水域或任何其他水域发生的为救助处于危险中的船舶或任何其他财产而采取的行为或活动。上述规定均明确了海难救助所指的危险，必须是发生在海上或与海相通的可航水域的危险。在造船厂建造的船舶或在岸上船台修理中的船舶，对之进行救助，不构成海商法意义上的海难救助。

2. 危险必须是真实存在且不可避免的

船舶或其他财产只有存在真实危险，方有救助的必要，虚拟的危险不能构成海难救助，危险是否真实存在，是针对危险性质而言的，不考虑危险大小，即使危险很小，同样能构成救助的要件，只不过是要求采取的相应救助措施，应以合理为限。有时危险虽然不会马上发生，但如不采取海难救助行为，此危险又最终不可避免，则仍视为存在真实的危险。例如：在风平浪静的海面上，某船因受潮汐的影响而搁浅，只要等几小时涨潮后，船舶就会自动脱浅，此时的船舶并不能视为处于危险之中，除非靠自身的动力仍无法脱浅。又比如，某船在大洋中航行，主机发生故障，使船舶失去动力，虽然当时风平浪静，但若不及时修复，一旦天气发生变化，船舶便有倾覆或沉没的危险。因此，应视为处于危险中。

3. 危险要件不考虑起因，不要求对船货必须是共同的

海难救助的危险不论是自然灾害，还是意外事故，或是潜在缺陷所造成的，都不影响海难救助的性质，即使是被救方的过失或故意造成的危险，也不影响救助方请求救助报酬的权利。但是，由于第三方先行行为使被救方财产处于危险境地，且该第三方进行的救助是个例外，如引航员将船舶引上浅滩，随即采取脱浅措施，这种行为不属于海难救助。救助的危险要件不要求对船货是共同的，仅对船舶或货物存在危险即构成危险。

(三)救助行为应是自愿的行为

自愿，是指自己愿意而没有受他人强迫地去做。民法中的自愿，是指平等民事主体之间在确定、变更或者终止民事法律关系时，以各自的真实意志来表达自己的意愿。海商法中的海难救助应完全出于救助人的自愿，而不是法律或合同规定救助人必须履行的义务。对于自愿救助，如果成功，救助人有权获得救助报酬，而不救并不承担任何责任。对法律或合同规定的有义务救助，救助即使获得成功，也无权获得救助报酬，而不救要承担合同或法律规定的责任。

1. 法律约束的救助

法律约束的救助，是指有关国际公约或国内法规定的对人以及对物的法定救助义务。《1910年救助公约》规定：对于海上发现的遭遇生命危险的每一个人，只要对其船舶、船员和旅客不致造成严重危险，每一船长都必须施救。我国《海商法》规定，船长在不严重危及本船和船上人员安全的情况下，有义务尽力救助海上人命。美国《商法典》“航运卷”第728条规定，船长或在船上任职的人员在不严重危及船舶和船员、旅客的情况下，有义务对在海上发现的处于生命危险的人提供救助；如果船长违反上述规定，则他将被处以不超过1 000美元的罚款或被处以两年以下的监禁，或二者并处。我国台湾地区“海商法”第142条规定，船长于不甚危害其船舶、海员、旅客之范围内，对于淹没或其他危难之人应尽力救助。违反前项之规定者，处

三年以下有期徒刑或拘役。海商法一般都规定,如违反上述对人命的救助义务,船长须承担法律责任。这就是法律规定的对人的有义务救助。另外,大多数国家的海商法(包括我国《海商法》)都规定,船舶发生碰撞,当事船舶的船长在不严重危及本船船上人员安全的情况下,对于相碰的船舶和船上人员必须尽力施救。其中对相碰船舶进行的救助,就是法律规定的对物的有义务的救助。

2. 合同约束的救助

合同约束的救助,是指在救助行为发生之前,即在有关合同中订明,在履行合同期间,一旦发生危险,合同当事人有救助的义务。一般认为以下救助为合同规定的有义务的救助:船长、船员对遇险的本船及船上人员、旅客、货物或者其他财产的救助;引航员在履行其引航职责范围内的救助;为正常履行拖航合同或者其他服务合同规定的义务而进行的救助;等等。

3. 主管机关从事或控制的救助

我国《海商法》第 192 条规定,"国家有关主管机关从事或者控制的救助作业,救助方有权享受本章规定的关于救助作业的权利和补偿"。"从事"是指国家有关主管机关使用自己的人、财、物直接参加救助作业;"控制"是指国家有关主管机关基于其职责有组织地、系统地根据海难事故和救助作业的变化、发展进行指挥、调整,以最大限度地救助遇险的船舶或其他财产并防止或减少环境的污染损害。国家主管机关从事的救助作业,根据我国《海商法》第 180 条和第 182 条的规定应多得救助款项;国家主管机关控制的救助作业,往往更多的是履行职责,应少得甚至不得救助款项。

值得注意的是,救助行为应是自愿的行为,除适用于救助人外,同样适用于被救助人。它主要表现在被救助人明确而合理地表示拒绝救助以后,救助人即使救助成功,也无权请求救助报酬,因为此种救助缺少救助自愿要件。反之,如果被救助人未做出明确而合理的拒绝救助的意思表示,则即使没有签订救助合同,救助人救助成功仍有权请求救助报酬,因为被救助人实际上已默示表示自愿接受救助。

(四)救助行为必须要有效果

有效果(Useful Effect),是指遇难船舶或货物全部或部分获救。财产没有获救,救助报酬就没有承担的基础。除非在签订救助合同时另有约定,否则海难救助的成立还须以被救助财产的全部或部分获救为必要条件。救助有效果是构成救助报酬请求权的要件之一,这是目前国际公约和各国海商法普遍接受的原则——"无效果,无报酬"原则。

在理解"效果"时,应注意以下两个问题。

1. 直接效果和间接效果

救助取得直接效果,是指通过救助人的直接行为,使遇险财产获救或部分获救。例如,船舶发生火灾,救助方把火扑灭属于直接效果。又如船舶搁浅,救助方第一次脱浅没有成功,第二次脱浅成功了,则第一次脱浅为间接效果,第二次脱浅为直接效果,计算报酬时应综合考虑。如果第一次脱浅未成功不再拖救了,属于没有效果,无权请求报酬。

2. 无形效果和有形效果

间接效果,是指某一救助方的行为虽然并未使船舶或货物直接脱险,但该船舶或货物的最终脱险与该救助人的行为有着必然的联系。扑灭船上火灾或抢救失火船上的财产,使搁浅船起浮,向遇难船提供燃料、物料等均属于有形效果。但是,当救助方无力救助,仅尾随护航,或在遇难船旁守候,或进行通信联系等,虽无有形效果,但确有无形效果,仍有权请求救助报酬,因为无形效果通常也作为有效果,至少给被救助方以精神上的“援救”。

三、海难救助的分类

(一)纯救助

纯救助是指船舶遇难后,未曾请求外来援救,救助方自行救助的行为。如果救助获得效果,救助方有权获得救助报酬,救助未取得效果,不得获得救助报酬。由此可见,纯救助中救助方与被救助方之间无须签订任何救助协议,实行的是“无效果,无报酬”原则(No Cure,No Pay)。

在实践中,为了避免救助方谋取救助报酬而强行施救,法律赋予了被救助方“禁止救助权”,即当遇险船舶不同意救助方的救助时,必须明确而合理地表示拒绝,否则就构成纯救助。我国《海商法》规定,救助方不顾遇险船舶的船长、船舶所有人或者其他财产所有人明确的和合理的拒绝,仍然进行救助的,不得请求救助报酬。当然若遇难船的拒绝不明确或不合理,救助如有效果,救助方仍有权请求报酬。

(二)合同救助

合同救助是指救助方与被救助方之间根据“无效果,无报酬”原则达成救助合同后进行的救助。救助合同通常由遇难船的船长和救助船的船长达成,遇难船船长代表船舶所有人和船上所载货物的所有人,救助船船长代表救助人签订救助合同。救助合同一般是在当事人双方选定的合同格式基础上协议而成,以节省签订合同的时间,避免耽误时机。

(三)雇佣救助

雇佣救助是指救助方依据被救助方的请求实施救助,不论救助成功与否,都按照约定的费用收取报酬的行为。雇佣救助,又称实际费用救助,它是我国实践中形成的一种习惯称谓。救助双方所签订的雇佣救助合同,本质上属于海上服务合同性质,不具有中国法下海难救助合同的法律属性。因此,雇佣救助合同不适用《1989年国际救助公约》和我国《海商法》中有关“海难救助”章节的规定。依据雇佣救助合同的类型适用相应的法律,如雇佣救助合同是海上拖航性质,则适用《海商法》第七章“海上拖航合同”;如是雇佣打捞合同,则适用《民法典》中委托合同的规定等。

雇佣救助的特点在于,救助指挥权在遇险船一方,并且不论救助是否成功,被救助方都需向救助方支付救助费。这种救助形式一般适用于拖带救助,如遇险船距港口不远,只需一般的拖带作业,或对救助成功比较有把握时采用。因为雇佣救助的救助方所承担的风险较小,所以救助费相对较低。

单元二◎海难救助行为与救助报酬

【学习目标】

通过本单元的学习,应达到以下目标:

1. 熟悉常见的海难救助的行为;
2. 掌握我国《海商法》关于确定海难救助报酬的原则和考虑的因素;
3. 熟悉特别补偿的含义与确定特别补偿的方法。

【相关内容】

一、海难救助行为

原则上讲,任何有效的、使船舶和货物及其他财产脱离危险的行为,都是海难救助行为。常见的海难救助行为有:

(1)对遇险的船舶或其他海上财产进行拖带、引领,将其送至安全地点。

(2)等候在遇险的船舶附近,一旦需要,立刻施救;代为遇险船舶进行指挥,或对其提出施救建议;在遇险船缺乏船员时,暂借船员过船,代为操作;当遇险船舶缺少工具、设备和燃料时,向其提供;为遇险船舶传递消息、联系救援;抢救正在失去控制或沉没的船舶;等等。

(3)使用各种手段,帮助搁浅船舶脱浅,或转运搁浅船上的货物、旅客。

(4)帮助扑灭船上火灾;当火势过大,无法扑灭时,将其拖至港外,以免火灾蔓延到其他船舶和码头仓库。

(5)为防止或减轻遇险船舶或其他海上财产造成或可能造成的海洋环境污染而采取的行为。

(6)其他海难救助行为。

二、救助报酬

(一)享有救助报酬请求权的当事人

1. 债权人

海难救助报酬请求的债权人是实施海难救助的人。当实施海难救助的人为多人时,救助人之间的救助报酬的分配,一般可根据救助人之间的协议确定,协议不成,可提请受理争议的海事法院或仲裁机构裁定或裁决。对救助人内部的船舶所有人、船长、船员之间以及船舶所有人和船舶定期承租人之间的救助报酬再分配,应根据船旗国的法律或合同办理。《1910 年救助公约》以及大多数国家海商法都做了上述规定。对属于同一船舶所有人的姊妹船之间的救助,有关国际公约和各国海商法都确认,救助的一方就像救助非姊妹船一样,有权请求救助报酬。另外,如果仅仅救助了人命,没有救助报酬请求权,除非在救助了财产的同时又救助了人命,人命救助者才有分享救助报酬中合理份额的权利。

2. 债务人

海难救助报酬请求权的债务人,为被救助船舶或其他财产的所有人。救助报酬应当由这些获救的船舶和其他财产的所有人,按照船舶和其他财产的获救价值占全部获救价值的比例承担。人命获救者无须承担救助报酬。

(二)确定救助报酬的原则

根据现行国际公约和各国海商法的规定,确定救助报酬时通常遵循以下两个原则:

1. 救助报酬的金额不得超过获救财产的价值

我国《海商法》第180条第2款规定,救助报酬不得超过船舶和其他财产的获救价值。如果被救助方的财产没有获救却还要支付救助报酬,或虽然得救了,却要支付高于获救财产价值的救助报酬,这对被救助方来说是不公平的,也在根本上失去了海难救助的意义。但是,这一原则不适用于对构成环境污染损害危险的船舶或者船上货物进行的救助以及雇佣救助。

2. 当救助人有过失时,救助报酬将予以减少,甚至取消

我国《海商法》第187条规定,由于救助方的过失致使救助作业成为必须或者更加困难的,或者救助方有欺诈或者其他不诚实行为的,应当取消或者减少向救助方支付的救助款项。这一原则适用于由于救助人本身的过失,以致必须救助,或者救助人有盗窃、隐藏被救助财产或其他欺骗行为。若是实际救助人个人的过失或不诚实的行为导致的,应少扣减,或只扣减该人自己本来应得的部分救助款项。比如,我们可因为某一船员私自偷窃获救财物而扣减其本人应得的部分,但不能就因此扣减救助方的整个救助款项,否则势必将损害其他无辜的救助人员的利益。值得注意的是,这一规定并非意味着救助方过错的法律后果仅限于此,依我国《民法典》的相关规定,如救助人过错造成损害,仍应负赔偿责任。

(三)救助报酬金额的确定

救助报酬通常以一定数额的金钱支付。该数额应由救助方和被救助方协议确定,协议不成的,提请法院或仲裁机构解决。我国《海商法》第180条规定了在确定报酬金额时,应当体现对救助作业的鼓励,并综合考虑下列各项因素:

(1)船舶和其他财产的获救的价值;

(2)救助方在防止或者减少环境污染损害方面的技能和努力;

(3)救助方的救助成效;

(4)危险的性质和程度;

(5)救助方在救助船舶、其他财产和人命方面的技能和努力;

(6)救助方所用的时间、支出的费用和遭受的损失;

(7)救助方或者救助设备所冒的责任风险和其他风险;

(8)救助方提供救助服务的及时性;

(9)用于救助作业的船舶和其他设备的可用性和使用情况;

(10)救助设备的备用状况、效能和设备的价值。

救助合同往往是在被救助物遇险后开始签订的,对于危险的程度,合同双方都不可能正确、及时地掌握全部真实情况,因此合同条款难免会出现不公平或对客观形势估计不足的情况。为了保护救助双方的利益,国际公约和各国海商法对此均有规定。我国《海商法》第176条规定,有下列情形之一,经一方当事人起诉或者双方当事人协议仲裁的,受理争议的法院或

者仲裁机构可以判决或者裁决变更救助合同:合同在不正当的或者危险情况的影响下订立,合同条款显失公平的;根据合同支付的救助款项明显过高或者过低于实际提供的救助服务的。

有关特别补偿的规定,参见《1989 年国际救助公约》中的相关内容。

单元三 海难救助国际公约

【学习目标】

通过本单元的学习,应达到以下目标:

1. 掌握《1910 年救助公约》的主要原则和精神;

2. 掌握《1989 年国际救助公约》的主要变化。

【相关内容】

海难救助方面的国际公约目前主要有两个,分别是《1910 年救助公约》与《1989 年国际救助公约》。

一、1910 年救助公约

1910 年 9 月 23 日,在比利时布鲁塞尔召开的第三届海洋法外交会议上制定了《1910 年救助公约》,该公约于 1913 年 3 月 1 日起生效。这是约束海难救助行为的第一个国际公约,对统一海难救助的法律制度起到了非常积极和重要的作用。它明确规定了海上救助人和被救助人的权利、义务和海上救助应遵循的基本原则,其中"无效果,无报酬"以及"无偿救助人命"两条重要原则为各国所接受,并在其国内救助法中加以确认。世界上主要航运国家都是该公约的参加国,我国虽然没有参加该公约,但是承认其主要原则和精神。

1. 公约的适用范围

公约适用于对遇险的海船及船上其他财产和客货运费的救助,以及海船和内河船相互间的救助,而不论救助发生在何种水域。本公约不适用于军舰或专门用于政府公务的船舶。如所有利害关系人与审理案件的法院属于同一国家,则应适用国内法的规定,而不适用本公约的规定。

2. "无效果,无报酬"原则

该公约第 2 条规定,取得有益结果的每一援助或救助行为,有权获得公平的报酬。如果所提供的服务没有取得有益的结果,便不应支付报酬。在任何情况下,应付报酬的金额不得超过获救财产的价值。

3. 救助报酬请求权

该公约规定,虽经被救船舶一方明白和合理地拒绝,但仍参与救助作业的人,无权要求任何报酬。拖船对于被拖船舶或该船所载货物的援助或救助,无权要求报酬,除非它所提供的服务被认为是履行拖航合同之外的服务。救助服务由属于同一所有人的船舶提供,或向属于同一所有人的船舶提供,报酬仍应支付。

4. 救助报酬的确定

报酬金额由当事各方协议确定;协议不成的,由法院决定。救助人之间报酬分配的比例,以同样的方法确定。每一救助船舶的所有人、船长和其他服务人员之间报酬的分配,依据船旗国法律确定。

5. 合同的废止和修改

在危险期间并在危险影响下达成的援助或救助协议，经当事一方请求，如果法院认为协议的条件不公平，可以宣告该协议无效，或予以变更。

在任何情况下，如经证明，当事一方同意的事项因欺诈或隐瞒而无效，或报酬与所提供的服务相比，高得过分或低得过分，经受影响的一方请求，法院可以宣告协议无效，或予以变更。

6. 确定救助报酬的因素

公约规定，报酬由法院根据具体情况确定，并以下列各项为依据：获得效果的程度；救助人的努力与劳绩；被救船舶、所载旅客、船员、货物以及救助人和救助船舶所冒危险；救助工作所用时间、所耗费用和所受损失；救助人所冒责任上的风险和其他风险；救助船价值及是否具有特殊用途；被救助财产的价值。如果由于救助人的过失使救助成为必要，或者救助人犯有盗窃罪、欺诈性隐瞒或其他欺诈行为，法院可剥夺救助人的全部报酬，或决定减少报酬。

7. 对人命的救助义务

对于在海上发现的遭遇生命危险的每一个人，只要对其船舶、船员和旅客不致造成严重危险，船长都必须施救。船舶所有人对违反前款规定的事项，不承担责任。救助人不得向获救人员索取报酬，但可从船舶、货物及其附属品等的救助者所获的报酬中取得公平的分配份额。

8. 诉讼时效

救助报酬请求权的诉讼时效为 2 年，自救助作业终止之日起算。

二、1989 年国际救助公约

1. 公约产生的背景

《1910 年救助公约》距《1989 年国际救助公约》已近一个世纪的历史，虽然仍不失为海难救助领域里的一个重要法律，但毋庸讳言，公约在许多方面已不再适应现代航运发展的需要。海难救助的客观实际要求产生新的国际救助公约。

(1)救助标的的变化

随着航运和海上活动的迅速发展，海上财产变得多样化了，如勘探和开发海底资源设备、浮船坞、海上仓库等。这些海上财产同船舶一样，处于同样的海洋环境的特殊风险之中，《1910 年救助公约》所规定的单一救助标的——海船及船上财产，已不适应海上财产多样化的形势，亟待扩大救助标的的范围。

(2)海上风险的变化

对于救助人来说，海上风险既包括自然界给救助标的带来的风险，也包括救助标的本身存在的风险，如船舶的大型化、自动化、集装化和专用化以及货物种类的多样化使得海上救助的风险发生变化。这两种风险都有可能给救助标的带来实际的危险，发生海难救助，进而给救助人的救助作业带来风险。

(3)自愿原则的变化

伴随着海洋环境污染引起世界各国的普遍关注，传统的海难救助自愿原则也发生了变化。沿海国为保护其海岸线或有关利益方免遭污染或污染威胁，当发生海难时，有权采取必要措施。沿海国的这一权利，既包括沿海国当局直接采取的强制措施，也包括沿海国对救助方救助作业的干预。许多沿海国，特别是美国、法国都极力主张这一权利应在国际救助公约中有所反映。

(4)“无效果，无报酬”原则的变化

油船和危险品船一旦发生事故，就会造成环境污染或对其构成威胁，救助方对此类救助的风险大，成功的可能性小，使得救助方可能得不到或只得到很少的报酬，而付出的救助费用可能高于其所得到的报酬。如果不修改“无效果，无报酬”原则，很难鼓励救助方积极救助处在危险之中且对海洋环境构成威胁的遇难船。这些因素都促使对救助公约进行实质性修改或重新制定。

2. 产生的直接原因——“阿莫柯-卡迪兹”案件

1978年3月16日，利比里亚籍“阿莫柯-卡迪兹”油船因舵机失灵搁浅在法国西海岸布列塔尼附近的礁石上，因船长坚持要先与纽约的船舶所有人取得联系，没有及时签署救助合同，使等候多时的拖船不能及时进行救助，最终船身断裂，23万吨原油溢出，造成法国沿海水域严重污染。该事故的发生，表明关于船长签订救助合同的权利是否应明确写进公约，以及救助油船无效果是否给予报酬的问题急需解决，也直接导致了《1989年国际救助公约》的产生。

国际海事委员会于1987年5月在加拿大蒙特利尔召开的第22届全体会议上，讨论通过了旨在取代《1910年救助公约》的新的救助公约，并提交IMO审议，经多次会议讨论修改后，IMO于1989年7月17日至28日在伦敦举行外交会议，审议通过了《1989年国际救助公约》。

3.《1989年国际救助公约》的主要变化

与《1910年救助公约》相比，《1989年国际救助公约》的主要变化有：

(1)扩大了公约适用范围

规定公约适用于在缔约国提起的有关公约所辖事项的诉讼或仲裁。另外，对从事政府机构监督下救助作业的救助人，有权适用本公约的规定。适用的地理范围进行了扩大，救助作业发生在可航水域或其他任何水域中援救处于危险中的船舶或任何其他财产的行为或活动均包括在内。

(2)扩大了救助标的的范围

将救助作业范围从海船及船上财产，扩大为船舶以及非永久性和有意地依附于岸线的任何海上财产，但不适用于已就位的从事海底矿物资源的勘探、开发或生产的固定式、浮动式平台或移动式近海钻井装置。

公约规定的船舶系指任何船只、艇筏或任何能够航行的构造物。公约规定的财产系指非永久性和非有意地依附于岸线的任何财产，包括有风险的运费以及位于海床上的具有史前的、考古的或历史价值的海上文化财产。

(3)增加了“环境损害”的定义

公约将救助人在防止或减轻环境损害及救助人命方面发挥的技能和做出的努力，作为确定救助报酬的因素之一。公约规定的环境损害系指由污染、沾污、火灾、爆炸或类似的重大事故，对人身健康，对沿海、内水或其毗连区域中的海洋生物、海洋资源所造成的重大的有形损害。

(4)明确了船长签订救助合同的权利

公约规定，船长有权代表船舶所有人签订救助合同。船长或船舶所有人也有权代表船上财产所有人签订此种合同。这是接受了“阿莫柯-卡迪兹”案件的教训，第一次在国际公约中得到明确。尽管在实践中都承认船长有这个权利，但缺少法律依据，这对及时救助处于急迫危险中的船舶是很不利的。法律上做出这样规定的依据是，船长最了解危险的程度，更能客观地考虑救助的必要性。但应该注意的是,船长的这一权限并没有剥夺船舶所有人签订救助合同的权利,也不妨碍在时间允许的情况下,船长应征求船舶所有人的意见。

(5)体现了鼓励救助方的宗旨

公约在确定评定报酬的标准时,重点增加了救助人防止或减轻环境损害的技能和努力以及人命救助两个因素,体现了鼓励救助的宗旨。

(6)增加了“特别补偿条款”

该条款的增加是保赔协会妥协的结果,因为特别补偿最终由保赔协会承担,而救助报酬最终是由船、货的保险人承担的。

“特别补偿条款”的精神是:当船舶或船上货物对环境构成损害威胁时,救助方对其进行了救助作业,但根据公约中第 13 条(确定报酬的标准)的规定,救助方获得的救助报酬少于其所花费用时,有权获得补偿。该补偿数量至少相当于所花成本,该补偿即为特别补偿。如果救助方在实施救助作业的同时,防止或减轻了环境污损,特别补偿可增加至救助方所花费用的130%。在某些情况下,如果法庭认为是公平的,特别补偿可增加至救助方所花费用的 200%。但如果由于救助方的过失未能防止或减轻环境污损,可全部或部分地剥夺其获得特殊补偿的权利。

适用特别补偿条款的前提条件是,补偿数额高于根据第 13 条确定的救助报酬,此时,特别补偿只支付超过报酬的差额。

(7)诉讼时效

公约规定,如在两年内没有提起诉讼或仲裁,本公约规定的有关支付款项的任何诉讼,便丧失时效。时效期限从救助作业结束之日起算。被索赔人可在时效期限内的任何时间,通过向索赔人提出声明,延长时效期限。该期限可以同样方式进一步延长。如果诉讼是在起诉地国的法律允许的时间内提起,即使上述规定的时效期限已届满,负有责任的人仍可提起要求补偿的诉讼。

(8)新增的其他条款

公约新增了一些有关被救助方接受救助财产的义务、被救助财产所有人提供担保以及先行付给的义务等方面的规定,还增加了救助作业实施一章。这一章规定了有关救助各方当事人(包括救助方、船长、船舶所有人及其他财产所有人)在救助作业中的义务;救助方救助海上人命的义务;公约成员之间合作的问题;等等。

单元四 海难救助合同

【学习目标】

通过本单元的学习，应达到以下目标：

1. 掌握海难救助合同的种类与特点；
2. 熟悉劳氏救助合同标准格式的发展与主要内容；
3. 掌握 SCOPIC 条款的主要内容。

【相关内容】

一、海难救助合同的概念及其种类

1. 海难救助合同的概念

为了明确救助人和被救助人之间的权利和义务，以及双方在救助中的各自职责，在救助开始之前或在救助过程中，双方以口头或书面的形式达成的救助协议，即为海难救助合同（Contract of Salvage）。

2. 海难救助合同的种类

海难救助合同可以分为雇佣救助合同和"无效果，无报酬"救助合同两种。

（1）雇佣救助合同

为雇佣方式救助而签订的救助合同叫作雇佣救助合同。这种救助合同可以在救助前签订，也可以在救助过程中签订。合同中通常明确雇佣救助的救助指挥权在遇险船一方；不论救助是否成功，被救助方都要向救助方按照救助方所使用的人力和设备情况，按时间计付救助报酬。雇佣救助合同有时还约定，如果救助成功或在约定的期限内成功，则追加若干报酬。

（2）"无效果，无报酬"救助合同

根据"无效果，无报酬"原则签订的救助合同叫作"无效果，无报酬"救助合同。"无效果，无报酬"救助合同具有以下特点：

①救助合同可以在实施救助以前，也可在实施救助过程中签订。

②对合同中填写的救助报酬数额，法律上规定双方均不受约束。这就避免了船舶在遭遇紧急危险时，救助双方把宝贵的时间浪费在斟酌报酬的数字上，以致增加遇难船的危险性。

③"无效果，无报酬"救助合同的内容及双方的权利和义务应是公平合理、照顾双方利益的。如救助方乘人之危，提出不公平的条件、索取过高的报酬，在此情况下签订的合同，各国法律都会以显失公平为理由，使之归于无效或部分无效。如我国《海商法》规定：当合同在不正当的或者危险情况的影响下订立合同条款显失公平，或据合同支付的救助款项明显过高或者过低于实际提供的救助服务的，受理争议的法院或者仲裁机构可以判决或者裁决变更救助合同。《1989 年国际救助公约》也做了类似的规定。

二、劳氏救助合同标准格式

在实践中，当遇险船舶或货物处于危险之中，救助工作必须争分夺秒地进行，双方当事人通常无充分的时间对救助合同条款逐项逐句地谈判，所以救助合同均采用标准格式，以大大节省达成协议所需的时间，同时防止救助人借机索要过高报酬，也消除了救助人担心完成救助后无法索取救助报酬的顾虑。目前，国际上最著名、应用最为广泛的救助合同标准格式是英国劳合社印制的“劳氏救助合同格式”(Lloyd's Open Form，LOF)。该合同格式曾先后经过多次修改，有八个不同年代的版本，在进行海难救助时，救助双方可选择上述不同版本的其中一种进行签约，但鼓励使用最新版本签约。

1. 1972 年劳氏救助合同格式(以下简称 LOF 1972)的主要内容

(1)签约双方是以遇险船舶的船长作为船舶所有人的代表，同时又作为货主的代表为一方，以救助船的船长为他的机构的代表为另一方。

(2)经约定将船舶和货物拖带进入某一港口为止。

(3)如果救助无效，救助人不收取任何费用；如果救助有效，则将收取若干报酬。被救助人如嫌报酬过高，可以要求更改；反之，救助人如嫌报酬过低，亦可要求增加。双方达不成协议，因而发生纠纷，应在伦敦劳合社仲裁解决。

(4)救助人可以合理地免费使用遇险船舶的设备，但不应使遇险船的财产遭受不必要的损坏。

(5)救助完毕后，救助人应在 48 小时内通知劳氏委员会收取担保，担保方式由劳氏委员会决定。收取担保以前，救助人对获救财产享有留置权。

2. 1980 年劳氏救助合同格式(以下简称 LOF 1980)的主要内容

与 LOF 1972 相比，LOF 1980 主要增加了以下内容：

(1)在救助油船时，救助人应尽最大的努力防止船舶漏油。只要救助人在救助满载油船或部分载货油船时没有过失，即使救助不成功，或者只是部分成功，或者救助人受阻未能完成救助工作，油船船舶所有人都应单独向救助人支付为此而产生的合理费用和不超过该项费用的 15%的附加费。此即著名的“安全网条款”。

(2)遇险方在救助过程中应与救助人充分合作。如果双方关于获救财产应送达的地点不能达成协议，救助人只要把获救财产送到一个安全地点即可，财产所有人应尽快接受获救财产。

(3)救助人因救助作业中的过失，而对被救财产所有人产生赔偿责任时，可以按英国法律规定享受责任限制。《1976 年海事赔偿责任限制公约》被视为英国法律的组成部分。

(4)救助合同适用英国法律，合同规定的仲裁应根据英国法律进行。仲裁员可以根据情况做出临时裁决，命令按照公平合理的条件预付公平合理的报酬。

3. 1990 年劳氏救助合同格式(以下简称 LOF 1990)的主要内容

LOF 1990 对 LOF 1980 做了以下主要修改：

(1)《1989 年国际救助公约》第 14 条“特别补偿条款”代替了 LOF 1980 中的“安全网条款”。特别补偿不仅适用于载货油船，也适用于对环境构成威胁的任何其他船舶或货物。

(2)被救助船船长除代表船舶、货物、燃料、物料的所有人外，还代表船上任何其他财产的所有人，同救助方签订救助合同。

(3)救助方在救助作业中,应尽力防止或减轻对环境的损害。

(4)被救助船舶的所有人、其受雇人和代理人,应尽力保证货物所有人在提取货物之前提供相应的担保。

(5)仲裁按劳氏委员会专门制定的程序规则进行。

4. 2000年劳氏救助合同格式(以下简称LOF 2000)的主要内容

LOF 2000较之以前各个版本的劳氏救助合同,在内容和格式上都做了很大的修改,用简明的文字替换了原先占有很大篇幅的担保条款、仲裁条款、上诉条款、付款规定等。经修改后的LOF 2000仅两页纸,救助人与被救助方的主要权利、义务在合同中一目了然。

按LOF 2000签订救助合同时,需要在合同第一页表格中填写:救助人的名称;被救助方的名称;双方商定的获救财产的送达地点;仲裁裁决及担保所使用的货币名称;合同签订日;合同签订地;是否将"特别补偿条款"并入救助合同中;救助人代表签字;被救助船船长或其他财产的代表人签字。

LOF 2000合同条款的主要内容有:

(1)救助人同意尽最大的努力救助遇险船舶,以及船上的货物、运费、燃料、物料和其他财产,并将它们送到合同中注明的,或其后双方同意的交付地点。如果合同中没有规定这样的地点,其后双方也未商定交付地点,救助人应将获救财产送至一个安全的地点。

(2)在实施救助过程中,救助人应尽最大努力防止或减轻对环境的损害。

(3)是否将"特别补偿条款"并入救助合同中,取决于对首页第七栏中"是"和"否"的选择。

(4)根据"特别补偿条款"救助人有权收取的救助报酬和特别补偿,不因按"无效果,无报酬"的原则实施救助而予以扣减。

(5)救助人在签署救助合同之前已提供的救助应视为本合同规定的救助的一部分。

(6)救助人可以合理地免费使用遇险船舶的机械、装置和设备,但不应使遇险船的财产遭受不必要的损坏、抛弃和牺牲;救助人有权获得他们认为应该合理获得的有关船舶和财产的信息,特别是与实施救助有关的信息;财产所有人应与救助人充分合作,以便获准进入合同中规定的获救财产的送达地点或安全地点。

(7)当对可以产生救助报酬的有效结果不再有任何合理希望时,被救船舶所有人或救助人均有权以书面的形式提前通知对方,终止救助服务。

(8)当获救财产被送至合同中注明的或双方同意的安全地点,并处于安全状态时,救助人的救助服务即视为已完成。

(9)有关救助人的救助报酬和(或)特别补偿,应在伦敦按照"劳氏标准救助和仲裁条款""劳合社程序规则"仲裁确定。

(10)本合同或根据本合同产生的仲裁适用英国法。

(11)签署本救助合同的船长或其他人代表被救助的财产各方签订本合同,并约束被救助的财产各方履行本合同。

(12)在业已签署了救助合同后,船舶所有人应及时通知其他财产所有人。一旦救助获得成功,获救财产所有人应立即按合同中的"劳氏标准救助和仲裁条款"的规定提供担保。

5. 船东互保协会特别补偿条款

(1)条款产生的背景

《1989年国际救助公约》的第14条“特别补偿”条款突破了传统海难救助法中的“无效果,无报酬”原则,使得救助人在存在环境损害威胁且救助财产价值不高的情况下,即便救助未能成功且未能保护环境,仍能收回相当于救助成本的特别补偿。这一制度在鼓励救助人进行环境救助上起到了积极作用。

但是,在具体的操作过程中产生了一些问题:一是船东保赔协会担心救助方故意拖延救助时间或财产保险人推迟认定船舶推定全损,使得救助费用增加,特别补偿提高;二是救助方担心特别补偿条款仅在损害环境威胁并需证明时才适用,而且条款不适用沿海、内水及毗连区之外的地方,以及特别补偿的请求权缺乏保障;三是特别补偿的计算十分复杂,需要考察救助人主要工作设备的使用时间和停机时间,救助人全部的直接和间接费用的使用和分配。当有两家或两家以上的专业救助人进行联合救助时,情况可能更为复杂。

为此,国际救助联盟、船东互保协会、财产保险人以及国际航运公会四家坐到一起,经各方协商一致,推出了一种既能加快海难事故处理速度又能减少特别补偿法律争议的解决办法——“船东互保协会特别补偿条款”(以下简称SCOPIC条款),该条款于1999年8月1日正式使用。目前最新版本为SCOPIC 2014。

(2)SCOPIC条款简介

①SCOPIC条款是救助方和被救助方可以选择适用的一个独立于LOF合同的条款,包括16条主条款和3个附件。附件A是关于使用人员、拖船和其他船艇、便携式救助设备等的费率表,是计算SOCPIC酬金的费率依据;附件B是关于船东事故代表(SCR)的规定;附件C是关于特别代表的规定。

②SCOPIC条款下救助方有权获得的款项被称为SCOPIC酬金(Remuneration),但这并没有改变该款项属于特别补偿的性质,而只是一种计算特别补偿的新方法。

③SCOPIC中的酬金是“约定”的特别补偿,而公约第14条系“法定”的特别补偿。基于合同自愿的原则,SCOPIC条款优先于第14条使用。

④SCOPIC的适用不以存在环境损害威胁为条件,救助人不用负担存在环境损害威胁的举证责任,同时也扫除了在环境损害定义中关于水域的限制。

⑤SCOPIC中的酬金自书面通知到达船舶所有人处时计算,至救助作业结束或SCOPIC条款被终止时止。在上述通知之前提供的救助服务不应按本SCOPIC条款获得酬金,而应根据主合同并入的公约第13条计算报酬。

⑥SCOPIC中的酬金包括人:使用人员、拖船和其他船艇、便携式救助设备的补偿,现付费用,标准奖励等三部分构成。其中:

标准奖励=(补偿+现付费用)×25%

现付费用+标准奖金应达到:按附件A中费率标准计算的费用金额的125%,或以实际成本计算的费用金额的110%,以高者为准。

⑦SCOPIC酬金的担保机制:船东应在收到救助人援用SCOPIC条款的书面通知后的两个工作日内(周六、周日以及劳合社通常认为的假日除外),以救助人合理满意的格式,向救助人提供一份总额为300万美元的银行担保或互保协会保函(“初始担保”),作为救助的SCOPIC酬金(包括利息和费用)的担保。如果船舶所有人在上述两个工作日内未提供最初担保,救助

方可以在通知船舶所有人后撤销援用SCOPIC条款的所有规定,并恢复其在原救助合同下的所有权利(包括公约第14条在内),就如同从未援引过SCOPIC条款一样。

⑧扣减机制:旨在惩罚救助人在救助作业中不合理地援引SCOPIC条款。如果救助方有权取得的救助报酬小于"实际的SCOPIC酬金"的话,则船舶所有人应负责支付两者的差额部分。例如,假设传统上根据《1989年救助公约》第13条计算出的救助报酬为100万美元,而SCOPIC酬金算出来是150万美元,那么救助人最终能够从船东那里获得50万美元的特别补偿。如果救助报酬仅仅是大于"实际的SCOPIC酬金",但小于"最高的SCOPIC酬金",则救助方有权取得救助报酬维持不变,扣减机制将不发挥作用。如果救助方有权取得的救助报酬大于"最高SCOPIC酬金"的话,高出部分的25%将从救助报酬中扣减。假设传统上根据《1989年国际救助公约》第13条计算出的救助报酬为150万美元,而SCOPIC酬金算出来仅有100万美元,那么救助人将被罚(150-100)×25% = 12.5万美元,最终到手的救助报酬为137.5万美元。因此,救助方只有在合理预计其有权获得的救助报酬将低于其能获得的SCOPIC酬金的情况下,激活SCOPIC条款才是有利的。

(3)SCOPIC条款的并入

如何使SCOPIC条款成为LOF合同的一部分是救助主体首先需要考虑和解决的问题,也就是"并入"的问题。我们看一下LOF合同C款的规定,只要删除一个单词"No",或者说两个字母,SCOPIC条款就可以并入LOF救助合同了。但是单单并入并不意味着SCOPIC条款在合同双方发生法律效力,并入仅仅解决的是适用法律层面的问题:也就是到底是适用第14条,还是适用双方当事人约定的SCOPIC条款。而要想使SCOPIC条款作用于双方当事人,尚需救助人以书面方式启动该条款。需要注意,救助人的启动权类似大陆法系的形成权,救助人在任何情况下、在其选择的任何时间,均可自由地、单方面地以书面方式对该条款进行明确启动,这显著区别于第14条规定的需要存在"环境损害威胁"。

并入后即适用SCOPIC而不再适用第14条,那么如果并入后不启动或者于随后被(船东)终止,那么救助人能否再寻求第14条的保护呢?由于并入机制是不可逆的,这种情况下,救助人将既得不到第14条的保护,也得不到SCOPIC条款的保护。同时,SCOPIC的酬金也是从启动的时候开始起算的,因此救助人一旦决定启动SCOPIC条款,肯定是越早启动越好。

三、中国海事仲裁委员会救助合同格式

此格式最初由中国国际贸易促进委员会海事仲裁委员会制定,适用于在我国海域进行的海难救助。中国海事仲裁委员会于1994年修改了原来的合同格式,增加了"特别补偿条款",除要求对所产生的争议到中国仲裁并适用《中国海事仲裁委员会仲裁规则》外,其他条款内容未做大的修改。其主要内容如下:

(1)被救助船船长代表船舶、船上货物、运费、燃料、物料和其他财产的所有人,同救助人的代表签订救助合同。

(2)救助方应救助遇难的船舶、货物和其他财产,将其送至合同约定或事后协议的地点。

(3)被救助方应与救助方通力合作,免费提供救助方合理使用船上的机器、装置、设备、锚、锚链、物料和其他属具,但救助方不应无故损坏、抛弃或牺牲上述物件或其他被救财产。

(4)救助方有义务在合理需要的情况下,寻求其他救助方援助。被救助方或船长合理要求其他救助方参与救助作业时,救助方应接受此种要求,但要求不合理的,原救助方的救助报

酬金额不受影响。

(5)在救助作业过程中,救助方和被救助方、船长均有义务以应有的谨慎防止或减少环境污染损害。

(6)救助方对本合同规定的救助标的进行救助,取得效果(包括取得部分效果)的,有权获得救助报酬;未取得效果的,无权获得救助报酬。

(7)在救助作业中救助人命的救助方,对获救人员不得请求酬金,但是有权从救助船舶或其他财产、防止或减少环境污染损害的救助方获得的救助款项中,获得合理的份额。

(8)救助方的过失致使救助作业成为必须或更加困难的,或者救助方有欺诈或其他不诚实行为的,应当取消或减少向救助方支付的救助款项。

(9)对构成环境污染损害危险的船舶或船上货物进行的救助,救助方依照规定所获得的救助报酬少于可以得到的特别补偿的,救助方有权从船舶所有人处获得相当于救助费用的特别补偿。

(10)为了保全救助方应得的救助报酬,在救助作业结束后,被救助方应根据救助方的要求,在 14 个银行工作日内(法定节假日除外)提供满意的担保。

船舶所有人及其雇佣人、代理人应在获救的货物交还前,尽力使货物所有人对其应承担的救助报酬提供满意的担保。

在提供担保以前,未经救助方书面同意,不得将获救船舶和其他财产从救助作业完成后最初抵达的港口或地点移走。如果救助方有理由认为被救助方将要违反协议或者企图移走,有权申请采取财产保全措施。担保金额应包括利息和进行仲裁可能发生的合理费用在内。

单元五 海难救助的实施

【学习目标】

通过本单元的学习，应达到以下目标：

1. 熟悉救助方与被救助方的义务；
2. 掌握遇险方在救助作业中的注意事项；
3. 掌握救助方在救助作业中的注意事项。

【相关内容】

一、救助方的义务及被救助方的义务

根据《1989年国际救助公约》和我国《海商法》的有关规定：

（1）在救助作业过程中，救助方对被救助方负有下列义务：

①以应有的谨慎进行救助；

②以应有的谨慎防止或者减少环境污染损害；

③在合理需要的情况下，寻求其他救助方援助；

④当被救助方合理地要求其他救助方参与救助作业时，接受此种要求，但是要求不合理，原救助方的救助报酬金额不受影响。

（2）在救助作业过程中，被救助方对救助方负有下列义务：

①与救助方通力合作；

②以应有的谨慎防止或者减少环境污染损害；

③当获救的船舶或者其他财产已经被送至安全地点时，及时接受救助方提出的合理的移交要求。

二、海难救助的现场处理

1. 海难救助的请求

当船舶在海上遇险，需要救助时，船长应将船舶面临的危险程度、需要何种方式的救助等报告船公司，在取得船公司的指示后再请求海难救助。

如船舶已处于十分危急状态，船长可先行求救，再报告船公司。船舶在港内或港口附近或近岸水域，船长可用高频无线电话或电报，联系当地船舶代理或船舶保险人代理或有关港口当局，安排救助。

如船舶在公海上遇险，船长应电告船公司或附近港口公司航运代表或我驻外使、领馆。如船舶在公海上所处情况十分紧迫，船长也可发出求救信号，以便得到来自任何方的援助。

当救助船来到时，不论是专业的还是非专业的，船长必须问清是代理委托的救助公司所派，还是主动前来的，问明情况后再决定是否同意救助。如果有几个救助人同时要求参加救助，船长应根据自己的需要选择救助人。选择救助人时必须考虑对方的技术水平、报酬高低、

信誉情况以及友好关系等因素。在情况不是十分紧急时，船长应就救助人选择问题先请示船公司，并根据船公司的指示办理。

2. 签署海难救助合同

船长有权代表船、货及其他海上财产所有人签订救助合同。在船舶遭遇危险、情况紧急时，船长应及时签订救助合同，以免贻误时机，酿成大难。当然，在不该签订救助合同时，也不应轻率地签订，以免造成无谓的损失。在时间允许的情况下，船长应先就签订合同问题请示船公司，并按船公司指示办理。

船长在选择救助方及签订救助合同时，应注意以下事项：

(1)尽量选择船舶保险公司或保赔协会推荐的救助人或按其要求行事。

(2)如果遇险船所面临的险情十分严重，周围环境、气候恶劣，险情有可能进一步加剧、恶化，如不立刻采取救助措施，船舶时刻有全损的可能，船长应代表船、货和其他海上财产所有人签订“无效果，无报酬”救助合同。但在非紧急情况下，船长不应擅自签订“无效果，无报酬”救助合同，以免引起巨额救助费用。当船舶在港内或沿海附近遇险，但危险程度小，且不会进一步恶化，救助工作又不太困难，所需要的救助只是通常的拖带或减载，估计所需的时间又不长时，应争取签订雇佣救助合同。

(3)我国船舶应尽量使用中国海事仲裁委员会制定的救助合同格式，以便一旦发生争议，在北京仲裁解决。

(4)必须考虑救助方的技术水平、报酬高低、信誉情况等。

(5)注意救助人和救助船的数量。

3. 船长的施救义务

根据有关国际公约和法律的规定，船舶发生海上事故，危及在船人员和财产的安全时，船长应当组织船员和其他在船人员尽力施救。在船舶的沉没、毁灭不可避免的情况下，船长可以做出弃船决定。但是，除紧急情况外，弃船应当报经船舶所有人同意。弃船时，船长必须采取一切措施，首先组织旅客安全离船，然后安排船员离船，自己应当最后离船。在离船前，船长应当指挥船员尽力抢救航海日志、轮机日志、无线电台日志、油类记录簿、本航次使用过的海图和文件，以及贵重物品、邮件和现金等。

船长在采取施救措施时，应防止损失的扩大。如果未尽合理谨慎采取合理措施致使损失扩大，对扩大的损失无权向责任方索赔。

4. 做好事实记录

事实记录是日后双方仲裁或诉讼解决救助报酬等争议的重要证据材料。因此，被救助船应尽量对各种情况详细记录。在此方面，船长应遵循下列各项程序：

(1)确保将有关救助协议的任何会谈内容准确记录在案。

(2)准确记录救助开始的时间及救助船到达的时间。

(3)专门指定一位船员，要求以书面文字、照相或任何其他可用的方式，全面、准确地记录救助过程的各种情况，该事实记录除记录人签字外，还应有被救助船长和救助方的代表签字。

(4)确保航海日志、轮机日志和无线电日志的记载及时、准确，特别是航海日志要有船位的定时记录。

5. 其他工作

在被救助船舶抵达第一个安全港口时，应注意办理好担保手续。被救助船船长应及时提交海事报告，并安排船舶检验，做好各项善后工作。

三、救助方应注意事项

船舶在海上如收到呼救信号，在不影响本船安全的情况下，应立即前往呼救地点进行救助。在通常情况下，前往救助途中应电告船公司。除非须立即进行的海上人命救助，对船舶或其他海上财产的救助一般应先经船公司同意后才能实施。施救前，应尽可能与被救人签订救助合同，并视救助风险的大小，向对方提出合理的救助报酬。如果情况紧迫，也可要求遇险船长出具自己进行了救助的字据。救助工作结束，遇险船抵达安全港后，救助人可向其要求提供担保，否则，可对获救财产行使留置权。除非有若不紧急治疗即可能死亡的获救人员在船，在救助完毕后，救助船可按原计划驶往预定下一挂靠港，获救人员应在此港离船。

装有大量危险品的船舶，在收到求救信号后，一般不应前往救助；必须前往救助时，应征得船公司的同意。

在对姊妹船施救时，亦应办妥有关手续，以便之后向被救船保险公司索赔。

救助船在救助过程中应做好事实记录，在救助工作结束后抵达第一挂靠港时，向有关方递交救助报告并获得签证。

模块八 共同海损

共同海损是海商法中一项特有的法律制度。这种制度是基于海上风险的特殊性建立起来的。长期以来,航海事业即被视为极具危险性的行业。由于海上的特定条件,自然灾害或意外事故时有发生,而且一旦发生海上事故,其损失可能是巨大的。若任凭事故发生而舍不得各自眼前的利益或让所有的损失均由航运经营者承担,势必影响航运业的发展。因此,通过立法确定共同海损制度,对于保护和促进航运业发展,具有十分重要的意义。

单元一 共同海损概述

【学习目标】

通过本单元的学习,应达到以下目标:

1. 掌握共同海损广义和狭义的概念;
2. 掌握我国《海商法》意义上共同海损的构成要件。

【相关内容】

一、共同海损的概念

在海上运输中,凡由于自然灾害、意外事故或其他特殊情况引起的船舶、货物和其他海上财产的损失以及费用支出,均可称为海损(Average)。海损按其损失形态可分为物质损失(Substance Loss or Damage)和费用损失(Expenses Loss)。前者是指船舶、货物以及其他海上财产的灭失或损坏等有形损失;后者是指诸如救助费用、拖带费用、避难港港口使费等费用支出的损失。海损按其损失性质又可分为单独海损(Particular Average)和共同海损(General Average)。单独海损是指由于自然灾害、意外事故或特殊情况等直接造成的船舶、货物和其他海上财产的损失，由各受害方自己承担，或按海上货物运输合同的有关规定处理。共同海损则是为了摆脱自然灾害、意外事故和特殊情况对船舶、货物和其他海上财产所造成的共同威胁，由船长自愿采取的合理行为造成的船舶、货物和其他海上财产的损害，或由此而产生的合理的额外费用。共同海损应由共同海损行为的受益方共同分摊补偿。

我国《海商法》第193条规定，共同海损是指在同一海上航程中，船舶、货物和其他财产遭遇共同危险，为了共同安全，有意地、合理地采取措施所直接造成的特殊牺牲、支付的特殊费用。对这些特殊牺牲和特殊费用由共同海损各受益方按比例分摊补偿的法律制度，就是通常所说的广义的共同海损。广义的共同海损包括共同海损行为、共同海损损失和共同海损分摊三个方面的内容。

二、共同海损的成立要件

共同海损经常与单独海损交织在一起，要区分哪些损失和费用属共同海损并应由各受益方分摊，哪些损失是单独海损而应由受害方自行承担，必须遵循一定的原则和条件。按照我国《海商法》的规定，共同海损必须符合下列条件。

（一）同一海上航程中的财产遭遇了共同危险

1. 同一海上航程

同一海上航程（Common Maritime Adventure），是指当船舶、货物或其他财产共处一处时的海上航行期间。船舶在拖带或者顶推其他船舶时，所有船舶是否处于同一航程之中，是否存在共同海损，对于这些问题各国的看法和处理做法不尽相同。为了统一，国际海事委员会在悉尼通过的《1994年约克-安特卫普规则》（以下简称《1994年规则》）规定："如果船舶拖带或者顶推其他船舶，并且它们都是在从事商业活动而不是救助活动，则处于同一航程之中。当所采取的措施是为了使这些船舶及其货物（如果有）脱离共同危险，则应适用本规则。如果一艘船舶只要脱离其他船舶便能获得安全，则同其他船舶不处于共同危险之中；但如果脱离本身是共同海损行为，则共同航程继续存在。"《2016年约克-安特卫普规则》（以下简称《2016年规则》）保留了《1994年规则》的前两句话，将第三句话修改为：如果船舶处于共同危险之中，而一艘船舶的脱离既可以增加其安全，又可以增加同一航程中所有船舶的安全，则该脱离是共同海损行为。如果同一航程中的船舶进入避难港或避难地，则根据本规则的补偿可以给予每一艘船舶，在共同航程结束时终止。

2. 遭遇了共同危险

对于"共同危险"的理解应包括以下三个方面。

（1）危险是同一海上航程中的财产所共同面临的

当自然灾害、意外事故或其他特殊情况危及了船货的共同安全时，若不及时采取措施，船舶和货物就有灭失或损坏的危险，即一方受损，全船皆危。在这种紧急状态下，为了使船、货或其他财产脱离危险而做出的物质上的特殊牺牲或费用上的额外损失，才能作为共同海损。从这种意义上来说，下列几种情况都缺少共同危险的要件：

①船舶在空载航行时所做出的牺牲。例如，在航次租船情况下，根据合同要求，在将船舶驶往指定的装货港准备受载的过程（的预备航次）中发生事故，就不能请求承租人分摊损失。因为此时承租人的货物尚未装船，因而还不存在共同危险。

②仅仅为了某一方的利益而做出的牺牲。例如，船上载运一批牛羊，航程中因遭遇恶劣天

气而延长了航行时间，致使船上的饲料被耗尽，因此须挂靠某一港口添加饲料并由此产生了额外费用。按照共同海损的条件来衡量，由此而发生的费用不能作为共同海损，因为船上缺少饲料对船舶和其他货物并无危险可言。

③为了救助他船而做出的牺牲。共同危险，是指本船和本船所载货物的危险，而不包括解除他船所面临的危险。因此，当船方为救助他船而抛弃了本船的货物时，不能按照共同海损进行分摊。因为船方救助他船可以获得救助报酬，船方为了获取报酬而抛弃本船货物造成的损失，自然应由船方负责赔偿。

(2)危险必须是真实存在的

真实危险(Real Peril)，是指存在危及船、货和其他财产安全的客观事实。主观推断出的危险不是真正的危险。基于错误判断而采取的措施也不属于共同海损行为。例如，某船搁浅后，由于船长对当地水文、气象不了解，误认为遭遇了危险，因而雇请拖船前来救助。事后经调查发现，船舶搁浅系由潮汐变化所致，待高潮来时完全可以自行起浮，因而就不属于真正的危险，故因雇用拖船所支付的救助费就不能被认作共同海损。又如在战争期间，某船的船长担心遭到敌军潜艇的袭击，雇用了拖船实行全程护航。事后经调查证明，船舶在整个航程中并未发现一艘潜艇，遭潜艇袭击纯系船方的一种担心。很显然，这笔雇用拖船的费用也不属于共同海损。

(3)危险是不可避免的

这里所说的危险，不能严格地解释为迫在眉睫的危险(Immediate Danger)。换言之，只要此种危险不排除就会始终威胁船舶和船上财产的安全，则为解除此种危险而采取的合理措施，亦属共同海损行为。例如，船舶在大洋中航行，主机发生故障，使船舶失去动力，虽然当时风和日丽，但若不及时采取措施，一旦天气有变，船舶便有倾覆或沉没的危险。在这种情况下，为使船舶尽快脱浅而采取的行动造成的牺牲和产生的费用应列为共同海损。

(二)采取的措施必须是有意而合理的

1. 所采取的措施必须是有意的

有意采取的措施(Intentional Act)，是指船长在主观上明知采取某种措施会导致船舶或货物的损害，但为了避免船货的共同危险而仍然实施的行为。例如，当货舱起火时，船长明知灌水灭火会造成货物的湿损，但除此便无其他办法可以摆脱船货的共同危险，因此导致未起火部分的货物的湿损，当然应该认作共同海损。又如，在船舶发生搁浅事故之后，为使船舶重新起浮而反复使用倒车，船长明知对机器的超负荷可能会使机器发生损坏，但限于当时的条件只能如此，这样的措施即属有意采取的措施。

在通常情况下，共同海损措施是根据船长的命令采取的，但在发生危险时，如果船长不在船上，其他值班人员采取紧急措施所造成的损失，只要符合共同海损的成立条件并且能够证明，即使当时船长在现场，也只能采取这样的措施，则这样的措施也可被认定为共同海损措施。

2. 所采取的措施必须是合理的

合理的措施(Reasonable Act)，是指本着以最小的牺牲换取船货安全的原则而采取的措施。一项措施是否合理并无绝对的标准，但概括起来，可以参照如下因素：

(1)外部条件。有的措施看起来似乎合理，但因客观条件的限制，根本无法实行。例如，在主机发生故障的情况下，如果对其修理，可能花费较少，但在当时、当地不具备这样的条件。这时雇请拖船将船拖往其他港口，虽然费用较大，也属合理措施。

(2)方案的可行性。可行性即分析船长所采取的措施对挽救船货安全的作用有多大。例如,对于一艘小型船舶而言,为避免碰撞,采取在前进中抛锚的方式,虽然可能造成对船体或船锚的损坏,但至少可以起到缓解船舶冲力的作用,此种措施亦属合理。但对于一艘超级油船而言,采取同样的措施则于事无补,故即使造成船体或船锚的损坏,也不能作为共同海损。

(3)客观效果的大小。即衡量做出的牺牲与所保全的财产是否成比例。如果在不该抛货时抛货,该抛重大物件时抛弃轻泡货,该抛廉价货时抛弃贵重货,这样的措施即属不合理措施。

当共同海损措施中含有不合理成分时,并不完全排除共同海损的分摊,而是应在分摊过程中将不合理的部分扣除。

(三)做出的牺牲和支付的费用必须是特殊的

在非正常情况下,船长在其应尽义务之外采取的措施而造成的损失和支付的费用,称为特殊牺牲和特殊费用(Extraordinary Sacrifices and Expenditure),此种牺牲和费用可以认作共同海损。例如,船舶遭遇海难事故以后进入避难港修理,如果该避难港不是原定挂靠港,则由于进入避难港而发生的港口费用就属于特殊的或额外的费用。但是,如果该避难港是原定挂靠港之一,则进入避难港的费用就不属于共同海损,因为即使不发生事故,该项费用也注定要支付。又如,当船舶发生火灾时,为了灭火而将船上配备的供消防用的泡沫或二氧化碳消耗殆尽,此种损失就不属于共同海损牺牲,因为泡沫或二氧化碳的用途就是灭火。为了货物运输的需要,在开航之前将此类物品准备齐全乃是船方适航义务的一个组成部分,当发生火灾时用其灭火,正是发挥了它应有的作用,故不属于特殊牺牲。但是当其被用完之后,由于火灾仍未扑灭而再次向灭火机或钢瓶填充泡沫或二氧化碳,则属于特殊牺牲,即使船上有备用物品可以利用亦应如此,因为二次填充的行为已超出了船方应尽的义务。

(四)采取的措施必须有效果

有效果,是指船长所采取的措施达到了使船、货或其他财产脱离危险的目的。共同海损分摊应以获救财产的价值为基础,如果某一项财产因海损事故而全部灭失,即说明该项财产的所有人并未因共同海损措施而受益,因此不能要求其用自己的其他财产分摊别人的损失。有时船长为避免船货的共同危险,尽管做出了很大的牺牲甚至支付了巨额费用,但最终船、货或其他财产还是遭受全损,共同海损便不能成立。当然,这里所说的有效果并非指财产一定要全部获救,即使只有部分财产获救,也不影响共同海损的分摊。

单元二 共同海损的表现形式

【学习目标】

通过本单元的学习,应达到以下目标:

1. 掌握共同海损牺牲的形式;
2. 掌握共同海损费用的形式;
3. 能够在具体的案件中解析共同海损与单独海损。

【相关内容】

共同海损的表现形式各种各样,按其性质划分,主要有两种类型:共同海损牺牲和共同海损费用。《约克-安特卫普规则》对此有比较详细的规定。目前,《约克-安特卫普规则》是国际上比较通行的和影响广泛的共同海损理算规则,属于民间性质的理算规则。迄今,《约克-安特卫普规则》的体系中共有十套规则,即除了 1860 年的《格拉斯哥决议》和 1864 年的《约克规则》外,以《约克-安特卫普规则》冠名的还有 1877 年、1890 年、1924 年、1950 年、1974 年、1994 年、2004 年、2016 年的各套规则。各套规则均独立并存,由当事人自由选择适用。被选择的规则,通过合同中的约定,主要是提单、租船运输合同、海上保险合同中的专门条款的约定,赋予其效力。

一、共同海损牺牲

共同海损牺牲(Sacrifice of General Average)是指由共同海损措施所直接造成的船、货等在形态上的灭失或损坏。通常的表现形式如下:

1. 抛弃货物

共同海损制度最初是由抛弃货物(Jettison of Cargo)发展起来的,此种情况虽然在现代海运中已不多见,但鉴于海上情况的复杂性,这一概念仍有保留的必要。关于抛弃货物问题,实际上包含了两个部分的内容。

(1)被抛弃货物(包括船用物料)本身的损失

当船舶发生触礁、搁浅等事故时,船长为了使船货免遭沉没危险,或者为了使其重新起浮而抛弃的货物,均可认作共同海损。这里应注意两个具体问题:一个是关于抛弃散装货的问题。按照有些国家(如英国和美国)的司法实践,为了减载而用船上的机械以正常的速率将散装货泵入海中,不能认作共同海损,但如果为了紧急抢险而将注入舱内的海水泵出,随之被带出的散装货,则可认作共同海损;另一个是关于抛弃有缺陷的货物(Jettison from Fault of Cargo)。由于某些货物的固有缺陷而造成危险,将其抛弃时不能作为共同海损。例如,某船装运一批鱼粉,在航程中产生高热并自燃,船长下令将其抛弃,此种损失即不属于共同海损,因为鱼粉自燃属于货物的固有缺陷。

(2)因抛弃货物而引起的财产的进一步损失

因抛弃行为的直接后果所造成的船舶或其他货物的损害,亦应作为共同海损牺牲。

《1950年约克-安特卫普规则》(以下简称《1950年规则》)、《1974年约克-安特卫普规则》(以下简称《1974年规则》),均将此类损失概括为"抛弃货物和为共同安全所做牺牲而引起的损害"(Damage by Jettison and Sacrifice for the Common Safety),即由于共同安全所做牺牲或其后果所造成的损害(例如,为了抛货的顺利,在甲板或其他部位凿洞),或者为共同安全而抛弃货物,使海水进入了被打开的舱口或其他开口部位所造成的船舶和货物或其中之一的损害。但《1950年规则》《1974年规则》在此项规定上有两处明显的缺陷:一是在抛货的进一步损失中,仅仅提到了船舶和货物而未包括其他财产(范围过于狭窄);二是在损失中仅提到了"损害"而未包括"灭失"。为此,在《1994年规则》中,本条规定被修改为"为共同安全所做牺牲所引起的灭失或损坏",这一修改使该项规定更加完善。

2. 扑灭船上火灾所造成的损失

扑灭船上火灾(Extinguishing Fire on Shipboard)所造成的损失,是指在船上发生火灾的情况下,因采取灭火措施(例如,灌水、注入蒸汽,或将失火船舶搁浅、凿沉等)而造成的船舶或货物的进一步损失。因为此种灭火行为符合共同海损的构成要件,故可以认作共同海损。

《1950年规则》中规定,已经着火的部分不得列入共同海损。之所以这样规定,其目的无非是要将灭火行为造成的损失与火灾本身造成的损失区分开来。但是,在实际情况中两者很难区分,因为在采取灭火措施时,现场往往比较混乱,况且在灭火以后散发出的烟气还会继续熏染货物,在事后很难区分哪一部分是火灾本身造成的损失,哪一部分是在灭火过程中因烟熏所造成的损失。为此,在制定《1994年规则》时,为了理算工作的方便,这一规定被修改为:不论何种原因所造成的烟熏和火烤,均不能作为共同海损而得到补偿。此种修改大大地简化了手续,使理算人员不必再花气力去区分损失原因。

3. 割弃残损物所造成的损失

残损物(Wreck),是指因海难事故已被损坏或已被拆除或已在实际上被毁灭的残留物体,如因海难事故损坏的船桅或栏杆等。如果将这些残损物继续留在船上会继续威胁船货的安全,便可以将其抛弃。若被割弃的残损物已丧失了使用价值,将其割弃时不能作为共同海损处理。即便残损物还有一定的使用价值,但从实际情况来考虑,若不将其割弃将会给船货带来更大的危险,因而在理算实务中也不作为共同海损对待。但是由于割弃残损物而造成的船舶或货物的进一步损害(例如,割弃残损的船桅而砸坏了船体)或由此而产生的费用则可以列入共同海损。

4. 船舶有意搁浅造成的损失

为了避免船舶触礁、沉没或为了扑灭火灾而主动将船舶驶往浅滩或将其凿沉在浅水地带,谓之有意搁浅(Voluntary Stranding)。只要此种搁浅是为了船舶、货物或其他财产的共同安全,则由于有意搁浅所致的船舶、货物或其他财产的损害,均可作为共同海损。此外,在搁浅期间的船员工资、伙食费以及在事故发生后雇用他船脱浅的费用等,均可一并认作共同海损。

根据《1950年规则》的规定,在船舶遭遇海难事故后注定要搁浅的情况下,船长顺势将船舶搁在浅滩所造成的损失,不得认作共同海损。之所以做出这样的规定,是为了防止有人在船舶搁浅已经不可避免的情况下故做姿态地采取一点搁浅的措施,从而将单独海损转化为共同海损。这样的规定无疑有其积极意义,但要查清船长是否在船舶注定要搁浅的情况下才采取搁浅的措施,在实践中很难做到。因此,为了简化共同海损的理算工作,故在制定《1974年规则》时将此种规定修改为:不论船舶是否注定要搁浅,只要在搁浅当时是为了共同安全的目的，由此所造成的损失应作为共同海损。《1994 年规则》在这一点上沿袭了《1974 年规则》的规定，只是将有意搁浅所造成的灭失或损坏的范围由船舶和货物扩大到同一海上航程中的财产（Property Involved in the Common Maritime Adventure）。

5. 机器和锅炉的损害

对于搁浅并处于危险境地的船舶，为了使其重新浮起而超负荷使用推进器或锅炉（Engines and Boilers）时，只要这种措施是为了共同安全而采取的，由此而导致的损失应认作共同海损。但是，船舶在漂浮状态下因使用推进器或锅炉而遭受的损害，则不能作为共同海损，因为船舶在漂浮状态下，对推进器或锅炉并未构成特殊危险。

6. 作为燃料而使用的货物、船用材料和物料的损失

当船舶遭遇危险，所配备的燃料被耗尽时，船长决定将船上所载的某些货物、船用材料或物料作为燃料使用（Cargo, Ship' s Materials and Stores Used for Fuel），此种损失可以作为共同海损。不过这里涉及船舶是否适航的问题，如果事实证明，出现上述情况是由于船上原来配备燃料不足所致，则属于未尽到使船舶适航的义务，因而船舶所有人不仅应自行承担被当作燃料而消耗的船用物料的损失，还要承担船舶不适航的责任。

在《1974 年规则》中，未提到将货物当作燃料而使用的问题，只是提及了当作燃料而烧掉的船用材料和物料（Ship' s Materials and Stores Burnt for Fuel），其中规定："在危急情况下，为了共同安全而不得不作为燃料烧掉的船用材料或物料，或其中任何一项，应列为共同海损，但应以而且仅仅以该船曾经备足了燃料为限，并且要将该船从驶离上一停靠港之日起本该耗用的估计耗油数量，按照该港的市价计算，从共同海损中扣除。"

《1994 年规则》对该项规定做了修改和补充。首先，将作为燃料而烧掉的物品从船用材料和物料扩展到货物；其次，将"烧掉"改为"必要使用"。另外又规定，如果当作燃料而使用的船用材料与物料的成本被认作共同海损时，则应把为履行计划航程（Intended Voyage）而本应消耗的燃油考虑进去。

这种较古老的共同海损牺牲目前已不多见，代之出现的是绕航避难港费用。

7. 在卸货等过程中造成的损害

船舶遭遇海难事故后，为了检修船舶而在避难港进行操作、卸载、存栈、重装和积载或移动货物或燃、物料而造成的损害（Damage to Cargo in Discharging, etc.），属于共同海损。例如，当船底破损时，为了检修船底必须卸下货物并存入仓库，待修理完毕之后，须将货物重新装上船舶，在此期间发生的一切损害和灭失均应认作共同海损。但货物卸岸后，由于火灾、洪水等造成的损失，因与共同海损之间中断了因果关系，故不得作为共同海损。

二、共同海损费用

共同海损费用（General Average Expenditure）是指由于采取共同海损措施而支付的额外费用，主要包括以下几种：

1. 救助报酬

根据《1994 规则》，船舶遭遇海上危险后，为了船舶和货物等的安全，请求第三者前来救助，不论救助是否根据合同而进行，只要救助获得成功，由同一航程的各有关方合理支付的救助报酬（Salvage Reward）应列为共同海损费用。但《2004 年约克-安特卫普规则》（以下简称《2004 年规则》）将大部分救助报酬排除在共同海损之外，规定为船舶或货物等的安全而支付

的救助报酬应由船方和货方自行承担,不得列入共同海损,除非与救助有关的一方已支付应由另一方承担的(根据获救价值而不是按共同海损分摊价值计算的)全部或部分救助费用。《2016 年规则》规则六规定:航程中各有关方所支付的救助费用,不论救助是否根据契约进行,都应列入共同海损,但以使同一航程中的财产脱离危险而进行的救助为限,并服从本条第 2、3 和 4 款的规定。由此可见,《2016 规则》不再将大部分救助报酬排除在共同海损之外,而是根据不同情况做不同的处理。

为鼓励对装运危害环境物质的船舶进行救助,《1989 年国际救助公约》规定了“特别补偿”条款。由于它是在救助未取得效果的情况下用以补偿为救助所花费用的一种特殊措施,与共同海损制度所要求的“共同海损措施必须有效果”的原则不相符,因而不能要求其他各方进行分摊,只能由获救船舶的所有人向救助方单独支付。根据 SCOPIC 条款支付给救助方的“特别补偿”也不得列入共同海损。

2. 搁浅船舶减载费用

对处在危险中的搁浅船舶,如经证明确是为了船舶和货物等共同安全而采取的起浮脱浅措施,所发生的相关费用(Expense Lightening a Ship When Ashore)应列入共同海损。例如,租用拖船卸载货物以减少船舶吃水,帮助船舶起浮脱浅,因此而产生的拖船租用费、货物卸载和重装费等,均可列为共同海损费用。

3. 避难港费用

我国《海商法》第 194 条规定,船舶因发生意外、牺牲或者其他特殊情况而损坏时,为了安全完成本航程,驶入避难港口、避难地点或者驶回装货港口、装货地点进行必要的修理,在该港口或者地点额外停留期间所支付的港口费,船员工资、给养,船舶所消耗的燃料、物料费,为修理而卸载、储存、重装或者搬移船上货物、燃料、物料以及其他财产所造成的损失、支付的费用,应当列入共同海损。值得注意的是,《2004 年规则》仅将在港口或地点额外停留期间消耗的燃油和物料列入共同海损,而将“船员工资、给养”删去,即此项费用不能作为共同海损受到补偿。《2016 年规则》恢复了原来的规定,又将船员的“船员工资和给养”认作共同海损,由各有关方分摊。

在发生意外事故的情况下,为了解除船舶、货物或其他财产的危险,需要将船舶驶入避难港口并且在危险解除后再驶回原来地点,由此所发生的避难港费用(Expenses in Port of Refuge)应该认作共同海损。避难港费用包括:进入避难港或原装货地点与驶离这些地点的费用(如果该避难港或地点并非原定进入的港口或地点);从出事地点驶入避难港或原装货地点直至驶回原出事地点期间而延长航程的费用;为了维护共同安全的需要或者为安全完成航程而对船舶进行修理时所发生的货物、燃料或物料的倒载、卸载费用。此外,被卸下货物、燃料或物料的贮存费(包括储存期间的保险费,如曾合理发生)、重装费和积载费,也可以认作共同海损,但前提条件是对货物、燃料或物料的倒载及卸载行为本身已经被认定为共同海损措施。

这里需要提及的是,货物、燃料或物料在操作、起卸、存栈、重装和积载过程中所受的灭失或损坏,也可认作共同海损,但同样需要一个前提条件,即货物、燃料或物料的操作、起卸、存栈、重装和积载行为本身已经被认定为共同海损行为。换言之,只有这些行为本身可以被认定为共同海损行为,则由于实施这些行为而造成的进一步损失才能认作共同海损。例如,船舶在发生事故以后,为了进行修理需要将货物卸下,而后再重新装船,只要上述行为被认定为共同海损行为,就意味着因实施这些行为而发生的卸货费、堆存费、仓储费、重装费等均可以列入共同海损，与此同时，在实施此种行为时所造成的货物的灭失或损坏，也可以列入共同海损。

如果船舶损坏部分必须在避难港进行修理，而该港又没有修理能力，该船不得不驶往另一个有修理能力的港口时，只要该项修理是为了安全地完成航程所必需，则在修理港所发生的相关费用也可以列入共同海损，这些费用包括：港口费用、临时修理费、拖带费；消耗的燃、物料的费用；由于修理而卸载、重装和移动船上货物等引起的费用。在法律上，这些费用与在避难港发生的费用可以等同看待。

如果船舶推定全损而放弃航次，则额外停留期间应到船舶报废之日或放弃航次之日。但如果船舶报废或放弃航次之时，船舶尚未完成卸货，则应计算到卸货完毕时为止。

作为进港和在港内停留的一个条件，而向避难港支付的防止或减轻环境损害的费用，也可列为共同海损费用。

4. 修理费用

如果船舶的损坏是由于共同海损行为及后果引起的，则修理费（Repairing Expenses）本身应作为共同海损。但在进行永久性修理时，对换新的部件和材料要做合理的“以新换旧”的扣减。《1974年规则》及以后的规则，都对“以新换旧”的扣减做出了规定：用新材料或新部件更换旧材料或旧部件时，如果船龄不超过15年，列入共同海损的修理费用不做“以新换旧”的扣减，否则应扣减1/3。是否扣减，应按船龄确定，船龄是从船舶建成之年的12月31日起计算至共同海损行为发生之日为止。但绝缘材料、救生艇和类似小艇、通信和航海仪器和设备、机器和锅炉应按各自使用的年数确定。扣减只从新材料或新部件制成并准备安装到船上时的价值扣减。供应品、物料、锚和锚链不做扣减。干坞费、船台费和移泊费应全部列入共同海损。船底刷洗、油漆或涂层的费用不应列入共同海损，但如在共同海损行为发生之日以前12个月内曾经油漆或涂层，则油漆或涂层费用的半数应作为共同海损。因考虑到现在的涂层可以用4~5年，故《2016年规则》将“12个月”改为了“24个月”。

如果船舶受损是由共同海损措施造成的，临时修理费应列入共同海损，而且临时修理不需做“以新换旧”的扣减。如果为了完成航程而对意外损坏进行临时修理，此项修理费用亦应列入共同海损，但其数额应以因此所节省的如不在该港进行临时修理本应支付的共同海损的费用为限。

如果为了安全地完成航程，必须对船舶进行修理，则为进行此项修理在港口额外停留期间所支付的港口使费，船员工资、给养和船舶燃、物料消耗等，可以列为共同海损。

如果船舶的损坏与本航次无关，船长也未采取任何共同海损行为，则在修理过程中所支付的以上各项费用均不得列为共同海损。

5. 代替费用

我国《海商法》第195条规定，为代替可以列为共同海损的特殊费用而支付的额外费用，可以作为代替费用（Substituted Expenses）列入共同海损；但是，列入共同海损的代替费用的金额，不得超过被代替的共同海损的特殊费用。代替费用是一种额外支付的费用。这项费用本身不属于共同海损的范畴，但由于支付这项费用的结果，可以避免支付另一项或多项本应列为共同海损的费用，因此将该项费用作为共同海损代替费用，与共同海损费用做同样处理。共同海损代替费用应具备以下两个条件：第一，代替行为必须是谨慎、合理地采取的，代替费用必须较被代替费用为节省；第二，采取这种代替行为而支付的费用不是正常的费用，其行为也是在特殊情况下的一种临时行为。

发生共同海损的船舶进入避难港进行修理,为了节省本可列入共同海损的货物仓储和保管费,将货物由其他船舶转运至目的港,因此而产生的转船运费可以作为代替费用列入共同海损;遇难船舶在避难港进行临时性修理,因而节省了如进行永久性修理原应支付的额外停留期间的港口使费,船员工资、给养,燃、物料等,此项临时性修理费用同样可以作为代替费用列入共同海损。

6. 杂项费用

它是指与处理共同海损案件有关的费用。由于这些费用的支付,对船、货各方有共同的利益关系或与共同海损案件处理有直接关系,因而被各有关方认可,将其列入共同海损费用中。如:共同海损保险费,船货共同海损损失检验费,船货避难港代理费、电报费,垫付共同海损的利息和手续费,共同海损理算费等。

我国《海商法》第201条规定,对共同海损特殊牺牲和垫付的共同海损特殊费用,应当计算利息。对垫付的共同海损特殊费用,除船员工资、给养和船舶消耗的燃、物料外,应当计算手续费。

单元三 共同海损事故处理

【学习目标】

通过本单元的学习，应达到以下目标：

1. 熟悉共同海损与过失的关系；
2. 掌握共同海损事故处理的要点；
3. 掌握处理海损事故需要收集的证据。

【相关内容】

一、共同海损的举证责任

举证责任，是指用以证明案件事实的证据应由谁负责提出，由谁来承担提出与案件有关证据的义务。在共同海损案件中，哪些牺牲和费用以及其全部还是部分属于共同海损，根据《中华人民共和国民事诉讼法》（以下简称《民事诉讼法》）中关于"当事人对自己提出的主张，有责任提供证据"的原则，一般由提出共同海损分摊请求的一方负责举证，证明其损失应当列入共同海损。此外，对共同海损案件中，关于分摊价值的确定、非过失方或过失方就共同海损分摊额进行的追偿或抗辩，也应当适用谁请求谁举证的原则。我国《海商法》第 196 条规定，提出共同海损分摊请求的一方应当负举证责任，证明其损失应当列入共同海损。

二、共同海损与过失的关系

我国《海商法》第 197 条规定，引起共同海损特殊牺牲、特殊费用的事故，可能是由航程中一方的过失造成的，不影响该方要求分摊共同海损的权利；但是，非过失方或者过失方可以就此项过失提出赔偿请求或者进行抗辩。

引起共同海损特殊牺牲、特殊费用的事故，既可能是由不可抗力造成的，也可能是由航程中一方的过失造成的。根据我国《海商法》《海牙规则》等的有关规定，作为航程中的承运人在海上货物运输中是负不完全过失责任的，这样，他们引起的共同海损的过失亦可分为：可免责的过失和不可免责的过失两种；但除此以外，航程中的其他方则要依法负完全过失责任，即他们犯有的过失都属于不可免责的过失。

（1）当已经确定引起共同海损特殊牺牲、特殊费用的事故，确实是由于航程中一方的可以免责的过失造成的，其他受益方应当参与分摊共同海损，如同该共同海损是非由该方的任何过失所引起的一样。

（2）当已经确定引起共同海损特殊牺牲、特殊费用的事故，确实是由于航程中一方的不可免责的过失造成的，那么，该过失方不但须对全部共同海损负责、无权要求其他方分摊共同海损，还须对其他方由此事故而引起的一切损失进行赔偿。

（3）当没有确定引起共同海损特殊牺牲、特殊费用的事故，是否是由航程中一方的过失以及是由可免责的过失还是不可免责的过失所引起时，即"可能是由航程中一方的过失造成的”,依照共同海损理算与分摊分开进行的原则处理。也就是说,可以先在推定航程中进行的各方均无过失的情况下进行共同海损理算;然后再决定共同海损分摊之时或之前,确定该共同海损事故是否是由于航程中一方的不可免责的过失引起的。如果是,其他非过失方就无须参与分摊共同海损;如果不是,其他非过失方则应参与分摊共同海损。在此过程中,非过失方或者过失方还可以就此项过失提出赔偿要求或者进行抗辩,比如,货方可以就船方的过失给其货物造成的全部损失要求赔偿,而船方亦可以就其根本没有发生过失或者该过失是可免责的进行抗辩。

在航程中有关方的过失处于不确定的状态时,共同海损理算与共同海损分摊、提出赔偿请求以及进行抗辩等分开处理的办法,旨在避免出现共同海损各当事方因共同海损事故责任争执而引起扩大财产损失、增加不必要的延迟等情况,从而有利于及时、公平、合理地解决共同海损事故。

三、船舶应采取的行动

1. 立即采取相应的措施并做好相关的记录

可能构成共同海损案件的重大海损事故主要有火灾、搁浅、碰撞、机损等。在这些海损事故发生后,采取的行为,如抛货、灌水、自动搁浅、凿洞沉船、签订救助合同、请求他船救助、强行发动机起浮脱浅、卸载、倒移货物、驶往避难港等,一般来说都符合共同海损的特征。因此,船长应亲自或要求有关船员认真做好现场记录,掌握足够的共同海损证据,对确认并迅速地处理共同海损案件十分有利。

2. 及时向船公司汇报并认真听取船公司的指示

在海损事故发生时,船长应及时与船公司进行联系,向船公司汇报事故的经过和处理情况,在危险尚未解除时还应将准备采取的行为和建议一并报告船公司,听取船公司的指示。

3. 提交海事声明

在船舶到达避难港或目的港开舱卸货以前,船长应发表“海事声明”。一些地区和港口只能凭船舶抵达后提交的海事声明作为可收取共同海损分摊费用的先决条件之一。船长还应及时拟递“海事报告”,并请有关当局确认。因为海事报告是关于海损事故产生的原因以及所造成的损失情况的一个重要法律文件,船长在拟制这些文件时,应恰如其分地陈述。经过确认的海事报告在宣布了共同海损以后,其副本应尽快地通过代理送到有关方(如货方、货方保险人及租船人等)手中。

4. 初步估算造成的损失和产生的费用

由于共同海损理算费用较高,并且理算时间很长,对一些小额损失,船长需事先和船公司及船舶保险公司联系,以便决定是否需要宣布共同海损。因为船舶应分摊的共同海损通常由船舶保险人承担,若共同海损损失较小,保险公司同意赔偿船舶的全部共同海损损失,船方可不宣布共同海损,以避免产生过高的理算费用。

5. 宣布共同海损和办理共同海损担保

宣布共同海损的目的主要是将事故通知全体货方,要求货方提供共同海损担保,保证支付共同海损分摊金额。船方有权决定是否宣布共同海损。如果船方决定宣布共同海损,船长应在当地规定的时效内宣布。在宣布了共同海损以后,船方可以立即委托理算师代为向货主收取共同海损担保,担保的形式有提供共同海损担保金或担保函等。船长只有在理算师已收到共同海损担保金或担保文件，以及必要时的“海损协议书”，并通知了船方以后，才可放货，否则船方可行使货物留置权，或慢卸或停止卸货，以此来迫使货方提供担保。

海损协议书是由船货双方签署的，保证分摊共同海损的书面文件。收货人除了要向船方出具经货物保险人签署的担保函外，还必须提供由其签署的海损协议书。如果收货人提供由货物保险人出具的共同海损分摊保证书，货物保险人据此保证直接承担共同海损的分摊，则收货人可不另行签署海损协议书。

6. 货物转运时的处理

船舶在避难港需要较长时间的修理时，一些货主为了及时地把货物运往目的港，或为了节省货物的仓储、保管等共同海损费用或其他原因，可能要求转船或采取其他运输方式把货物先行运走。在这种情况下，船、货已分离，为了防止货主借此拒绝分摊船、货分离以后的共同海损费用，船长或理算师可以代表船方要求货方签订“不分离协议”，明确转运不影响货方分摊共同海损，即货方仍应如同货物由原船修复后运至目的港一样，分摊共同海损。

7. 递交海事报告

船舶在事故发生后的第一到达港或目的港开始卸货之前，船长还应及时向港口当局或公证处、我国驻外使领馆等提交海事报告，取得签证后，其副本应尽快通过代理送交货方及其保险人、租船人等有关方。海事报告是关于海损事故产生的原因及造成的损失情况的重要法律文件，船长在起草该文件时，应严谨、准确地陈述事实经过。

8. 安排检验

共同海损事故发生后，在船舶第一到达港，船方应和货方联合聘请检验人员，对船货等损坏情况进行检验，如果需要，还应申请潜水员对船底进行检查并出具报告，以便确定损害的性质、范围与程度。检验报告应按损失的性质（共同海损、单独海损及应由船方负责的检修项目）分别注明各类损失的部位和损失程度、建议修理项目、估计修理费用和需要修理的时间等。船长应妥善保管好有关检验报告。

9. 妥善处理货物

妥善地处置因共同海损行为而受损的货物，主要是分清货物的受损原因，并采取适当的方式（如整理或出售等）对受损的货物加以处理，以尽量减少损失。

对货物的处理方式需要事先征得有关货主的同意，并按每票货物做好出售清单。

10. 准备好理算所需的相关资料、文件和单证

为事后处理共同海损，船长需准备有关材料，以便海损理算师对案件的处理提供正确、及时和有效的处理意见。

需要准备的资料包括：船舶名称、船籍、船级、租用状态；船东名称及公司的相关资料；案件发生时间、地点、事故情况、应急处理方法及结果等；航次资料（装/卸港、货物、舱单、提单及提单背面条款）；保险状况（保险条款、附加险、保险人、保险价值、小金额共同海损条款）；船东对修理方法的意见；等等。

需要准备的文件和单证包括：海事报告、航海日志和轮机日志摘要、船损检验报告、货损检验报告、船舶修理费用清单及其他共同海损费用清单、货物积载图、提单副本、海损协议书或共同海损分摊保证书、救助合同等。

模块九
海事赔偿责任限制与油污损害赔偿

单元一 海事赔偿责任限制

【学习目标】

通过本单元的学习，应达到以下目标：

1. 掌握海事赔偿责任限制的概念与发展历史；
2. 掌握我国《海商法》关于海事赔偿责任限制的规定及精神。

【相关内容】

一、海事赔偿责任限制的概念

海事赔偿责任限制（Limitation of Liability for Maritime Claims），是指在发生重大海损事故时，作为责任人的船舶所有人、经营人和承租人等，可根据法律的规定，将自己的赔偿责任限制在一定范围内的法律制度。当然，从另一角度来讲，哪些船舶可以适用责任限制的法律，哪些责任人在何种情况下可据此限制自己的赔偿责任，以及可针对哪些债权、限制到何种程度等，又完全取决于法律的规定。因此，如果说海事赔偿责任限制是海商法赋予船舶所有人、经营人、承租人等的一个特权，则它是一种法定特权。

二、海事赔偿责任限制方法

1. 船价制

船价制是指责任人（责任主体）对因海损事故产生的债务的赔偿，以发生海损事故的航次终了时的船舶价值（包括运费）为限的人的有限责任制。实践中，如果船舶所有人将船舶（包括运费）委付给债权人，则可免除赔偿责任。

船价制采用一个航次一个限额。若在海损事故航次中船舶灭失,债权人将得不到赔偿。

2. 金额制

金额制是指责任人对因海损事故产生的债务的赔偿,以发生海损事故的船舶吨位乘以每一吨位的赔偿限额计算出来的金额为限的人的有限责任制。在金额制下,责任人对船舶每一次海损事故引起的债务,其赔偿责任都以确定的金额为限,而不论船舶价值的大小,即使发生海损事故的船舶在事故航次中灭失,债权人仍能得到稳定的赔偿。

金额制采用一次事故一个限额。

3. 执行制

执行制是指责任人对因海损事故产生的债务的赔偿,债权人只能要求对责任人的海上财产(包括船舶和运费)强制执行,不得对责任人拥有的其他财产主张权利。即责任人对因海损事故造成的债务的赔偿,以其海上财产为限,并有赖于债权人对其海上财产主动采取措施。但当海上财产超过责任人应承担的债务时,债权人应将超过部分退还责任人。

在执行制下,责任人的赔偿责任采用一个航次一个限额。责任人的赔偿责任仅限于债权人可对其执行的海上财产,因此执行制也被称为物的有限责任制。

4. 委付制

委付制是指责任人对因海损事故产生的债务负无限赔偿责任,但若已将其所拥有的海上财产委付给债权人,则可免除其所有责任。即责任人对因海损事故造成的债务的赔偿以其海上财产为限,并有赖于其主动履行,否则可能承担无限赔偿责任。但委付后,如果海上财产超过其应承担的债务,超过部分债权人可不退还。

在委付制下,责任人的赔偿责任采用的也是一个航次一个限额。责任人的赔偿责任仅限于委付给债权人的海上财产,因此也属于物的有限责任制。

除上述 4 种基本的海事赔偿责任限制的方法以外,还有并用船价制和金额制,以高者为准的并用制,由责任人在船价制、金额制和委付制中进行选择的选择制。

三、海事赔偿责任限制法律的内容

海事赔偿责任限制作为一种法律制度,一般应对以下几个问题做出明确的规定:

1. 适用的船舶

适用的船舶,是指有关海事赔偿责任限制的法律适用的船舶。

我国《海商法》中有关海事赔偿责任限制的规定,适用于海船或其他海上移动装置,但用于军事的、政府公务的船舶和 20 总吨以下的小型船舶除外。

《海商法》规定了 300 总吨以上船舶的海事赔偿责任限额,但将不满 300 总吨的船舶、从事中华人民共和国港口之间运输的船舶以及沿海作业的船舶的责任限额,授权国务院交通主管部门制定。据此,交通部制定并由国务院批准发布了《关于不满 300 总吨船舶及沿海运输、沿海作业船舶海事赔偿限额的规定》(以下简称《规定》)。

据此,不同的船舶,其责任限额适用不同的法律和法规。国际运输或作业船舶和我国沿海运输船舶相撞,我国沿海运输船舶申请海事赔偿责任限额时,根据《海商法》第 210 条第 2 款的规定,适用《规定》第 4 条的规定;国际运输或作业船舶申请海事赔偿责任限额时,若船舶吨位为 300 总吨以上(包括 300 总吨),适用《海商法》第 210 条第 1 款的规定,若船舶吨位不满 300 总吨,适用《规定》第 3 条的规定。

但是，上述船舶在申请海事赔偿责任限额时，应当同时考虑《规定》第 5 条的规定，也就是说，同一海事事故(比如船舶碰撞)的当事船舶的海事赔偿责任限额，有适用《海商法》第 210 条第 1 款或《规定》第 3 条的，其他当事船舶的海事赔偿责任限额应当同样适用。即其他当事船舶的海事赔偿责任限额，应当按照吨位的大小，适用《海商法》第 210 条第 1 款或《规定》第 3 条的规定。

2. 责任主体

责任主体(或称责任人)，是指有权根据海事赔偿责任限制的法律限制其赔偿责任的人。

我国《海商法》规定，海事赔偿责任限制责任主体有船舶所有人、承租人、管理人、经营人、救助人及责任保险人。当诉讼是针对船舶本身或上述责任人应对之负责的人提起时，这些人也有权限制其赔偿责任。

何谓船舶经营人？我国的有关行政法规中虽有船舶经营人的概念，但均没有明确船舶经营人的定义。《最高人民法院关于审理海事赔偿责任限制相关纠纷案件的若干规定》第 12 条规定，《海商法》第 204 条规定的船舶经营人是指登记的船舶经营人，或者接受船舶所有人委托实际使用和控制船舶并应当承担船舶责任的人，但不包括无船承运业务经营者。由于无船承运业务经营者，其特点是无船和经营运输，并非经营船舶，其与船舶之间不存在利益关系，所以无船承运业务经营者不应包括在船舶经营人的范围内，不能作为船舶经营人成为享受海事赔偿责任限制的主体。

《海商法》赋予船舶所有人、经营人、承租人等享受海事赔偿责任限制的权利，主要是基于船舶经营面临海上风险而对其给予特殊保护。航次租船合同承租人并不拥有船舶，对船舶的营运没有控制权，也不承担船舶营运的风险，其系经营运输而并非经营船舶。将航次租船合同承租人作为享受海事赔偿责任限制的主体，与海事赔偿责任限制制度的设立目的以及发展趋势并不相符。因此，我国《海商法》第 204 条规定的船舶承租人不包括航次租船合同承租人。

3. 限制性债权

限制性债权，是指责任人可根据海事赔偿责任限制的法律进行赔偿责任限制的债权。

我国《海商法》规定，除另有规定外，对于下列索赔，责任人可限制其责任：

(1)在船上发生的或者与船舶营运、救助作业直接相关的人身伤亡或者财产的灭失或损坏，包括对港口工程、港池、航道和助航设施造成的损坏，以及由此引起的相应损失的赔偿请求。

(2)海上货物运输因延迟交付或者旅客及其行李运输因延迟到达造成损失的赔偿请求。

(3)与船舶营运或者救助作业直接相关的，侵犯非合同权利的行为造成其他损失的赔偿请求。

(4)责任人以外的其他人，为避免或者减少责任人依照本法规定可以限制赔偿责任的损失而采取措施的赔偿请求，以及因此项措施造成进一步损失的赔偿请求。

4. 非限制性债权

非限制性债权，是指责任人根据海事赔偿责任限制的法律不能进行赔偿责任限制的债权。

我国《海商法》规定，对于下列债权，责任人不得限制其赔偿责任：

(1)对救助款项或者共同海损分摊的请求；

(2)《国际油污损害民事责任公约》规定的油污损害的赔偿请求；

(3)《国际核能损害责任限制公约》规定的核能损害的赔偿请求；

(4)核动力船舶造成的核能损害的赔偿请求;

(5)船舶所有人或者救助人的受雇人提出的赔偿请求,根据调整劳务合同的法律,船舶所有人或者救助人对该类赔偿请求无权限制赔偿责任。

5. 责任限制权利的丧失

我国《海商法》规定,引起赔偿请求的损失是由于责任人的故意或者明知可能造成损失而轻率地作为或者不作为造成的,责任人无权限制赔偿责任。

6. 责任限额

责任限额,是指责任人根据海事赔偿责任限制的法律,对某一特定事故产生的各种赔偿请求所支付的最高赔偿额。我国《海商法》第 210 条做出如下规定:

(1)对于 300 总吨以上的船舶,人身伤亡和财产损害的赔偿额按船舶总吨位分级计算。人身伤亡的赔偿限额分五级,财产损害的赔偿限额分四级。300~500 吨的船舶,人身伤亡的赔偿限额为 333 000 SDR,财产损害的赔偿限额为 167 000 SDR。对于 500 吨以上的船舶,500 吨以上的吨位分级增加一定的数额,详见表 9-1:

表 9-1　我国《海商法》规定的责任限额

<table>
<tr><td>船舶总吨位(吨)</td><td>人身伤亡</td><td>财产损害</td></tr>
<tr><td>300~500</td><td>333 000 SDR</td><td>167 000 SDR</td></tr>
<tr><td colspan="3">每吨增加</td></tr>
<tr><td>501~3 000</td><td>500 SDR</td><td rowspan="2">167 SDR</td></tr>
<tr><td>3 000~30 000</td><td>333 SDR</td></tr>
<tr><td>30 000~70 000</td><td>250 SDR</td><td>125 SDR</td></tr>
<tr><td>70 000 以上</td><td>167 SDR</td><td>83 SDR</td></tr>
</table>

(2)不满 300 总吨的船舶及沿海运输、沿海作业船舶的责任限额,《海商法》授权国务院交通主管部门制定有关《规定》:①超过 20 总吨,21 总吨以下的船舶,人身伤亡的赔偿限额为 54 000 SDR,财产损害赔偿限额为 27 500 SDR;超过 21 总吨的船舶,超过部分的人身伤亡的赔偿限额每吨增加 1 000 SDR,财产损害的赔偿限额每吨增加 500 SDR。②沿海运输、沿海作业的船舶,不满 300 总吨的船舶,赔偿限额按本规定确定的赔偿限额的 50%计算;300 总吨以上的船舶,按《海商法》规定的赔偿限额的 50%计算。③同一事故中的当事船舶的海事赔偿限额,有适用《海商法》或者本规定的,其他当事船舶的海事赔偿限额应当同样适用。

(3)不以船舶进行救助作业或者在被救助船舶上进行救助作业的救助人,其责任限额按照总吨位为 1 500 吨的船舶计算。

(4)海上旅客运输的旅客人身伤亡的赔偿限额,按照 46 666 SDR 乘以船舶证书规定的载客定额计算赔偿限额,但是最高不超过 25 000 000 SDR。

(5)中华人民共和国港口之间的海上旅客运输人身伤亡的赔偿限额,《海商法》授权国务院交通主管部门制定。交通部制定的于 1994 年 1 月 1 日起施行的《中华人民共和国港口间海上旅客运输赔偿责任限额规定》对此做出如下规定:①旅客人身伤亡的,每名旅客不超过 4 万元人民币;②旅客自带行李灭失或者损坏的,每名旅客不超过 8 000 元人民币;③旅客车辆包括该车辆所载行李灭失或者损坏的,每一车辆不超过 3 200 元人民币;④上述②③以外的旅客其他行李灭失或者损坏的,每千克不超过 20 元人民币。

此外，该规定一方面允许承运人与旅客以书面形式约定高于4万元人民币的赔偿限额，另一方面又规定海上旅客运输的旅客人身伤亡赔偿责任限制，按照4万元人民币乘以船舶证书规定的载客定额计算赔偿限额，但是最高不超过2 100万元人民币。

(6)我国《海商法》中有关人身伤亡和财产损失的赔偿责任限额采用的是以特别提款权(SDR)作为计算单位的“超额递减金额”制，一次事故一个限额。

单元二 船舶油污损害赔偿

【学习目标】

通过本单元的学习，应达到以下目标：

1. 掌握船舶油污损害赔偿的概念及特点；
2. 掌握《1992 年国际油污损害民事责任公约》的主要内容；
3. 掌握《2001 年国际燃油污染损害民事责任公约》的主要内容。

【相关内容】

一、船舶油污损害的概念与特点

1. 船舶油污损害的概念

船舶油污损害是指船舶在正常营运中或发生事故时，逸出或排放油类货物、燃料油或其他油类物质，如废油、油类混合物，在运油船舶以外因污染而产生的财产损害或人身伤亡，包括事故发生后，为防止或减轻此种损害而采取合理措施的费用，以及由于采取此种措施而造成的进一步损害。

2. 船舶油污损害赔偿的特点

船舶油污损害赔偿具有下列不同于其他海事损害赔偿的特点：

(1)严格责任原则

装运散装持久性油类货物的船舶所有人，对船舶逸出或排放的油类所造成的油污损害，除少数情况外，不论其本人、船长、船员或其他受雇人员是否有过错，均须承担赔偿责任。

何谓严格责任？

严格责任就是无过错责任原则。严格责任的“严格”，就是不考虑行为人过错的因素，而是就行为的后果论责任。无过错责任原则，是在法律有特别规定的情况下，不问行为人致人损害时是否有过错，都要承担侵权赔偿责任的归责原则。法律规定无过错责任原则的根本目的，在于切实地保护人民群众人身、财产的安全，更好地保护民事主体的合法权益，促使环境污染的污染者对自己的工作或事务予以高度负责，谨慎小心从事，不断改进技术安全措施，提高工作质量，尽力保障环境的安全；一旦造成损害，能迅速、及时查清事实，尽快赔偿人们的人身损害和财产损失。适用这一原则的基本思想，在于使无辜的损害尽快由行为人合理负担，切实保护被侵权人的民事权益。

(2)高额赔偿责任限制

虽然船舶所有人在一定条件下，对油污损害的赔偿可享受责任限制，但为了更好地保护海洋环境，有关的国际公约和各国国内法都规定油污损害的赔偿责任限额大大超出一般的海事赔偿责任限额。根据《最高人民法院关于审理船舶油污损害赔偿纠纷案件若干问题的规定》，油船装载的持久性油类造成油污损害的，应依照《防治船舶污染海洋环境管理条例》《1992 年国际油污损害民事责任公约》的规定确定赔偿限额。油船装载的非持久性燃油或者非油船装载的燃油造成油污损害的，应依照《海商法》关于海事赔偿责任限制的规定确定赔偿限额。

(3)赔偿责任的强制保险

有关的国际公约和各国国内法，对于一些船舶所有人应承担的油污损害赔偿责任进行强制保险，同时规定油污受害方可以直接对保险人提起索赔。

(4)货主分摊油污损害

进口或接受海运石油超过一定数量的货主须交付摊款，设立特别的基金，参加油污损害的分摊，以减轻船舶所有人的压力，使油污受害方尽可能多地获得赔偿或补偿。

二、国际油污损害民事责任公约

1992 年 11 月 27 日，IMO 在伦敦通过《1969 年国际油污损害民事责任公约 1992 年议定书》，也称《1992 年国际油污损害民事责任公约》(CLC 92)。该议定书于 1996 年 5 月 30 日生效。我国于 1999 年 1 月 5 日加入该公约，2000 年 1 月 5 日对我国生效，同时《1969 年国际油污损害民事责任公约》对我国失效。

1. 公约适用范围

公约适用的船舶为载运作为货物的散装油类而建造或改建的任何类型的海船和海上运输工具，但是，一艘能够运输油类和其他货物的船舶仅在其实际载运作为货物的散装油类时，以及在进行这种运输之后的任何航次，方能被视为一艘船舶，但能证明船上已不再装有散装油类的残余物者外。

公约适用的油类为任何持久性烃类矿物油，如原油、燃油、重柴油和润滑油，不论作为货物装运于船上，还是作为这类船舶的燃料。

公约适用的区域为缔约国的领土，包括领海，以及缔约国根据国际法设立的专属经济区，或者，如果缔约国尚未设立这种区域，则为该国根据国际法所确定的超出并毗连于其领海的区域，自该国测量其领海宽度的基线算起，外延不超过 200 n mile，以及为预防或减轻这种损害而在任何地方采取的预防措施。

2. 责任主体

对油污损害负有赔偿责任的人，仅限于船舶所有人。“所有人”是指登记为船舶所有人的人，如果没有登记，则是指拥有该船的人。但如船舶为国家所有并由在该国登记为船舶经营人的公司所经营，“所有人”即指这种公司。“船舶登记国”，就登记的船舶而言，是指对船舶进行登记的国家，就未登记的船舶而言，是指其船旗国。

除非损害由他们本人有意造成，或是明知可能造成这种损害而毫不在意的行为或不为所引起，否则油污受害人不能对下列人员提出污染损害赔偿要求：

(1)船舶所有人的雇佣人员或代理人，或船员；

(2)引航员，或为船舶提供服务的非属船员的任何其他人；

(3)任何承租人(任何类型的承租人，包括光船承租人)、船舶管理人或经营人；

(4)经船舶所有人同意或根据有关主管当局的指令进行救助作业的任何人；

(5)采取预防措施的任何人；

(6)上述第(3)、(4)、(5)项中提及的所雇佣人员或代理人。

3. 赔偿责任限额

船舶所有人有权按本公约将其对任一事件的赔偿责任限于按下列方法算出的总额：不超过 5 000 总吨的船舶，其所有人的赔偿责任限额为 300 万 SDR；超过 5 000 总吨的船舶，每吨位增加 420 SDR，但总额不超过 5 970 万 SDR。

IMO 于 2000 年 10 月召开的法律委员会第 82 届会议通过了《1992 年国际油污损害民事责任公约》的 2000 年修正案（以下简称《2000 年责任公约》）。修正案规定的限额比《1992 年国际油污损害民事责任公约》规定的限额提高了 50.37%，修正案于 2003 年 11 月 1 日生效。我国是该修正案的缔约国，因此，该修正案对我国具有约束力。

《2000 年责任公约》规定，不超过 5 000 总吨的船舶，其所有人的赔偿责任限额为 451 万 SDR；超过 5 000 总吨的船舶，每吨位增加 631 SDR，但总额不超过 8 977 万 SDR。

4. 责任限制权利的丧失条件

《1992 年国际油污损害民事责任公约》规定，当油污损害是由于船舶所有人本人故意造成或明知可能造成损害而轻率地作为或不作为所引起时，船舶所有人丧失赔偿责任限制权利。

5. 船舶所有人的免责

公约就船舶所有人对油污损害的赔偿责任实行严格责任。除下列情况外，船舶所有人对其船舶逸出或排放的油类造成的油污损害应负赔偿责任，而不论其本人、船长、船员或代理人对此有无过错：

（1）由于战争行为、敌对行为、内战、武装暴动或特殊的、不可避免和不可抗拒性质的自然现象所引起的损害；

（2）完全是由于第三者有意造成的行为或不行为所引起的损害；

（3）完全是由于负责灯塔或其他助航设施管理的政府或其他主管当局，在履行其职责时的疏忽或其他过失行为所造成的损害；

（4）损害的全部或部分是由于受害人的故意或过失行为所引起的，船舶所有人可以全部或部分免除责任，但船舶所有人需负举证责任。

6. 船舶油污损害赔偿范围

公约规定，下列损害可依公约得到赔偿：

（1）由于船舶泄漏或排放油类，而在船舶之外因污染造成的损失和损害，不论这种泄漏或排放发生于何处。但是，对环境损害的赔偿，除这种损害所造成的盈利损失外，应限于已实际采取或行将采取的合理复原措施的费用。

（2）预防措施的费用和因预防措施而造成的进一步损失或损坏。

7. 强制保险

在缔约国登记的且载运 2 000 吨以上作为货物的散装油类货物的船舶所有人，必须对其依公约所承担的油污损害赔偿责任进行保险，或取得其他财务保证，否则各缔约国不得允许上述船舶从事营运。

缔约国的主管当局在确信上述要求已经得到满足之后，应向每艘船舶颁发一份证明保险或其他财务担保（根据本公约的规定乃属有效的证书）。对于在缔约国登记的船舶，这种证书应由船舶登记国的主管当局颁发或签证；对于未在缔约国登记的船舶，证书可由任何一个缔约国的主管当局颁发或签证。证书应包括船名和船籍港；船舶所有人名称或其主要营运地点；保证的类别；保险人或提供保证的其他人的姓名及主要营业地点，当适用时，包括设立的保险或保证的营业地点；证书的有效期限，该期限不得长于保险或其他保证的有效期限。证书应以颁发国的一种或数种官方文字颁发，如所用文字既非英文又非法文，则应包括译成该两种文字之一的译文。证书应存于船上，其一份副本应交由保存该船登记记录的主管当局收存，如该船未在缔约国登记，则应由颁发或签发此证书的国家主管当局收存。

8. 诉讼时效

如果不能在损害发生之日起3年内提出诉讼，按本公约要求赔偿的权利即告失效。无论如何不得在引起损害的事件发生之日起6年之后提出诉讼。如该事件包括一系列事故，6年的期限应自第一个事故发生之日起算。

三、国际燃油污染损害民事责任公约

1969年制定的《1969年国际油污损害民事责任公约》和1973年制定的《1973年国际防止船舶造成污染公约》，以及1996年制定的《国际海上运输有毒害物质损害责任及赔偿公约》（以下简称HNS公约）构建了船舶污染防护和赔偿的框架。但是，从船舶污染赔偿的角度而言，由于《1969年国际油污损害民事责任公约》原则上只适用于油船，HNS公约仅适用于载运有毒有害物质的船舶，绝大多数的船舶燃油污染被排除在此框架之外。

与货油污染相比，燃油污染事故数量大，占全部污染事故的1/2以上，因此，燃油污染是国际海运界不可回避的挑战。2001年3月23日，IMO通过了《2001年国际燃油污染损害民事责任公约》（International Convention on Civil Liability for Bunker Oil Pollution Damage，2001）（以下简称《燃油污染民事责任公约》）。该公约于2008年11月21日生效。2009年2月21日该公约对我国生效。截至2012年1月31日，共有64个缔约国，占世界船队总吨位的89.12%。

1. 适用范围

公约适用于下列区域内由于船用燃油溢漏或排出造成的污染损害：

（1）缔约国的领土，包括领海。

（2）按照国际法设立的专属经济区；如果缔约国未设立此种区域，则为该国按照国际法确立的，在其领海之外并与其领海毗连的从测量其领海宽度的基线向外延伸不超过200 n mile的区域。

（3）为预防或减轻这种损害而在无论何地所采取的预防措施。

2. 船舶所有人的责任

（1）在事故发生时，船舶所有人应对事故引起的任何由于船上装载的或者来源于船上的船用燃油所造成的污染损害负责，如果该事件包括一系列事故，则船舶所有人的赔偿责任自第一次事故发生时起算。

（2）在多艘船舶造成燃油污染损害的情况下，对于无法区分开来的损害，这些船舶的所有人负连带责任。

（3）船舶所有人如能证实损害系属于以下情况，即对之不负责任：

①由于战争行为、敌对行为、内战或武装暴动，或特殊的、不可避免的和不可抗拒性质的自然现象所引起的损害；

②完全是由于第三者有意造成损害的行为或不作为所引起的损害；

③完全是由于负责灯塔或其他助航设备的维修、保养的政府或其他主管当局在履行其职责时的疏忽或其他过失行为所造成的损害。

(4)如船舶所有人证明,污染损害完全或部分地是由于受害人有意造成损害的行为或不为,或是其疏忽而引起的,则该船舶所有人即可全部或部分地免除对该人所负的责任。

3. 索赔

(1)公约的责任人不但包括登记的船舶所有人,还包括光船租船人、船舶经营人和船舶管理人。同时,受害者还可直接向责任保险的保险人提出索赔。

(2)燃油公约的索赔范围仅限于因溢油导致的直接损失、为恢复环境实际采取或将要采取的合理恢复措施的费用、预防措施的费用以及因采取预防措施而造成的新的灭失或损坏。

4. 责任限制

公约没有设立独立的责任限制,而将这一问题交由各缔约国自己来决定。

5. 强制保险和证书

公约要求所有 1 000 总吨以上船舶必须强制投保燃油责任险或持有其他财务保证。保险或保证数额应符合各缔约国适用的国内或国际责任限制制度的规定,但最高不应超出《1976年海事赔偿责任限制公约》及其修正案的规定限额。

公约还要求在缔约国登记的船舶必须持有由缔约国主管当局签发的证书,以证明该船已根据公约规定投保或已取得其他有效的财务担保。对不在缔约国登记的船舶,则应持有由任一缔约国主管当局签发的上述证书。

6. 时效

有关燃油污染损害赔偿的诉讼时效为 3 年,从损害发生之日起计算。但不管在何种情况下,不得在引起损害的事故发生之日起 6 年之后提起诉讼。

模块十
海上船舶保险与船东互助保险

单元一 海上船舶保险

【学习目标】

通过本单元的学习,应达到以下目标:

1. 熟悉海上保险合同的有关术语;
2. 掌握海上保险合同双方当事人的主要权利与义务;
3. 熟悉我国海洋船舶保险条款。

【相关内容】

一、海上保险概述

1. 海上保险的概念与意义

海上保险(Marine Insurance),是指保险人按照约定,对被保险人遭受保险事故造成保险标的的损失和产生的责任负责赔偿,而由被保险人支付保险费的一种制度。这里的保险事故是指保险人与被保险人约定的任何海上事故。

海上保险是对自然灾害和意外事故所造成的财产损失的一种补偿方法,属于财产保险的范畴。凡是可能遭受海上风险的财产、预期利益以及对第三者应负的责任等,都可以作为保险标的,向保险人投保。一旦保险标的遭遇保险事故,造成保险标的的损失或产生责任时,被保险人即可从保险人那里取得保险赔偿。

2. 海上保险合同的法律性质和基本原则

(1)海上保险合同是一种赔偿合同(Contract of Indemnity)

财产保险的目的是补偿被保险人的经济损失,即表现为把被保险人的风险转嫁给保险人,使被保险人恢复到未受损前的经济地位。因此，赔偿原则是海上保险最基本的原则。

但是在海上保险实务中，并不能通过保险完全弥补被保险人所遭受的经济损失，其原因是存在多种法定的或约定的保险除外或免赔责任，或者是被保险人没有足额投保，有一部分风险没有转嫁出去，要自己承受，即存在"自保"等。

(2)海上保险合同是一种射幸合同(Contract of Speculation)

理论上讲，海上保险合同的保险费是根据大数法则计算出来的，但在具体保险合同中，现时交付的保险费与将来保险人的赔偿责任之间不可能像货物买卖合同中那样进行等价交换。在本质上，保险含有赌博性质。为了避免保险业沦为纯粹的赌博，保障保险业的健康发展，法律规定了保险利益原则(Principle of Insurable Interest)，即被保险人在损失发生时对保险标的须具有可保利益，否则保险合同无效。

(3)海上保险合同是一种对人合同(Contract of Morality)

直到今天，保险人对保险标的的情况仍主要依赖被保险人的告知；保险标的的状况、被保险人的防损水平和道德风险等，对保险人决定是否接受承保以及保险费率的高低有很大的影响。海上保险法中对告知义务的规定即基于此，英美法称为最大诚信原则(Principle of Utmost Good Faith)。

(4)海上保险合同是一种格式条款合同，又称附意合同(Contract of Adhesion)

海上保险合同的保险条款，一般是保险人单方拟就和预先印备的，因此当印备的保险条款的含义不明确，有两种以上通常理解时，应做对被保险人有利的解释，或者说针对保险人来解释。这是普通法对附意合同的一条重要的解释原则，我国《保险法》第30条和《民法典》第498条都明确规定了这一原则。因此，保险人在拟定保险条款时，须十分谨慎，尽量做到含义明确，不产生歧义。

(5)海上保险合同是一种双务有偿合同(Double Payment Contract)

像绝大多数合同一样，海上保险合同是双务和有偿性质的。被保险人的义务是给付保险费，保险人的义务是对约定的损失、损害或责任予以赔偿。

3. 海上保险的种类

在海上保险中，根据可保利益的不同，有以下几种类型的保险：

(1)船舶保险

船舶保险(Hull Insurance)是指以各种类型的船舶为保险标的的一种保险。船舶保险的标的物是各种类型的船舶，承保责任范围是船舶的财产损失和有关的利益及船东的责任。目前我国船舶保险主要分为四大类，即涉外运输的船舶保险、国内船舶保险、船舶建造保险、渔船保险。

船舶保险按保险期限可分为定期保险和航次保险。除营运船舶保险外，还有在修、在造船舶的保险。

(2)运费保险

运费保险(Freight Insurance)是指以船舶营运中的期得或已交的运费为保险标的的一种保险。在海上保险实践中，对于货主而言，其支付的货物运费一般加在货物的价值上一齐投保，无须单独再投保运费保险。对于承运人而言，预付运费是没有风险的，所以仅需对有风险的到付运费进行投保。

(3)海上运输货物保险

海上运输货物保险(Marine Cargo Transportation Insurance)是指对海上运输货物可能面临的风险进行的保险。货物保险的标的是贸易商品或非贸易商品,主要承保货物在运输途中因承保风险所造成的损失。目前我国海上货物运输保险条款主要分为三大类,即海洋运输货物保险条款、海洋运输冷藏货物保险条款、海洋运输散装桐油保险条款。各类保险条款又分为不同的险别。

(4)期得利益保险

期得利益保险是指对在航程结束时预期可以获得的利润或利益进行的保险。

(5)责任保险

责任保险是指被保险人依法对第三人应承担的民事损害赔偿责任,如船舶保险中的碰撞责任,货运代理人责任等。

4. 海上保险专用术语

(1)海上保险合同

海上保险合同(Marine Insurance Contracts)是指保险人按照约定,对被保险人遭受保险事故造成保险标的的损失和产生的责任负责赔偿,而由被保险人支付保险费的合同。

(2)保险人

保险人(Insurer,Underwriter)是指与投保人订立保险合同,并承担赔偿或给付保险金责任并享有保险费请求权的保险公司,是保险合同的一方当事人。

(3)被保险人

被保险人(Insured)是指对保险标的有可保利益,在保险事故发生时享有保险赔偿请求权的人,是保险合同的另一方当事人。

(4)投保人

投保人(Applicant)是指与保险人订立保险合同,并交付保险费的人。投保人可能是被保险人本人,也可能是保险人和被保险人以外的第三人。

(5)保险标的

保险标的(Subject-matter Insured)是指保险合同双方当事人要求或提供保险保障的目标或对象。根据我国《海商法》第 218 条的规定,可以作为保险标的有:船舶;货物;船舶营运收入,包括运费、租金、旅客票款;货物预期利润;船员工资和其他报酬;对第三人的责任;由于发生保险事故可能受到损失的其他财产和产生的责任、费用。

(6)保险价值

保险价值(Insured Value)是指保险人与被保险人约定的保险标的的价值。事先约定保险价值的保险称为定值保险。如未约定,根据我国《海商法》第 219 条的规定,保险价值依照下列规定计算:

①船舶的保险价值,是保险责任开始时船舶的价值,包括船壳、机器、设备的价值,以及船上燃料、物料、索具、给养、淡水的价值和保险费的总和。

②货物的保险价值,是保险责任开始时货物在起运地的发票价格或者非贸易商品在起运地的实际价值以及运费和保险费的总和。

③运费的保险价值,是保险责任开始时承运人应收运费总额和保险费的总和。

④其他保险标的的保险价值,是保险责任开始时保险标的的实际价值和保险费的总和。

(7)保险金额

保险金额(Insured Amount)是指被保险人对保险标的的实际投保金额。当发生保险事故后,保险人的最高赔付金额不超过保险标的的保险金额。保险金额不得超过保险价值。保险金额超过保险价值的,称为超额保险,保险人对超出部分不予赔付。保险金额与保险价值相等的,称为足额保险。保险金额小于保险价值的,称为不足额保险,保险人的赔付将按保险金额在约定保险价值中所占的比例计算。

(8)除外责任

除外责任(Exclusion)是指根据法律或者海上保险合同的规定,保险人不负赔偿责任的保险标的的损失、责任或费用的范围。

(9)保险责任范围

保险责任范围(Scope of Cover)又称保险人赔偿责任范围,是指保险合同规定的保险人承保的风险范围。

(10)保险期间

保险期间(Duration of Insurance)是指保险合同中约定的保险人对保险标的承担保险责任的期间。只有在保险期间发生的保险事故造成保险标的的损失和产生的责任,保险人才负赔偿责任。海上保险分为定期保险和航次保险两种,前者大多适用船舶保险,后者适用货物保险或船舶航次保险。

(11)保险费

保险费(Premium)是指投保人应支付给保险人的,作为保险人承担保险赔偿责任的代价的一定金额。

(12)基本险

基本险(Main Insurance)又称主险,是指不需附加在其他险别之下的,可以独立承保的险别。

(13)附加险

附加险(Additional Insurance)是指不能单独投保和承保的险别,只能附加于基本险投保的保险险别。

(14)实际全损

实际全损(Actual Total Loss)是指保险标的发生保险事故后灭失,或者受到严重损坏完全失去原有形体、效用,或者不能再归被保险人所拥有。船舶在合理时间内未从被获知最后消息的地点抵达目的地,除合同另有约定外,满两个月后仍没有获知其消息的,为船舶失踪。船舶失踪视为实际全损。

(15)推定全损

推定全损(Constructive Total Loss)是指船舶发生保险事故后,认为实际全损已经不可避免,或者为避免发生实际全损所需支付的费用超过保险价值。货物发生保险事故后,认为实际全损已经不可避免,或者为避免发生实际全损所需支付的费用与继续将货物运抵目的地的费用之和超过保险价值的,为推定全损。

(16)保险委付

保险委付(Insurance Abandonment)是指保险标的发生推定全损,被保险人要求保险人按照全部损失赔偿的,应当向保险人委付保险标的。保险人可以接受委付,也可以不接受委付,但是应当在合理的时间内将接受委付或者不接受委付的决定通知被保险人。委付不得附带任何条件。委付一经保险人接受,不得撤回。保险人接受委付的,被保险人对委付财产的全部权利和义务转移给保险人。

二、海上船舶保险被保险人的义务

海上船舶保险被保险人的义务通常在海上船舶保险合同中订明。根据我国《海商法》和《保险法》的规定,以及中国人民保险公司和太平洋保险公司的船舶保险条款,海上船舶保险的被保险人负有下列义务:

1. 主动告知义务

我国《海商法》第 222 条规定,海上船舶保险合同订立之前,被保险人应当将其知道的,或者在通常业务中应当知道的,影响保险人据以确定保险费率,或者是否同意承保的关于要求投保船舶的重要情况,如实主动告知保险人。此即"无限(客观)告知",比《保险法》第 16 条规定的"有限(主观)告知",即按保险人的要求告知主要危险情况的义务要严格得多。海上保险合同的被保险人,对保险标的的重要情况,即使保险人没有问及,也应当主动告诉保险人,但保险人实际知道的或者在其通常业务中应当知道的情况,保险人没有询问的,被保险人无须告知。

告知义务是合同成立前被保险人所负的法定义务,属于《民法典》第 500 条和第 501 条规定的先合同义务。告知义务是海上保险中诚信原则的主要内容,它超出了《民法典》所规定的诚实信用原则对民事主体的要求,但我国《保险法》第 5 条也像英美法一样,明确将"诚信原则"作为海上保险合同的一项基本原则。

违反告知义务的法律后果因被保险人是否出于故意而有所不同。我国《海商法》第 223 条规定,由于被保险人的故意,未将规定的重要情况如实告知保险人的,保险人有权解除合同,并不退还保险费。合同解除前发生保险事故造成损失的,保险人不负赔偿责任。不是由于被保险人的故意,未将规定的重要情况如实告知保险人的,保险人有权解除合同或者要求相应增加保险费。保险人解除合同的,对于合同解除前发生保险事故造成的损失,保险人应当负赔偿责任;但是,未告知或者错误告知的重要情况对保险事故的发生有影响的除外。证明被保险人违反告知义务的举证责任在保险人一方。

根据《最高人民法院关于审理海上保险纠纷案件若干问题的规定》,保险人知道被保险人未如实告知《海商法》第 222 条第 1 款规定的重要情况,仍收取保险费或者支付保险赔偿,保险人又以被保险人未如实告知重要情况为由请求解除合同的,人民法院不予支持。

2. 及时缴纳保险费的义务

除海上保险合同另有约定外,保险人应在合同成立后立即支付全部保险费,否则保险人可要求被保险人交付保险费及其利息。此外,保险人还可以通过留置保险单,催促被保险人及时付清保险费。

3. 严格遵守保证义务

保证是指双方当事人在海上船舶保险合同中约定或法律上默示的被保险人对某一事项作为或不作为,或担保某一事项的真实性。被保险人违反合同约定的保证条款时(如被保险船舶出售、转让、出租、变更航行区域等),应当立即书面通知保险人。保险人收到通知后,可以解除合同,也可以要求修改承保条件、增加保险费。保证分明示保证(特款规定)和默示保证两种。我国法律上默示保证只有合法性保证一项。明示保证取决于每一保险单的具体规定,现行《中国人民保险公司船舶保险条款》第 6 条第 2 款规定了船级社、船级、船旗、船舶所有人、管理部门、光租和被征用等多项保证。此外,还可能加贴航区保证等。

4. 防灾防损义务

被保险人及其代表应当严格遵守国家有关部门制定的各项安全航行规则和制度。按期做好保险船舶的检验和修理,确保船舶的适航性。保险人可以向被保险人提出消除船舶各种不安全因素的合理建议,被保险人应及时采取措施消除,否则按《保险法》的规定,保险人有权要求增加保险费或解除合同。

5. 危险增加时的通知义务

当作为保险标的船舶的用途变更或危险程度增加时,被保险人应当及时通知保险人,如需要增加保险费,应当按规定补交保险费。被保险人如不履行此项义务,由此引起保险事故造成的损失,保险人不负赔偿责任。

6. 出险时的通知与施救义务

一旦保险事故发生,被保险人应当立即通知保险人,并采取必要的合理措施,防止或者减少损失。现行《中国人民财产保险股份有限公司船舶保险条款(2009 版)》规定,被保险人一经获悉保险船舶发生事故或遭受损失,应在 48 小时内通知保险人,如船在国外,还应立即通知距离最近的保险代理人,并采取一切合理措施避免或减少本保险承保的损失。被保险人收到保险人发出的有关采取防止或者减少损失的合理措施的特别通知时,应当按照保险人通知的要求处理。对于被保险人违反通知规定所造成的扩大的损失,保险人不负赔偿责任。

7. 征询保险公司意见的义务

被保险人在与有关方面确定被保险船舶应负的责任和费用时,应事先征得保险公司的同意。

8. 协助保险公司追偿的义务

被保险人要求赔偿损失时,如涉及第三者责任或费用,被保险人应将必要的文件移交给保险人,并协助保险人向第三方追偿。

三、海上船舶保险条款

船舶保险以从事海上运输的船舶为保险标的,在保险期间内,保险公司主要承保船舶在航行或停泊期间,因恶劣气候、雷电、海啸、洪水等自然灾害,或碰撞、触碰、搁浅、触礁等意外事故所遭受的损失及部分责任。此外,其还承保由于船舶潜在缺陷或船员疏忽等引起的损失。

船舶保险的保险标的为船舶,包括船壳、救生艇、机器、设备、仪器、索具、燃料和物料等。

(一)船舶基本险险别与承保范围

1. 全损险

全损险(Total Loss Only)为基本险,是指当被保险船舶因列明的承保危险而遭受全损时,保险人才予以赔偿的一种险别。

根据《中国人民财产保险股份有限公司船舶保险条款(2009 版)》,投保全损险的船舶因下列情况造成全损,保险人予以赔偿:

(1)地震、火山爆发、闪电或其他自然灾害;

(2)搁浅、碰撞、触碰任何固定或浮动物体或其他物体或其他海上灾害;

(3)火灾或爆炸;

(4)来自船外的暴力盗窃或海盗行为;

(5)抛弃货物;

(6)核装置或核反应堆发生的故障或意外事故;

(7)本保险还承保由下列情况所造成的保险船舶的全损:

①装卸或移动货物或燃料时发生的意外事故;

②船舶机件或船壳的潜在缺陷;

③船长、船员有意损害被保险人利益的行为;

④船长、船员和引航员、修船人员及租船人的疏忽行为;

⑤任何政府当局,为防止或减轻因承保风险造成被保险船舶损坏而引起的污染所采取的行动。

保险人对上述①至⑤项赔偿的条件是:此种损失不是被保险人、船舶所有人或管理人未恪尽职责所致。

在投保全损险的情况下,只有当被保险船舶遭受的损失达到全部损失的程度,保险人才负责赔偿。如果被保险船舶只受到部分损失,保险人对此是不予赔偿的,除非同时加保若干附加险,而损失又属附加险承保范围,则可按规定予以赔偿。

不管是实际全损还是推定全损,保险人的赔偿金额都以船舶的保险金额为限。但是,在确定船舶全损以前,被保险人为施救或采取其他应急措施而支付的费用不在此限。这方面的赔偿金额不受保险金额的限制。

如果被保险船舶构成推定全损,被保险人要求保险人按照全部损失赔偿,应向保险人发出委付通知,保险人有权做出是否接受该通知的决定。保险人如果接受委付,意味着其接受了该船的所有权,以及与该船有关的其他一切权利和义务。在这种情况下,保险人除了按全损赔付给被保险人外,还须承担可能产生的对其他第三方的责任。如不接受委付,保险人仍按保险金额赔偿。

2. 一切险

一切险(All Risks)也是基本险,在一切险下,保险人的赔偿责任范围是在上述全损险赔偿责任范围的基础上,加上相同的列明承保危险造成的被保险船舶的部分损失,以及碰撞责任、共同海损和救助费用及施救费用。换言之,在船舶投保一切险的情况下,保险人除负责承保列明的危险造成的被保险船舶的全损或部分损失外,还负责承保被保险船舶的责任和费用。

根据《中国人民财产保险股份有限公司船舶保险条款(2009 版)》,投保一切险的船舶因下列情况造成的被保险船舶的损失以及责任和费用,保险人应予以赔偿:

(1)碰撞责任

碰撞责任,是指因被保险船舶与其他船舶碰撞或触碰任何固定的、浮动的物体或其他物体而引起被保险人应负的法律赔偿责任。

但保险人不负责赔偿因碰撞而引起的下列责任:

①人身伤亡或疾病;

②被保险船舶所载的货物或财物或其所承诺的责任;

③清除障碍物、残骸、货物或任何其他物品;

④任何财产或物体所造成的污染或沾污(包括预防措施或清除费用),但与被保险船舶发生碰撞的他船或其所载财产的污染或沾污不在此限;

⑤任何固定的、浮动的物体以及其他物体的延迟或丧失使用的间接费用。

当被保险船舶与其他船舶碰撞双方均有过失时，除一方或双方船东责任受法律限制外，保险人对被保险船舶的碰撞责任的赔偿，按交叉责任原则计算。当被保险船舶碰撞物体时，亦适用此原则。交叉责任原则，是指碰撞双方的保险人分别按各自承保的被保险人的责任比例负担对方的碰撞损失。

保险人根据碰撞责任条款对每次事故所负的保险赔偿责任是船舶保险其他条款项下保险人责任的增加部分，但保险人对每次碰撞事故所负的碰撞责任不得超过船舶的保险金额。

关于条款中一切险承保的碰撞责任，有两点需要说明：

①对于因碰撞而产生的被保险船舶本身的损失，不属于船舶碰撞责任，而属于船舶损失，由保险人根据列明承保危险造成的被保险船舶的损失予以赔偿。

②保险人对被保险船舶的碰撞责任承担全部赔偿责任，即承担“4/4 碰撞责任”。而在国外的保险条款上，不少保险人只负担“3/4 碰撞责任”，剩下的 1/4 因碰撞而引起的赔偿责任由被保险人自行承担，其目的是让被保险人谨慎驾驶和管理船舶。

(2)共同海损和救助费用

共同海损和救助费用，是指被保险船舶应当分摊的共同海损牺牲和费用以及救助费用(报酬)。

对被保险船舶遭受的共同海损牺牲，被保险人可获得对这种损失的全部赔偿，而无须先行向其他各方索取分摊额的权利。对于被保险船舶支付的共同海损费用，保险人承担被保险人的分摊责任，须待共同海损理算后，才赔付被保险船舶应分摊的共同海损费用部分。

(3)施救费用

施救费用，是指因承保风险造成被保险船舶的损失或使其处于危险之中，被保险人为防止或减少根据承保范围可以得到赔偿的损失而自行施救产生的合理费用，包括为确定保险事故的性质、程度而支出的检验、估价的合理费用以及为执行保险人的特别施救指示而支出的费用。施救费用不包括保险人自行采取措施避免或减少保险标的的损失而发生的任何费用。

需要说明的是，与保险人对碰撞责任的赔偿责任一样，施救费用是在保险赔偿责任之外另行赔付。保险人对施救费用的赔付，不超过一个单独的保险金额。凡能够作为单独海损、共同海损或救助费用的，不能以施救费用的名义向保险人索赔。如果保险人承保一切险，当被保险船舶遭受损失并出现上述碰撞责任和施救费用时，理论上，保险人的赔偿总额最高可达三个保险金额，即对船舶本身损失和费用的赔付为一个保险金额，对船舶碰撞责任的赔付为一个保险金额，对施救费用的赔付为一个保险金额。当然，实践中出现这种情况的可能性很小。

(二)除外责任

除外责任是指保险人不负赔偿责任的保险标的的损失、责任或费用的范围。根据《中国人民财产保险股份有限公司船舶保险条款(2009 版)》的规定，不论承保的是全损险还是一切险，保险人均不负责由下列情况导致的损失、责任或费用：

(1)不适航，包括人员配备不当、装备或装载不妥，但以被保险人在船舶开航时，知道或应该知道此种不适航为限。值得注意的是，被保险船舶不适航并不当然免除保险人的责任，只有当损失是由于船舶不适航造成时，保险人才免予赔偿。

(2)被保险人及其代表的疏忽或故意行为。

(3)被保险人恪尽职责应予发现的正常磨损、锈蚀、腐烂保养不周，或材料缺陷包括不良状态部件的更换或修理。

(4)战争、内战、革命、叛乱或由此引起的内乱或敌对行为。

(5)捕获、扣押、扣留、羁押、没收或封锁。

(6)各种战争武器,包括水雷、鱼雷、炸弹、原子弹、氢弹或核武器。

(7)罢工、被迫停工或其他类似事件。

(8)民变、暴动或其他类似事件。

(9)任何人怀有政治动机的恶意行为。

(10)保险船舶被征用或被征购。

(三)免赔额

免赔额是指保险单中规定的被保险人的自负额。按照海上保险惯例,为促进被保险人加强对船舶的管理,同时为了避免频繁的小额损失索赔事务,当被保险船舶发生损失时,一般均规定保险人免予赔偿一定的数额。

《中国人民财产保险股份有限公司船舶保险条款(2009 版)》规定的免赔额是绝对的,即被保险船舶发生部分损失在免赔范围内的不予赔付;超过免赔额范围的,扣除免赔额后赔付。但对被保险船舶发生全损、共同海损、救助费用以及船舶搁浅后专为检验船底引起的合理费用不受免赔额规定的限制。此外,由于恶劣气候造成两个连续港口之间单独航程的损失作为一次事故,只扣一个免赔额。

(四)海运条款

海运条款是船舶保险合同中的一个基本条款。参照国际海上保险惯例,我国亦在船舶保险条款中规定了海运条款,其主要目的是要求被保险船舶不能从事海上拖带或救助服务;不得与他船(非港口或沿海使用的小船)在海上直接装卸货物,包括驶近、停靠和离开;禁止被保险船舶从事为拆船或为拆船出售目的的航行。在此限制范围内,除非被保险人事先征得保险人的同意,并接受修改后的承保条件及加付所需的保险费,或者对于为了拆船或为拆船而出售的航行另行投保航次保险时,保险人承担保险责任,否则,因此造成的损失和对第三人的责任,保险人不负责任。

(五)保险期限

船舶保险分定期保险和航次保险两种。

1. 定期保险

定期保险的期限最长为 1 年,起止时间以保险单上注明的日期为准。保险到期时,如被保险船舶尚在航行中或处于危险中,或在避难港停靠,经被保险人事先通知保险人并按日比例加付保险费后,可以延长到船舶抵达目的港为止。保险船舶在延长时间内发生全损,需加交 6 个月保险费。

2. 航次保险

航次保险的期限,按保险单订明的航次为准,起止时间以下列规定为准:不载货船舶自起运港解缆或起锚时开始,至目的港抛锚或系缆完毕时终止;载货船舶自起运港装货时开始,至目的港卸货完毕时终止,但自船舶抵达目的港当日午夜时起,一般最多不得超过 30 天。

(六)保险费和退费

船舶定期保险条款规定,全部保险费应在承保时一次付清。如保险人同意,保险费也可分期交付,但被保险船舶在承保期间发生全损时,未交付的保险费要立即付清。船舶航次保险条款规定,全部保险费应在承保时一次付清。保险责任开始后一律不办理退费手续。

船舶定期保险条款规定在下列情况下可以退费:一是被保险船舶退保或保险终止时,保险费自保险终止日起可按净保费的日比例计算,退还给被保险人;二是保险船舶在保险人同意的港口或区域内停泊30天以上时,停泊期间的保险费按净保费的日比例的50%计算退还给被保险人。

(七)索赔和赔偿

(1)保险事故发生时,被保险人对保险标的不具有保险利益的,不得向保险人请求赔偿保险金。

(2)全损:

保险船舶发生完全毁损或者严重损坏不能恢复原状,或者被保险人不可避免地丧失该船舶,则作为实际全损,按保险金额赔偿。

保险船舶在预计到达目的港日期,超过2个月尚未得到它的行踪消息视为实际全损,按保险金额赔偿。

当保险船舶实际全损似已不能避免,或者恢复、修理、救助的费用或者这些费用的总和超过保险价值时,在向保险人发出委付通知后,可视为推定全损,不论保险人是否接受委付,按保险金额赔偿。如保险人接受了委付,本保险标的属保险人所有。

(3)部分损失:

对本保险项下海损的索赔,以新换旧均不扣减。

保险人对船底的除锈或喷漆的索赔不予负责,除非与海损修理直接有关。

船东为使船舶适航做必要的修理或通常进入干船坞时,保险船舶也须就所承保的损坏进坞修理,进、出船坞和船坞的使用时间费用应平均分摊。

如船舶仅为本保险所承保的损坏必须进坞修理,被保险人于船舶在坞期间进行检验或其他修理工作,只要被保险人的修理工作不曾延长保险船舶在坞时间或增加任何其他船坞的使用费用,保险人不得扣减其应支付的船坞使用费用。

(4)被保险人为获取和提供资料和文件所花费的时间和劳务,以及被保险人委派或以其名义行事的任何经理、代理人、管理或代理公司等的佣金或费用,本保险均不给予补偿,除非经保险人同意。

(5)凡保险金额低于约定价值或低于共同海损或救助费用的分摊金额时,保险人对本保险承保损失和费用的赔偿,按保险金额在约定价值或分摊金额所占的比例计算。

(6)保险船舶与同一船东所有,或由同一管理机构经营的船舶之间发生碰撞或接受救助,应视为同第三方船舶一样,本保险予以负责。

(八)船舶附加险险别与承保范围

1.战争险和罢工险

船舶战争险、罢工险是特约的船舶附加险,不属于一般保险条款责任范围之内。被保险人在投保全损险或一切险后,如加保这两种险别,可以向保险公司申请,经保险公司同意,并加收一定的保险费后,船舶战争险、罢工险即告生效。这样,因战争、罢工造成船舶损失时,可以从保险公司取得赔偿。

2. 战争险和罢工险承保范围

《中国人民财产保险股份有限公司船舶保险附加战争、罢工保险条款(2009 版)》规定,船舶战争险、罢工险承保由于下述情况造成被保险船舶的损毁、灭失,以及碰撞责任、共同海损、救助和施救费用:

(1)战争、内战、革命、叛乱或由此引起的内乱或敌对行为;

(2)捕获、扣押、扣留、羁押、没收或封锁,但自事件发生之日起满 6 个月后,保险人才能受理;

(3)各种战争武器,包括水雷、鱼雷、炸弹;

(4)罢工、被迫停工或其他类似事件;

(5)民变、暴动或其他类似事件;

(6)任何怀有政治动机的恶意行为。

3. 除外责任

由下列情况引起保险船舶的损失、责任或费用,本保险不负责赔偿责任:

(1)原子弹、氢弹或核武器的爆炸;

(2)由保险船舶的船籍国或登记国的政府或地方当局所采取的或命令的捕获、扣押、扣留、羁押或没收;

(3)被征用、征购或被出售;

(4)联合国安理会常任理事国之间爆发的战争(不论宣战与否)。

4. 保险终止

(1)保险人有权在任何时候向被保险人发出注销本保险的通知,在发出通知后 7 天期满时生效;

(2)无论是否已发注销通知,本保险在下列情况下应自动终止:

①任何原子弹、氢弹或核武器的敌对性爆炸发生;

②联合国安理会常任理事国之间爆发的战争(无论宣战与否);

③船舶被征用或出售。

单元二 船东互助保险

【学习目标】

通过本单元的学习,应达到以下目标:

1. 熟悉船东互保协会的性质与作用;
2. 掌握船东互保协会保赔险的承保风险、除外责任及免赔额;
3. 熟悉船东互保协会提供的服务内容。

【相关内容】

一、世界主要船东互保协会

对一些船舶在海上运输或其他活动中经常出现的风险,如货损货差、人身伤亡、油污责任、罚款等,保险公司通常不予承保。而且,保险公司的赔偿责任有限制,即以保险金额为限。上述保险公司不承保的风险和超过保险公司赔偿限额的风险,船东自身难以承担。为了分散风险,很多船舶所有人便组织起来,成立船东互保协会(又称船东保赔协会)。目前有近 20 家的船东互保协会在运作。

国际上,最早的船东互保协会是 1855 年成立的,即现在英国布列塔尼亚汽船保赔协会的前身。目前,国际上比较著名的船东互保协会有联合王国船东互保协会、西英船东互保协会、北英船东互保协会、挪威 SKULD 国际船东保赔协会、利物浦与伦敦汽船保赔协会、(百慕大)标准汽船所有人保赔协会等。此外,上述互保协会还成立了国际保赔集团,该集团是出于再保险目的和解决大多数成员关心的问题而组成的联营体。

中国船东互保协会(China Shipowners Mutual Assurance Association,CPI)是经国务院批准,于 1984 年 1 月 1 日在北京成立的船东互助非营利组织,其宗旨是根据国际公约、国际惯例和法律法规,维护与保障会员的信誉和利益。协会接受交通运输部的业务指导,并根据国务院《社会团体登记管理条例》在民政部注册登记,享有社团法人资格。协会能够向会员提供保赔险(P&I)、互助船舶险(Hull & Machinery)、抗辩险(FD & D)、租船人险(Charterers’ Cover)、战争险(War Risks)等多险种的一站式海上互助保障和专业服务。截至 2021 年,协会已发展成为拥有 186 家会员、保赔险入会总吨近 7 500 万的国际保赔协会。会员主要包括中国远洋海运集团、招商局集团、加拿大塞斯潘(Seaspan)等境内外大型知名航运企业。协会已成为我国最大的保赔险保险人,位居全球同业第 10 位。

二、船东互保协会的性质与作用

参加船东互保协会的会员船东既是保险人,又是被保险人。协会以会员船东缴纳的会费作为保险赔偿基金,不以营利为目的。

互保协会与一般保险人的区别主要是:一般保险人基本上只承保船壳、机器和船上属具,互保协会则承保一般保险人所不承保的有关船舶的风险,主要是船东对第三人的赔偿责任。

一般保险人是专营保险业的经济实体，以营利为目的，向社会上的被保险人承担保险责任，并收取保险费；互保协会则是船东之间相互保险的互助性组织。作为会员的船东之间通过互保协会，相互投保，又相互提供保险保障，不以营利为目的；一般保险人出于营利目的，向被保险人提供有偿性的保险保障，按照承保标的的保险价值和承保的保险金额承担有限赔偿责任。互保协会是处理船东赔偿责任的专业机构，除了为保证赔偿力和维持必要开支向会员收取保险费外，不追求经营利润，还向会员提供无限的赔偿责任（油污责任例外），所以，它与会员船东的利益是一致的，是一种无偿的保障关系。

船东互保协会的会员，按其加入协会的船舶的情况，向协会缴纳保费。通常保费分为预付保费和追加保费。预付保费在保险年度开始时支付，费率根据船舶的登记吨位、船龄、技术状况、营运特点、保险范围，以及历年保险赔付情况等因素予以确定。因此，船东的预付保费的费率常常是不同的。追加保费一般在保险年度结束时，根据协会的赔付情况，向会员船东征收，其费率对所有船东均一致。

船东互保协会有保障和赔偿两方面作用。为保障船东利益，协会可向会员提供多种服务，主要有：提供担保以避免扣船或使被扣船舶获释；协助海事处理；为会员船东和技术人员提供培训；提供港口资料、装卸和配载技术指导及其他信息；为会员船东草拟、修改各种合同及文件；等等。协会通常在世界主要港口雇请通信代理人、保护代理人、律师、检验人员、航海技术专家等，随时为会员船东提供各种服务与指导。

三、船东互保承保的风险与除外责任

各船东互保协会均有自己的章程，规定承保的风险范围。如前所述，这些风险主要是船舶保险人通常不保的，但船舶在海上运输或其他活动中经常出现的责任风险，以及超出船舶保险人承保范围的风险。以下以《中国船东互保协会保险条款(2021/2022)》为例，介绍船东互保的承保范围与除外责任。

（一）保赔险承保的风险

1. 人员伤、病或死亡——入会船船员

对任何入会船船员的伤、病或死亡支付赔偿金或补偿费的责任，以及因此项伤、病或死亡所产生的必要的医药、住院、丧葬费（包括尸体运送费用）及其他费用，包括该船员的遣返费用和派遣替换船员的费用。

2. 船员遣返及替换费用

为派遣替换船员所产生的或根据法定义务遣返入会船船员所产生的，且不能获得赔偿的船员遣返及替换费用。但是不包括由于下列原因所产生的费用：

（1）船员在入会船上的服务期满，不论该项期满是根据船员协议或其他服务合同或劳务合同，还是根据合同双方的一致同意；或

（2）会员违反任何协议或其他服务合同或劳务合同；或

（3）入会船被出售；或

（4）会员采取的与入会船有关的任何其他行动。

3. 个人物品的灭失或损坏

（1）对任何入会船船员个人物品的灭失或损坏支付赔偿金或补偿费的责任；

（2）对入会船上的任何其他人员的个人物品的灭失或损坏支付赔偿金或补偿费的责任。

4. 船舶全损导致的船员失业赔偿

由于入会船发生实际全损或推定全损导致任何船员失业，会员根据其法定义务或其他法律责任或任何船员协议或其他服务合同或劳务合同规定，对船员工资或补偿所承担的支付责任。

5. 由某些补偿协议或合同所产生的责任

根据会员订立的或以会员名义订立的，有关向入会船或由入会船提供设施或服务或有关入会船设施或服务的补偿协议或合同而产生的责任、开支或费用。但补偿协议或合同须事先得到经理机构的认可，且会员与经理机构就此项责任的保险按经理机构要求的条款达成书面协议，或董事会决定应赔偿会员。

6. 碰撞责任

由于入会船与他船碰撞而产生的下述向任何他人支付费用和赔偿金的责任。

（1）由于碰撞所产生的"1/4 责任"。

（2）由于碰撞所产生的对下列事项或与下列事项有关的"4/4 责任"：

①油类或任何其他物质的泄漏或排放（非入会船泄漏或排放）或此种威胁，但不包括对与入会船碰撞的他船及在该他船上的财产的损害；

②任何不动产或动产或其他财产，但不包括他船或在该船上的财产；

③对障碍物、残骸、货物或任何其他物体的移除或处置；

④入会船上的货物或其他财产，或这些货物或财产的所有人所支付的共同海损分摊、特别费用或救助费；

⑤人员伤、病、亡、遣返费或替换费；

⑥对与入会船碰撞的他船的救助，根据"保赔协会特别补偿条款"所支付的补偿。

7. 财产的灭失或损坏

对不论是在陆上的或在水上的，也不论是固定的或活动的任何财产的任何灭失或损坏（包括对权利的侵害）支付赔偿金或补偿费的责任。

8. 改变航线的费用

入会船仅为了救助海上人命，或使船上伤病人员取得治疗，或等候该伤病人员的替换人员，或为了将偷渡或避难人员送上岸，而改变原定航线所产生的额外港口使费、伙食费、物料费、燃油费、保险费以及船员工资和津贴（系指超过入会船如不改变原定航线而本将产生的上述费用的部分），但以不能从任何第三者取得补偿的为限。

9. 安置偷渡与避难人员的费用

会员因履行其对偷渡或避难人员或海上获救人员的义务，或对这些人员做出必要的安排而产生的费用，但以会员依法承担或在经理机构认可和书面同意下所产生的，且不能从任何第三者取得补偿的为限。

10. 救助人命费用

由于第三者救助或试图救助入会船上的或来自入会船的任何人员的生命，会员依法支付该第三者的款项，但仅以该会员不能根据入会船船舶险保单或船舶险入会证书获得赔偿的，或不能从货主或货物保险人获得赔偿的为限。

11. 污染风险

由于入会船排放或泄漏油类或其他有害物质，或存在这种排放或泄露威胁而产生的下列责任、损失、损害、开支和费用：

(1)损失、损害和污染的责任；

(2)会员所产生的或应予承担的损失、损害或费用，包括会员履行协议义务而产生的开支和费用；

(3)为避免或减轻污染或由污染导致的任何损失或损坏而采取任何合理措施所产生的费用，以及由于采取了该措施而引起的对财产灭失或损坏的任何责任；

(4)为防止入会船排放或泄漏油类或可能造成污染的任何物质的紧迫危险，而合理地采取任何措施所产生的费用；

(5)由于遵从任何政府或主管当局为防止或减轻污染或污染危险而发出的任何命令或指示所产生的责任或费用。

12. 根据拖带合同产生的责任

(1)对入会船进行常规性拖带

根据对入会船进行常规性拖带的合同所产生的责任，不包括拖带费用：在船舶正常营运中，为进、出港口或在港内移动而进行的拖带，或在船舶正常营运中，对惯常被拖带的入会船进行港口间或两地间的拖带，但以会员在该船船舶险保单或船舶险入会证书下未得以保险的为限。

(2)对入会船进行非常规性拖带

根据对入会船进行的非常规性拖带的合同所产生的责任，但本协会对此项责任的保险仅以会员按经理机构要求的条款与经理机构达成书面协议的为限。

(3)由入会船进行拖带

由入会船对他船或物体进行拖带所产生的责任，但除下列情况外，会员无权就由入会船拖带的船舶、其他物体或在该被拖物上的货物、其他财产的灭失、损坏、残骸清除以及相关费用获得补偿：

①拖带或试图拖带是为了救助或试图救助海上人命或财产；或

②入会船依据经理机构书面批准的合同或者按经理机构要求的条款进行拖带的。

13. 残骸处理责任

(1)对入会船残骸实施起浮、移动、拆毁、设置照明或标记所产生的开支或费用，但此等作业应是根据法律规定而强制实施的，或此等作业的费用应是由会员依法承担的。

(2)对载于或曾载于入会船上的任何货物或财产(不包括上述污染风险中的油类或任何其他物质)实施起浮、移动或拆毁所产生的开支或费用，但此等作业应是根据法律规定而强制实施的，或此等作业的开支或费用应由会员依法承担的，且会员不能从货物或财产的所有人或保险人或任何其他人处获得赔偿。

(3)由于对上述(1)和(2)所提及的入会船残骸或任何货物或财产实施或试图实施起浮、移动或拆毁而使会员产生的责任。

(4)由于入会船残骸的存在或随意性移动，或由于未能使该残骸移动、拆毁、设置照明或标记而使会员产生的责任，包括由于从该残骸中排放或泄漏油类或任何其他物质而产生的责任。

14. 检疫费用

由于入会船上暴发传染病的直接后果而使会员产生的额外费用，包括检疫和消毒费用以及会员因此而遭受的有关燃油费、保险费、船员工资、物料伙食费及港口使费的净损失(即超过如未暴发传染病而本将产生的这些费用的部分)。

15. 货物责任

货物责任仅限于与拟载于、正载于或曾载于入会船的货物有关的责任和费用,包括:

(1)货物灭失、短少、损坏或其他赔偿责任

由于会员或会员依法对其作为、疏忽或不作为负责的任何人员违反对货物应妥善地装载、操作、积载、运输、保管、照料、卸载和交付的义务,或由于入会船不适航或不适当所产生的对货物灭失、短少、损坏或其他赔偿责任的责任。

(2)对损坏货物的处置

会员为卸下或处置损坏的或无价值的货物而产生的额外费用(即超过若货物未损坏会员本将产生的费用的部分),但仅限于该会员对任何其他方不享有追索权的费用。

(3)收货人未提走货物

仅因收货人在卸货港或货物交付地完全不能提取或移走货物而使会员产生的责任或额外费用(即超过若收货人提取或移走货物,会员本将产生的费用的部分),但仅以超过货物的拍卖收益,且该会员对任何其他方不享有追索权的责任或费用为限。

(4)联运提单或转船提单项下的责任

由于经理机构认可的联运提单或转船提单或其他运输合同规定由入会船承担其中部分运输,而使会员对由其他运输工具(非入会船)承运货物产生的货物灭失、短少、损坏或其他赔偿责任所承担的责任,条件是船东在已订立的运输合同中加入对履行运输合同的其他当事方保留追索权的条款。

16. 入会船上的财产

会员对在入会船上的任何集装箱、设备、燃油或其他财产的灭失或损坏所承担的责任。

17. 无法取得赔偿的共同海损分摊费用

会员仅因违反运输合同而未能依法从货方或海上航程的其他方取得其本可有权索取的共同海损、特殊费用或救助费的分摊款。

18. 船方共同海损分摊款

由于为确定共同海损、特殊费用或救助费的分摊而估定的入会船的完好价值,高于该船在船舶险保单或船舶险入会证书下的保险价值,而根据船舶险保单或船舶险入会证书未能取得补偿的船方共同海损、特殊费用或救助费的分摊款。

19. 罚款

任何法院、法庭或主管当局就入会船因下列(1)至(4)所列明原因,向以下人员课以的罚款:会员;或会员可依法对之承担赔偿责任的任何人员(非根据合同或赔偿协议),或会员根据经理机构的认可而合理地对之承担赔偿责任的任何人员;或会员可依法根据合同或赔偿协议对之承担赔偿责任的任何人员,但仅以合同或赔偿协议经经理机构事先书面认可的为限。

(1)货物短卸或溢卸或溢交,或未遵守有关物品申报规定或有关入会船货物文件的规定(因走私或企图走私货物或物品而产生的罚款或处罚除外);

(2)违反任何有关移民的法律或规定;

(3)意外排放或泄漏油类或其他物质,或这种威胁。

但是,本协会对下列原因引起的此项罚款不负赔偿责任:入会船超载;或违反或者未执行

经1978年议定书或其后任何议定书修改或修订的《1973年国际防止船舶造成污染公约》中有关船舶建造、改装及设备的规定，或任何国家关于实施该公约或其议定书的法律中有关上述内容的规定。

(4)任何罚款[不包括上述(1)至(3)所规定的罚款]，但应以符合以下两项情况的为限：会员使董事会相信，其为避免导致该项罚款的事件的发生已采取了合理的措施；董事会决定会员应当得到赔偿，董事会对其决定无须说明理由。

(5)入会船被没收

对会员因违反任何海关法或海关规定被任何合法授权的法院、法庭或主管当局没收入会船而遭受的损失所提出的索赔，董事会可批准全部或部分赔付。

20. 对救助人的特别补偿

会员对入会船的救助人支付下述费用的责任，但以非可由被救财产利益方支付的为限：

(1)“特别补偿”，即根据对《1989年国际救助公约》第14条规定的“无效果，无报酬”原则的例外条款，或在2000年或2011年劳氏标准救助合同或本协会认可的其他标准救助合同内并入的“保赔协会特别补偿条款”所应支付的特别补偿；

(2)“合理产生的费用”，即根据对1980年劳氏标准救助合同第1(a)条规定的“无效果，无报酬”原则的例外条款所应支付的“合理产生的费用”(及据此所获得的任何增额)。

21. 海事调查费用

在对入会船所遭受的损失或涉及入会船的海难事故的正式调查中，会员为己抗辩或为保护自身利益而产生的开支及费用。

22. 船舶营运所产生的费用

由于拥有、经营或管理船舶的业务而产生的，且董事会认为属于本协会承保范围的责任、开支及费用。

23. 损害防止及法律费用

(1)在发生可导致向本协会索赔的任何海难、事故、事件或事情时或之后，会员仅为了避免或减少其在本协会保险的全部或部分(因免赔额)责任或费用而合理产生的额外开支及费用[非下述(2)规定的开支及费用]。

(2)与会员在本协会保险的全部或部分(因免赔额)责任或费用有关的法律费用及开支。

24. 执行本协会指示而开支的费用

(1)会员按照经理机构为了本协会利益而提出的特殊要求行事所产生的开支、费用和损失；或

(2)如无经理机构的特殊要求，会员自己采取行动或不采取行动所产生的开支、费用和损失。

(二)船东互保的除外责任(船舶险承保风险)

协会不负责下列原因所致的责任、灭失、损坏或费用：

(1)入会船不适航，包括人员配备不当、装备或装载不妥，但以会员在船舶开航时知道或应当知道此种不适航的为限；

(2)会员及其代表的疏忽或故意行为；

(3)正常磨损、锈蚀、腐烂或保养不周，或会员恪尽职责应予发现的材料缺陷，或对上述不良状况部件的更换或修理；

(4)原子弹、氢弹或核武器爆炸;

(5)入会船舶籍国或登记国政府或地方当局所采取的或根据其命令所采取的对入会船的捕获、扣押、扣留、羁押或没收;

(6)入会船被征用或被征购;

(7)联合国安理会任何常任理事国之间爆发战争(不论宣战与否)。

(三)船东互保的损害赔偿最高限额

协会对船东会员的油污损害责任的赔偿,每船每事故不超过10亿美元;对租船人的油污损害责任的赔偿和其他风险索赔的最高总赔偿责任,为每船每事件3.5亿美元。

(四)船东互保的免赔额

(1)船员生病和受伤每港每人为500美元,如果因为同一伤情或病情,分别在两个以上港口就医,则只扣一个免赔额。

(2)对旅客伤亡病的赔款为每位旅客500美元。

(2)对货物索赔和货方共同海损分摊的赔款为每航次1 000美元。

(3)对油污事故的罚款赔偿应扣除免赔额每次事故500美元,其他罚款的免赔额为每次靠港500美元。

四、船长应如何使用船东互保协会所能提供的服务

在生产一线的船长,可以通过下列方式使用船东互保协会所能提供的服务:

1. 使用船东互保协会的咨询服务与防损通函

船长可以通过公司或直接向船东互保协会咨询相关的信息,船东互保协会也会不定期地编制有关防损通函,来提醒船长一些可能的和潜在的危险或风险,提示某些变化,包括技术上的和法律上的。

对于船长而言,这种防损通函较为有用,大体上可以分为三种。第一种是提醒船长某些航行风险或变化,或者提出某些技术性的建议。第二种是针对某种特定货物可能引起的特殊风险,提醒船长加以注意。第三种是提醒船长,在特定地区或者特定情况下防控相应的法律风险,或者相关地区法律规定或程序的变化。

船长在开始一个航次之前或者过程中如果对涉及的任何问题存有疑问,都可以通过查询有关防损通函或者直接联系保赔协会的方式寻求相关的信息和建议。同时,在运输过程中,船长可能面临一些比较棘手的法律问题,比如面临一些有瑕疵的货物,是否可以拒绝装载相关货物,是否应当签发清洁提单,如何在提单上进行批注,记名提单在当地是否也需要凭单放货等,船长都可以直接或者通过公司向船东互保协会寻求建议。

在提供咨询或建议的服务方面,船东互保协会的会员以及入会船舶的船长可以通过协会网站获取相应的信息,这种查询具有类似搜索引擎的功能。会员或者有关船舶的船长如有需要可以直接输入地区或者性质来查询相关防损信息。会员在协会网站登录后,直接点击“咨询服务”,就可以看到所列的防损信息的标题,然后就可以点击查看。同时,若要了解某个地区或者某种性质的防损信息,在“搜索”一栏直接输入该地区或性质即可查询到相关防损信息。有些保赔协会还会发行专门的刊物来对船长进行指导和建议,比如目前世界上最大的船东互保协会,挪威的嘉德(Gard)保赔协会就曾经出版了《船长指南》(Guidance to Masters)一书

来指导船长,提升其业务水平。当然,这些服务不一定都是免费的。

2. 联系船东互保协会的通信代理

船东互保协会在全球拥有比较完善的通信代理体系,会每年对本协会的通信代理名录进行更新,确保其中通信方式的准确性。船长最好能够在船舶上配备有关协会的通信代理名录,以便不时之需。当出现比较紧急的情况时,船长可以直接与互保协会在当地的通信代理进行联系,并将第一手的资料提供给通信代理,而不必通过互保协会再去联系当地通信代理,以免贻误时机。

通信代理是船东互保协会在世界各主要港口聘用的保赔联络代理,目的是代替互保协会经理部工作人员及时就近处理海事案件,以提高效率和节省人力、物力,其主要工作是在会员船长与互保协会之间传递信息,保持联络。应予注意的是,虽然名为通信代理,但其并非保赔协会的代理人,他们与保赔协会之间没有代理关系,甚至也没有永久的合同关系,而是"一案一委"的临时委托关系。除经互保协会逐案特别授权以外,通信代理没有决定任何事项的权限。

通信代理的具体职责包括:

(1)协助船舶装货前的检验,代为委托检验人,向协会提供有关信息和提出建议。

(2)调查了解海损、货损事故的原因、损失范围和程度,分析有关承运人责任。

(3)联系有关方(主要是港口当局/政府机构和索赔方),代表保赔协会出具担保。

(4)接待保赔协会派出的代表,协助其在当地处理有关案件。

(5)对已提出的索赔,代为审核索赔资料,处理索赔案件。

(6)受委托聘请当地律师参与诉讼程序和出庭抗辩。

(7)协助船东/船长及船代理在当地处理有关事宜。

(8)向协会提供有用的信息资料。

一般来说,通信代理名录上的通信代理可以分为一般通信代理和法律通信代理。前者可以协助船长处理在当地的相关业务或处理一些突发事件;后者则更多地涉及法律事务。从使用的频率上来说,船长可能更多地接触前一种通信代理。相比船舶代理而言,互保协会的通信代理一般具有以下几个特点。首先,可以提供更多的服务。通信代理往往与当地的检验人、律师、专门机构有着良好的合作关系,可以提供更加多元化的服务。例如,在出现扣船的情况时,船东互保协会所出具的保函一般是被接受的。但是在某些国家,如韩国,扣船方没有特定的义务去接受船东互保协会的担保函,换言之,其可以拒绝船东互保协会的担保函。此时,船长或者互保协会可以请求通信代理签发担保函,或者通信代理协助船长与对方进行谈判或磋商现场结案的可能性,以避免船舶遭到扣押。其次,专业性更高。由于通信代理常年处理各种不同类型的航运与海事事故或者突发事件,并且熟悉当地的法律,可以为船东和船长提供更加专业和可行的服务和建议。再次,一般来说,一个通信代理往往只是一个互保协会的专属通信代理,或者只为几个互保协会提供服务,在关系上,通信代理与协会的关系更加密切,可靠和可信度会更高一些。

针对船舶计划经过的特定地区的具体情况和信息,船长可以同时向船舶代理和船东互保协会的通信代理进行求证,以确保尽可能多和准确地掌握船长或者船东需要的信息。

3. 参加船东互保协会举办的学术研讨会议

船东互保协会每年都会定期举办学术研讨会议,邀请专家就当下一些热点问题答疑解惑。

这些专家来自海事管理部门、航运组织、法院、律师事务所以及富有经验的航海技术专家。与互保协会所提供的咨询服务信息相比，研讨会上提供的信息会从更加多元的角度和不同的利益主体角度去关注、分析某一个问题。比如，海上保安以及防海盗问题，运输易流态化货物问题等。即使船长本人不能亲自参加会议，也最好通过公司尽可能获取相应的会议文件进行学习。同时，船长也可以将平时在业务中遇到的问题进行总结和提炼，在研讨会正式开始之前，通过适当的方式提交给船东互保协会研讨。

4. 浏览不同的船东互保协会的网站

船东互保协会每年都会发行一些刊物，其中的多数刊物都会提供免费的链接，供会员以及有兴趣的人士浏览。船东互保协会也会随时更新有关航运和海事方面的信息和发布一些最新的咨询信息，这些资源也大多可以在其网站上免费获得。更重要的是，由于各个互保协会的关注点并不完全一致，这就为浏览不同的船东互保协会的网站来获得不同的信息提供了可能。同时由于这些信息和资源的开放性，获取它们成为非常容易的事情。另外，随着中文在全球影响力的提高，不少船东互保协会会将一些信息或者文件翻译成中文登载在其网站上，这也为船长阅读和获取这些信息与资源提供了方便。

模块十一
海事争议处理

海事争议(Maritime Dispute),是指当事人之间因海上运输关系和与船舶有关的关系而发生的纠纷。海事的发生可能由单方的责任造成,也可能由双方或第三方的责任造成,或由意外事故或不可抗力所致。

在我国,海事争议的处理大致可以概况为“四种途径、三种机构、两套制度”。处理海事争议的四种途径是协商、调解、海事仲裁和海事诉讼,三种机构是海事机构、海事仲裁委员会和海事法院,两套制度是海事仲裁制度与海事诉讼制度。

单元一 和解与调解

【学习目标】

通过本单元的学习,应达到以下目标:

1. 掌握和解与调解的含义与优缺点;
2. 掌握调解的方式及其法律效力。

【相关内容】

一、协商

协商(Reconciliation),也称和解或自行和解,是指海事争议双方当事人无须第三方的参与,本着互谅、互让的精神进行磋商,解决发生的纠纷的方式。它具有灵活性、多样性和高度自治性,有助于修复和维系长远关系。协商或和解的方式包括自行协商、委托代理协商、庭外和解等表现方式。实践中,当事人在发生海事纠纷后往往首先采取协商途径寻求解决方案,当双方在自愿基础上协商一致后，通过和解协议加以确认。和解协议是双方当事人行使处分权的结果。实践中，许多海事争议的双方当事人自己或通过他们聘请的代理人进行协商而达成和解协议。但是由于和解协议不具有法律强制效力，任何一方反悔，都将使协议无法履行。因此，对于不具备和解条件的争议，应及时采取其他解决途径，以避免争议久拖不决。

二、调解

调解（Mediation），是指在海事争议当事人以外的第三方的主持或协调下，当事人之间达成调解协议，解决海事争议的方法。是否有第三方的参与，是调解与协商的主要区别。在解决海事争议的实践中，根据调解人的不同，调解可以分为民间调解、行政机构调解、仲裁机构调解和法院调解。任何调解都必须在双方当事人同意并在实施和责任清楚的基础上依法进行。海事争议同一般的民事争议比较，涉及的问题更多、更复杂，不可能均依靠调解得以解决。所以，调解往往不被列为解决海事争议的独立途径，而仅作为仲裁或诉讼的辅助手段，且不是仲裁或诉讼的必经程序。

在我国，调解是解决包括海事纠纷在内的各种民商事纠纷的重要途径，对海事争议进行调解的有以下几种：

1. 行政调解

行政调解在我国主要体现为海事管理机构的调解。我国《海上交通事故调查处理条例》第五章第20~28条对船舶、设施发生海上交通事故引起的民事侵权赔偿纠纷的调解做出了规定。海事行政机关对海事争议进行调解，调解协议达成后，一方反悔的，另一方不能据此调解协议请求海事法院强制执行，只能通过诉讼或其他方式解决海事争议。即在行政机关主持下达成的调解协议不具有法院强制执行的效力。

2. 法院调解

法院调解是指在人民法院审判人员的主持下，双方当事人通过自愿协商，达成协议，解决民事争议的活动和结案方式。由于是在诉讼中进行的，它也称为“诉讼调解”或“诉讼上的调解”。

法院调解制度是当事人行使处分权与人民法院行使审判权相结合的产物。从当事人的角度讲，是否用法院调解的方式解决纠纷取决于双方当事人的自愿。从人民法院的角度讲，法院调解不仅仅是纯粹当事人之间的私权合意。

我国《民事诉讼法》第9条规定，人民法院审理民事案件，应当根据自愿和合法的原则进行调解；调解不成的，应当及时判决。

自愿原则，是指人民法院必须在双方当事人自愿的基础上进行调解。当事人自愿，包括程序上的自愿和实体上的自愿。程序上的自愿，是指以调解的方式来解决争议必须征求当事人的同意，当事人拒绝调解或不同意以调解的方式结案的，人民法院不能强迫当事人接受调解。实体上的自愿，是指达成调解协议必须双方自愿，调解协议必须是双方当事人互谅互让，自愿达成的。

合法原则包括两个方面，程序上合法与实体上合法。程序上合法，是指人民法院主持的调解活动必须合法，必须符合民事诉讼法关于调解的程序规定。当事人一方或者双方坚持不愿调解的，应当及时裁判；调解未成的，不得久调不决，而应及时判决。实体上合法，是指调解协议的内容合法，即双方达成的调解协议不得违反法律的规定，不得损害国家、集体和他人的合法权益。

法院调解是法院行使审判权解决争议的行为。换言之,法院调解是法院行使审判权的方式之一,生效的调解书与判决书具有同等法律效力。因此,法院调解作为公力救济,不同于作为社会救济的人民调解(诉外调解)。

3. 仲裁调解

仲裁庭在仲裁程序进行过程中,可以对其审理的案件进行调解。调解在当事人完全自愿、案件事实和责任基本清楚的基础上进行,仲裁庭可以通过灵活的方式促使双方当事人自愿达成和解协议,然后根据和解协议的内容形成裁决书,裁决书具有法律强制力。如果调解不成功,任何一方当事人均不得在其后的仲裁程序、司法程序和其他任何程序中援引对方当事人或仲裁庭在调解过程中发生过的、提出过的、建议过的、承认过的或否定过的任何陈述、意见、观点或建议作为其请求、答辩和/或反请求的依据。

海事仲裁调解制度的建立,能够更好地推动仲裁与调解相结合的做法,在自愿的基础上,为海事事故当事人提供一种新的选择。海事调解与仲裁相结合的方式,能够最大限度地发挥民间调解的独立公正性,突出一线专业人士办案的技术性,鼓励当事人以仲裁裁决书的形式赋予海事调解以法律约束力,更快捷、方便、有效地解决争议,维持航运的正常秩序。

4. 人民调解

根据《中华人民共和国人民调解法》的规定,人民调解,是指人民调解委员会通过说服、疏导等方法,促使当事人在平等协商基础上自愿达成调解协议,解决民间纠纷的活动。经人民调解委员会调解达成的调解协议具有合同效力,当事人之间就调解协议的履行或者调解协议的内容发生争议的,一方当事人可以向人民法院提起诉讼。经人民调解委员会调解达成调解协议后,双方当事人认为有必要的,可以自调解协议生效之日起 30 日内共同向人民法院申请司法确认,人民法院应当及时对调解协议进行审查,依法确认调解协议的效力。人民法院依法确认调解协议有效,一方当事人拒绝履行或者未全部履行的,对方当事人可以向人民法院申请强制执行。人民法院依法确认调解协议无效的,当事人可以通过人民调解方式变更原调解协议或者达成新的调解协议,也可以向人民法院提起诉讼。

调解的首要原则是自愿原则,在此原则下,在查明事实的基础上,依照法律规定进行调解。双方达成的调解协议,除当事人双方须在协议书上盖章外,调解人也要签字盖章。值得注意的是,不同的调解人进行的调解所产生的法律效力不同。在行政机关主持下达成的调解协议不具有法院强制执行的效力,如一方或双方反悔,只能通过起诉或其他方式解决海事争议;法院的调解书一经双方签收,便发生法律效力;仲裁调解书与裁决书具有同等法律效力。但在调解书签收之前,如一方或双方当事人反悔的,会使调解书失去法律效力,只有在签收后,调解书才具有法律效力。法院调解与诉讼外调解的区别,如表 11-1 所示。

表 11-1　法院调解与诉讼外调解的区别

调解方式	法院调解	诉讼外调解
发生时间	诉讼过程中	诉讼之外
本质属性	属于审判活动,行使审判职权	不具有审判性,不具有司法性
原则和程序	须遵守法定原则和程序	非法定原则,程序规范度相对低
法律效力	生效的调解书与判决书具有同等法律效力	调解协议通常只有相当于合同的效力

单元二　海事仲裁

【学习目标】

通过本单元的学习,应达到以下目标:

1. 熟悉海事仲裁的概念与特点;
2. 掌握海事仲裁的协议形式与内容。

【相关内容】

一、海事仲裁的概念及其特点

1. 海事仲裁的概念

海事仲裁(Maritime Arbitration),是指海事仲裁机构或仲裁员,根据当事人在争议发生之前或之后达成的仲裁协议及书面申请,按照一定的程序规则,对其海事争议进行审理,并做出终局裁决的一种解决争议的方式。

2. 海事仲裁的特点

海事仲裁作为广义的国际商事仲裁的组成部分,与海事诉讼相比具有明显的特点。

(1)海事仲裁强调专业性

海事仲裁是解决广义的海事争议的主要方式之一,仲裁员审理案件主要的法律依据就是各国的海商立法和国际海事公约及国际航运惯例。海商法具有极强的专业性,因此,海事仲裁与海事诉讼一样,在解决海事纠纷过程中也必须由具有专业知识的专业人士审理。几乎大部分海事案件都存在着对专业性问题的界定,如船舶碰撞损害赔偿案件中碰撞责任的划分及碰撞事实的认定,船舶污染案件中污染海域的位置、面积的确定及油污损失额度和范围的认定,海难救助纠纷救助人采取的救助措施是否合理和及时等。这些专业领域涉及国际贸易、海运专业知识,也是海商法与其他部门法最主要的区别,因此海事仲裁案件解决过程中需要由具有海事专业知识的仲裁员审理。

(2)海事仲裁具有较强的国际性

海商法具有的国际性特点决定了海事争议的国际性,从而在海事争议解决中也具有较强的国际性。海事仲裁员应当对有关海商法和国际贸易方面的国内立法、国际条约、国际惯例非常熟悉。海商法与国内其他部门法相比,一个最显著的特点就是国际性强,我国《海商法》中很多内容都是参考有关海上运输、海难救助、海事赔偿责任限制、船舶碰撞、共同海损等国际公约和国际惯例的内容,具有较强的与国际立法接轨的特点。

(3)海事仲裁机构具有民间团体的性质且具有独立性

我国审理海事仲裁案件的机构是位于北京的中国海事仲裁委员会,其与国内其他仲裁机构之间是独立的,没有隶属关系,也不存在地域管辖的限制。这一点与海事法院不同,我国海事法院是国家司法机关的组成部分,与中级人民法院同级,与所在省、自治区和直辖市高级人民法院之间具有上下级关系。海事仲裁机构与其他仲裁机构一样,性质上属于民间团体。

(4)海事仲裁的管辖权具有非强制性

海事仲裁的核心在于,双方当事人以订立仲裁协议或合同中订立仲裁条款的形式确定将争议提交仲裁,这是仲裁发生的基础和前提条件,是当事人意思自治原则在海事仲裁中的体现,当事人合意决定海事仲裁机构是否具有管辖权。因此纠纷当事人的仲裁协议或仲裁条款是海事仲裁机构行使海事案件管辖权的基础。

(5)海事仲裁实行一裁终局

就审级而言,海事仲裁与其他类型的仲裁一样,实行一裁终局制(入口自治,出口强制),当事人不得就已经生效的仲裁裁决海事案件再向海事法院提起诉讼。而海事法院的审级实行的是“三级两审终审制”。

3. 海事仲裁的优越性

海事诉讼与海事仲裁都是海事争议解决实践中常用的海事争议解决机制,海事仲裁相对于海事诉讼有以下几大优越性。

(1)海事仲裁程序具有相对的秘密性

就审理程序的公开性而言,海事仲裁一般都不公开审理,即使双方当事人要求公开审理,也仍然由仲裁庭做出是否公开审理的决定。而海事法院审理海事案件,除了极少数涉及国家利益及当事人隐私的情况,一般原则上必须公开审理。一般情况下,除了涉及国家秘密和当事人隐私的情况外,海事诉讼案件的法院判决书将当事人双方所有信息都予以公开,而中国海事仲裁委员会的案例将相关信息都予以隐藏。

(2)海事仲裁程序更加灵活

海事诉讼的表现形式是海事诉讼制度和海事诉讼程序。不论是海事诉讼制度还是海事诉讼程序,都是国家制定的当事人必须遵守的、没有任何商量余地的。而海事仲裁不需要拘泥于任何法定的形式,海事仲裁当事人可以基于仲裁协议,自主选择仲裁员,约定仲裁程序,并约定适用法律,甚至仲裁庭会依据当事人授权采用公平原则对争议进行审理和做出裁决。而海事诉讼中,海事法院必须适用本国的诉讼程序法,当事人不得随意选择审理案件的法官,而且必须严格遵循本国诉讼程序法规定的程序。

(3)海事仲裁更具有经济性

我国海事法院实行的是“三级两审终审制”,虽然一审收取的诉讼费用低于仲裁费用,但与仲裁的一裁终局制相比,加上再审费用,诉讼费用相对高昂。此外,当事人可以按照其意思自治选择仲裁程序,这有利于仲裁效率的提高。因此,从仲裁程序开始至结束,时间较短,当事人可以节省大量的财力和人力,避免因时间的拖延而产生进一步的经济耗费。

(4)海事仲裁裁决更易于在国外执行

根据《承认及执行外国仲裁裁决公约》(以下简称《纽约公约》)的规定,缔约国做出的仲裁裁决在国外将会得到执行。截至 2018 年 3 月,《纽约公约》的缔约方已经达到 158 个,覆盖了全球大多数国家或地区。而对于法院判决来说,当前并没有普遍生效的关于相互承认与执行外国法院判决的国际公约,通常需要这两个国家或地区有关于承认和执行判决的双边或多边司法协助协定。因此法院做出的判决在国外获得承认与执行就显得尤其困难。因此,海事仲裁裁决的执行比诉讼判决的执行阻力更小一些。

二、海事仲裁机构

海事仲裁机构是为解决海事方面争议而设立的专门性组织。采用仲裁方式解决海事争议，不仅历史悠久，而且被国际上普遍承认并采用。各主要航运国家均有常设仲裁机构，如伦敦海事仲裁员协会、美国海事仲裁员协会等。这些海事仲裁机构几乎都有自己单独的仲裁规则，并备有仲裁员名单供当事人选用，不仅受理本国的各种海事海商争议案件，也受理大量的涉外仲裁案件。

我国海事仲裁机构是全国性的常设仲裁机构，现名为中国海事仲裁委员会，是由中华人民共和国国务院 1958 年 11 月 21 日决定，于 1959 年 1 月 22 日在中国国际贸易促进委员会（中国国际商会）内设立的，唯一以解决海事海商、交通物流争议为特色并涵盖其他所有商事争议的全国性、国际化仲裁机构。在六十多年的仲裁实践中，中国海事仲裁委员会多次修订仲裁规则，更新仲裁员名册，满足不断变化的仲裁实践需要。最新的《中国海事仲裁委员会仲裁规则》于 2021 年 9 月 13 日修订并通过，于 2021 年 10 月 1 日起施行。

（一）临时仲裁机构

1. 临时仲裁机构的含义

临时仲裁机构是根据当事双方的仲裁条款或仲裁协议，在争议发生后由双方当事人推荐的仲裁员临时组成的审理某一特定案件的仲裁机构，案件审理终结并做出裁决后，该仲裁机构即行解散。在 19 世纪中叶常设仲裁机构出现之前，临时仲裁机构一直是唯一的仲裁机构组织形式。临时仲裁机构没有固定的办公地点和仲裁规则，没有日常管理机构，收费低，凡是与仲裁审理有关的事项，包括仲裁地点、仲裁规则等，均由双方当事人自行协商确定。如果双方当事人在最初商定的仲裁条款中约定仲裁，但未提及任何特定的仲裁机构的仲裁规则，通常是要进行临时仲裁。

2. 临时仲裁机构的法律地位

在临时仲裁占主导地位的时代，仲裁员在实体裁决和仲裁程序两方面都拥有决定权并承担责任，当事人在仲裁争议中的命运，完全依赖于仲裁员对争议是非曲直的判断，仲裁员的立场、专业知识和道德水准成为决定仲裁好坏的关键。在我国，除了我国政府与其他国家在双边投资保护协定中有关于通过临时仲裁机构组成的仲裁庭解决有关争议的规定外，我国尚无临时仲裁解决争议的立法与实践。1958 年《纽约公约》中规定的承认与执行外国仲裁裁决，既包括常设仲裁机构做出的仲裁裁决，也包括临时仲裁机构做出的仲裁裁决。作为该公约参加国，我国法院执行的外国仲裁裁决，不仅包括常设仲裁机构做出的仲裁裁决，也包括临时仲裁机构做出的仲裁裁决。

（二）常设仲裁机构

1. 常设仲裁机构的含义

常设仲裁机构是指依据国际条约和一国国内立法成立的，拥有固定的组织、固定的地点和固定的仲裁程序规则的永久性机构。其一般都备有仲裁员名册供当事人选择。目前国际常设商事仲裁机构几乎遍及世界上所有国家，在业务范围方面也已涉及国际商事法律关系的各个领域，影响较大的常设商事仲裁机构主要有国际商会仲裁院、瑞典斯德哥尔摩商会仲裁院、英国伦敦海事仲裁员协会、美国海事仲裁员协会等。

2. 常设仲裁机构的优点

第一,便利海事交易当事人。因为每一个常设仲裁机构都有自己的仲裁规则,当事人只要在订立仲裁协议时写明将争议提交某仲裁机构并依据该仲裁机构仲裁规则即可。通过将仲裁机构的仲裁规则并入到仲裁协议中,当事人就可以完全依赖这套易于理解的且历经考验的条款,不必考虑仲裁地,同时可以减少不确定性的范围和拖延及损害仲裁程序的概率。

第二,办案质量较高。每个常设仲裁机构均设有仲裁员名册,双方当事人应当从仲裁员名册中选择仲裁员。列入仲裁员名册中的仲裁员都是来自各个领域的专家,并且具有审理仲裁案件的丰富经验。仲裁机构对于那些资格高且道德品质高的仲裁员均有详细了解,而且随时准备将其吸收进仲裁员名册。

第三,机构仲裁更易于得到法院认可。常设仲裁机构的仲裁规则能够有效地保证适当的仲裁程序,因而保证了仲裁裁决的质量和可执行性及仲裁程序的声誉。相对于临时仲裁而言,双方当事人和法院往往更尊重与信任主要常设仲裁机构监督下的仲裁,与常设仲裁机构仲裁有关的法院判决,通常都认可常设仲裁机构所起到的作用。

三、仲裁协议

1. 仲裁协议的概念

仲裁协议(Arbitration Agreement),是指当事人在合同中订明的仲裁条款或以其他方式达成的提交仲裁的书面协议。

2. 仲裁协议的表现形式

仲裁协议应当采取书面形式。书面形式包括合同书、信件、电报、电传、传真、电子数据交换和电子邮件等可以有形地表现所载内容的形式。在仲裁申请书和仲裁答辩书的交换中,一方当事人声称有仲裁协议而另一方当事人不做否认表示的,视为存在书面仲裁协议。

(1)合同中订明的仲裁条款

它是指双方当事人在争议发生之前,在合同中以合同条款的形式表现出来的一种约定。在海商法领域,存在着大量的标准合同格式,如租船合同、造船合同、船舶买卖合同、救助合同、拖航合同等。这些合同大多订有比较完整、规范的仲裁条款。

(2)仲裁协议书

它是双方当事人在争议发生前后为将其争议交付仲裁而专门订立的一种单独协议。仲裁协议书多在争议发生之后签订,不仅适用于合同方面的争议,也适用于侵权及其他方面的纠纷。

仲裁条款

合同中的仲裁条款应视为与合同其他条款分离的、独立存在的条款,附属于合同的仲裁协议也应视为与合同其他条款分离的、独立存在的一个部分;合同的变更、解除、终止、转让、失效、无效、未生效、被撤销以及成立与否,均不影响仲裁条款或仲裁协议的效力。

3. 仲裁协议的内容

从各国仲裁法及联合国国际商事仲裁示范法的规定来看,不同仲裁协议应具有的内容不同，但基本包括：提交仲裁的事项、仲裁地点、仲裁机构、仲裁程序、仲裁所适用的法律以及仲裁员的指定、裁决的效力等。我国《仲裁法》第 16 条规定，仲裁协议应当包括请求仲裁的意思表示、仲裁事项、选定的仲裁委员会等。第 18 条规定，仲裁协议对仲裁事项或者仲裁委员会没有约定或者约定不明确的，当事人可以补充协议；达不成补充协议的，仲裁协议无效。

4. 仲裁协议的效力

仲裁协议的效力是指其法律约束力。一项有效的仲裁协议，对当事人、法院和仲裁机构均有一定约束力。对当事人来说，任何一方不得随意变更或撤销他们之间达成的仲裁协议，也不得将争议向法院起诉；对于法院来说，法院不得受理双方存在有效仲裁协议的海事争议案件。一旦受理，另一方当事人有权请求法院停止诉讼而将案件移交仲裁解决。如当事人对仲裁协议的效力有异议，应当在仲裁庭首次开庭前提出，既可以直接请求仲裁委员会做出决定，也可以请求法院做出裁定。

我国《仲裁法》第 17 条规定了仲裁协议无效的情形：约定的仲裁事项超出法律规定的仲裁范围的；无民事行为能力人或者限制民事行为能力人订立的仲裁协议；一方采取胁迫手段，迫使对方订立仲裁协议的。

根据 2021 年 10 月 1 日施行的《中国海事仲裁委员会仲裁规则》第 3 条的规定，中国海事仲裁委员会根据当事人的约定受理的争议案件包括：海事、海商争议案件；航空、铁路、公路等交通运输争议案件；贸易、投资、金融、保险、建设工程争议案件；当事人协议由仲裁委员会仲裁的其他争议案件。

四、仲裁裁决的执行

仲裁裁决属于终局裁决。当事人应在仲裁裁决书写明的期限内自动履行裁决。如未写明期限，应当立即履行。我国《仲裁法》第 62 条规定："当事人应当履行裁决。一方当事人不履行的，另一方当事人可以依照民事诉讼法的有关规定向人民法院申请执行。受申请的人民法院应当执行。"我国《民事诉讼法》第 224 条规定："法律规定由人民法院执行的其他法律文书，由被执行人住所地或者被执行的财产所在地人民法院执行。"此处所称的"其他法律文书"包括仲裁裁决书。对于涉外仲裁裁决的执行管辖，《民事诉讼法》第 273 条规定："经中华人民共和国涉外仲裁机构裁决的，当事人不得向人民法院起诉。一方当事人不履行仲裁裁决的，对方当事人可以向被申请人住所地或者财产所在地的中级人民法院申请执行。"

对于海事仲裁的执行，我国《海事诉讼特别程序法》第 11 条规定："当事人申请执行海事仲裁裁决，申请承认和执行外国法院判决、裁定以及国外海事仲裁裁决的，向被执行的财产所在地或者被执行人住所地海事法院提出。被执行的财产所在地或者被执行人住所地没有海事法院的，向被执行的财产所在地或者被执行人住所地的中级人民法院提出。"该条确定了海事仲裁裁决的执行管辖以海事法院为主，相关中级人民法院为辅的原则。值得注意的是，当海事仲裁裁决需要由相关中级人民法院执行时，并不区分该海事仲裁裁决是国内仲裁还是涉外仲裁。

《最高人民法院关于适用〈中华人民共和国海事诉讼特别程序法〉若干问题的解释》第 13 条对于涉及船舶的执行案件做了特殊规定："被执行的财产为船舶的，无论该船舶是否在海事法院管辖区域范围内，均由海事法院管辖。船舶所在地没有海事法院的，由就近的海事法院管辖。"

单元三 海事诉讼

【学习目标】

通过本单元的学习，应达到以下目标：

1. 掌握海事诉讼的概念与管辖；
2. 掌握海事请求保全与海事强制令的含义与行使条件；
3. 掌握我国《海商法》中关于海事诉讼时效期间的规定。

【相关内容】

一、海事诉讼的概念

海事诉讼(Maritime Litigation)，是海事争议的当事人向法院提出诉讼请求，法院在双方当事人和其他诉讼参加人的参加下，依法审理海事争议的程序和制度。

海事诉讼中，海事法院、海事诉讼参加人和其他海事诉讼参与人构成海事诉讼法律关系的主体。海事诉讼参加人包括当事人(即原告、被告)、第三人、共同诉讼人、诉讼代表人以及诉讼代理人。

我国 1999 年出台的《海事诉讼特别程序法》第 4 条规定："海事法院受理当事人因海事侵权纠纷、海商合同纠纷以及法律规定的其他海事纠纷提起的诉讼。"由此可见，我国海事诉讼的实质，就是当事人将海事合同纠纷、海事侵权纠纷及符合法律规定的其他类型的海事纠纷诉至专门的海事法院，然后海事法院依法对这些纠纷进行审理和裁决的过程。但该条中有关"法律规定的其他海事纠纷"需要进行界定。2015 年 12 月 28 日，最高人民法院通过的《最高人民法院关于海事法院受理案件范围的规定》指出，我国海事法院受理海事侵权、海商合同、海洋及通海可航水域开发利用与环境保护、其他海事海商、海事行政案件、海事特别程序等六类 108 项纠纷案件。

二、海事诉讼适用的程序法

海事法院审判案件应依法进行。这里的法律既包括程序法，又包括实体法。法院适用的实体法因案件性质的不同而不同。对于海事法院审理案件所适用的程序法，均为本国程序法，这是各国法院的普遍做法，尤其对涉外案件。程序问题适用法院地法是国际私法的一项基本原则。

我国《海事诉讼特别程序法》第 2 条规定："在中华人民共和国领域内进行海事诉讼，适用《中华人民共和国民事诉讼法》和本法。本法有规定的，依照其规定。"第 3 条规定："中华人民共和国缔结或者参加的国际条约与《中华人民共和国民事诉讼法》和本法对涉外海事诉讼有不同规定的，适用该国际条约的规定，但中华人民共和国声明保留的条款除外。"

三、海事诉讼管辖

1. 管辖的概念

海事诉讼管辖，是指海事法院和其他人民法院之间及各个海事法院相互之间，受理一审海商海事案件的分工权限。明确海事诉讼管辖，可以确定哪些一审海商海事案件由海事法院或者上级人民法院受理，以及何种范围的一审海商海事案件由哪一个海事法院受理。我国《民事诉讼法》《海事诉讼特别程序法》《最高人民法院关于涉外海事诉讼管辖的具体规定》等法律和司法解释对海事诉讼管辖权的问题进行了详细的规定。

2. 管辖的分类

(1)级别管辖

海事诉讼级别管辖，是指海事法院与上级法院之间受理第一审海事案件的分工和权限。它解决的是法院内部受理第一审海事案件的纵向分工。与一般民事案件的"四级两审终审制"不同，海事案件的审级为"三级两审终审制"，三级分别为各海事法院、海事法院所在地高级人民法院和最高人民法院。海事法院管辖第一审海事案件，其所在地的高级人民法院管辖该海事法院辖区内有重大影响的第一审海事案件和不服该海事法院一审的上诉案件。根据海事案件的性质、标的及社会影响程度，海事法院所在地的高级人民法院和最高人民法院可以受理第一审海事案件。为方便当事人诉讼和解决海事纠纷，各海事法院陆续在沿海各大港口设立了派出机构，即派出法庭。

(2)地域管辖

海事诉讼地域管辖，是指各海事法院之间受理第一审海事案件的分工和权限，它解决的是各海事法院之间受理第一审海事案件的横向分工。海事诉讼地域管辖可以分为普通地域管辖和特殊地域管辖，也可以分为因海商合同纠纷产生的地域管辖、因海事侵权产生的地域管辖及其他原因确定的地域管辖。海事诉讼的普通地域管辖，《海事诉讼特别程序法》第 6 条第 1 款明确规定，依照《民事诉讼法》的有关规定。《最高人民法院关于适用〈中华人民共和国海事诉讼特别程序法〉若干问题的解释》第 2 条规定，涉外海事侵权纠纷案件和海上运输合同纠纷案件的管辖，适用《民事诉讼法》第二十五章的规定；《民事诉讼法》第二十五章没有规定的，适用《海事诉讼特别程序法》第 6 条第 2 款(一)、(二)项的规定和民事诉讼法的其他有关规定。

《海事诉讼特别程序法》第 6 条第 2 款针对海事案件的特殊性重点对海事诉讼案件的特殊地域管辖进行了规定：

①因海事侵权行为提起的诉讼，除依照《民事诉讼法》第 29~31 条的规定以外，还可以由船籍港所在地海事法院管辖。

②因海上运输合同纠纷提起的诉讼，除依照《民事诉讼法》第 28 条的规定以外，还可以由转运港所在地海事法院管辖。

③因海船租用合同纠纷提起的诉讼，由交船港、还船港、船籍港所在地、被告住所地海事法院管辖。

④因海上保赔合同纠纷提起的诉讼，由保赔标的物所在地、事故发生地、被告住所地海事法院管辖。

⑤因海船的船员劳务合同纠纷提起的诉讼，由原告住所地、合同签订地、船员登船港或者离船港所在地、被告住所地海事法院管辖。

⑥因海事担保纠纷提起的诉讼,由担保物所在地、被告住所地海事法院管辖;因船舶抵押纠纷提起的诉讼,还可以由船籍港所在地海事法院管辖。

⑦因海船的船舶所有权、占有权、使用权、优先权纠纷提起的诉讼,由船舶所在地、船籍港所在地、被告住所地海事法院管辖。

依照《民事诉讼法》《海事诉讼特别程序法》的规定,海事案件,如船舶碰撞案件(船舶触碰海上、海底、空中、通海水域、港口的设施或者其他财产的损害赔偿案件),船舶损害捕捞、养殖设施、水产养殖物的损害赔偿案件,由船舶最先到达地、侵权行为地或者被告所在地海事法院管辖。

因海事侵权行为提起的海事诉讼,一般由侵权行为地或者被告住所地人民法院管辖。《民事诉讼法》第29条规定:"因铁路、公路、水上和航空事故请求损害赔偿提起的诉讼,由事故发生地或者车辆、船舶最先到达地、航空器最先降落地或者被告所在地人民法院管辖。"第30条规定:"因船舶碰撞或者其他海事损害事故请求损害赔偿提起的诉讼,由碰撞发生地、碰撞船舶最先到达地、加害船舶被扣留地或者被告住所地人民法院管辖。"此外,根据《海事诉讼特别程序法》第6条第1项的规定,因海事侵权行为提起的诉讼,还可以由船籍港所在地的海事法院管辖。

此外,关于地域管辖,《海事诉讼特别程序法》第9条规定:"当事人申请认定海上财产无主的,向财产所在地海事法院提出申请;因海上事故宣告死亡的,向处理海事事故主管机关所在地或者受理相关海事案件的海事法院提出。"

(3)专属管辖

专属管辖是指根据法律的强制性规定而取得管辖权的管辖,当事人不能通过协议的方式排除该管辖权,海事法院行使专属管辖权不依据当事人的意思表示一致而是根据案件标的的特殊性及其与海事法院的密切联系,排他地行使管辖权。

专属管辖不同于专门管辖,专门管辖是法律规定由专门法院管辖某一类型的案件,是专门法院与普通法院的职能划分。例如,海事法院对特定海事案件进行的管辖。专属管辖可以排除外国法院的管辖,以维护国家的利益。《民事诉讼法》第33条仅对港口作业纠纷做了专属管辖的规定,港口作业纠纷由港口所在地人民法院管辖。结合海事审判实践,为了维护国家主权和国家利益,《海事诉讼特别程序法》第7条进一步规定:"下列海事诉讼,由本条规定的海事法院专属管辖:因沿海港口作业纠纷提起的诉讼,由港口所在地海事法院管辖;因船舶排放、泄露、倾倒油类或者其他有害物质,海上生产、作业或者拆船、修船作业造成海域污染损害提起的诉讼,由污染发生地、损害结果地或者采取预防污染措施地海事法院管辖;因在中华人民共和国和有管辖权的海域履行的海洋勘探开发合同纠纷提起的诉讼,由合同履行地海事法院管辖。"

(4)协议管辖

协议管辖是国际上普遍承认的管辖原则之一,是指当事人在法律规定的范围内自行约定对双方所争议的案件确定管辖的法院,以排除其他法院的管辖。协议管辖主要目的是方便双方当事人进行诉讼,这也是国际上通行的惯例。当事人可以书面协议选择海事法院对某些案件进行管辖,体现了法律对当事人意思自治原则的贯彻。

协议管辖可以分为明示的协议管辖和默示的协议管辖。明示的协议管辖是指当事人以书面的形式明确约定案件的管辖法院,默示的协议管辖则是指如果一方当事人对对方当事人所起诉的法院未提出异议并且应诉进行答辩时,推定该海事法院为双方当事人默示协议选择的管辖法院。双方协议选择的条款可以体现在合同中,作为其中的条款出现,也可以单独就该事项达成协议。双方当事人可以协议选择我国的海事法院,也可以协议选择外国法院。各国法律在赋予当事人协议选择管辖法院的同时,也对此做出了限制,如有的国家法律规定,双方协议选择的法院应与案件有实际联系。例如,《民事诉讼法》第 34 条规定,合同或者其他财产权益纠纷的当事人可以书面协议选择被告住所地、合同履行地、合同签订地、原告住所地、标的物所在地等与争议有实际联系的地点的人民法院管辖,但不得违反本法对级别管辖和专属管辖的规定。针对海事争议具有涉外性的特点,《海事诉讼特别程序法》第 8 条规定,海事纠纷的当事人都是外国人、无国籍人、外国企业或者组织,当事人书面协议选择中华人民共和国海事法院管辖的,即使与纠纷有实际联系的地点不在中华人民共和国领域内,中华人民共和国海事法院对该纠纷也具有管辖权。这说明即使海事争议的双方当事人都是外国人、无国籍人,且争议的发生与我国没有实际联系,当事人协议由我国海事法院管辖的案件,我国海事法院仍然具有管辖权。

(5)指定管辖

指定管辖是指以海事法院的上级法院进行指定的形式来确定案件管辖法院的管辖。《民事诉讼法》第 37 条规定,有管辖权的人民法院由于特殊原因,不能行使管辖权的,由上级人民法院指定管辖。人民法院之间因管辖权发生争议,由争议双方协商解决;协商解决不了的,报请它们共同的上级人民法院指定管辖。《海事诉讼特别程序法》第 10 条也同样对指定管辖做出了规定,海事法院与地方人民法院之间因管辖权发生争议,由争议双方协商解决;协商解决不了的,报请他们的共同上级人民法院指定管辖。《最高人民法院关于适用〈中华人民共和国海事诉讼特别程序法〉若干问题的解释》第 17 条规定,海事法院之间因管辖权发生争议,由争议双方协商解决;协商解决不了的,报请最高人民法院指定管辖。

四、海事请求保全

1. 海事请求保全的概念

我国《海事诉讼特别程序法》第 12 条规定,海事请求保全是指海事法院根据海事请求人的申请,为保障其海事请求的实现,对被请求人的财产所采取的强制措施。《最高人民法院关于适用〈中华人民共和国海事诉讼特别程序法〉若干问题的解释》第 18 条规定,《海事诉讼特别程序法》第 12 条规定的被请求人的财产包括船舶、船载货物、船用燃油及船用物料。对其他财产的海事请求保全适用《民事诉讼法》有关财产保全的规定。

2. 海事请求保全的特点

海事请求保全与一般的民事诉讼保全,两者都是法院依法定程序对被申请人的财产所进行的强制性措施。但是两者也有明显的区别:一般的民事诉讼中的财产保全,是为了保证诉讼的顺利进行和裁判的实际执行,在当事人起诉时、案件受理后直到判决前,都可以提出申请。根据《民事诉讼法》第 103 条、第 107 条规定,其保全措施主要有查封、扣押、冻结以及提供担保金、担保函等,而且只能向受理案件的有管辖权的法院提出。海事请求保全的直接目的是保障其海事请求的实现,对被请求人的财产所采取的强制措施,而并非一定要通过扣船使被扣船舶成为之后执行法院判决的对象。海事请求保全措施的实施,一般是在诉讼前,而且采取该项措施后,也不一定提起诉讼。具有海事请求权的当事人可以在自己认为最合适的地方申请扣船乃至进行诉讼,从而使对案件无管辖权的法院取得管辖权。海事请求保全措施只能由海事法院以裁定的形式做出并执行,因此,在海事仲裁案件中,如果当事人申请海事请求保全,应由仲裁委员会将当事人的申请提交海事法院裁定,而不能自行做出保全决定。

3. 海事请求保全的分类

海事请求保全根据请求强制执行的对象不同,可以分为:扣押船舶、扣押船载货物、扣押与海事请求有关的船用物料、冻结运费或租金及其他保全措施等。另外,根据海事法院或者仲裁机构是否受理案件的不同,海事请求保全又可分为诉前保全和诉中保全或者仲裁前保全和仲裁中保全。海事请求保全可以在诉讼之前或之中进行。如果海事请求人因情况紧急,不立即申请海事请求保全将会使其合法权益受到难以弥补的损害的,可在起诉或仲裁前向海事法院申请海事保全。

4. 船舶扣押

(1)船舶扣押的概念

船舶扣押,简称"扣船",是指根据当事人的申请,由特定机构通过法定程序对船舶进行"扣留"的行为。扣船是海事请求保全的最主要的措施,是民事意义上的司法措施,是处理海事纠纷中常用的一种行之有效的强制手段。其目的在于为海事请求权的实现和行使,提供财产保证,保障海事诉讼的顺利进行和判决的最终执行。船舶扣押作为海事司法实践中惯常采用的海事请求保全方式,在维护海事请求人的合法权益,保障海事经济秩序的稳定等方面发挥着举足轻重的作用。

船舶被扣押后,申请人一旦提起诉讼,则扣船措施的性质即由诉前保全转入诉中保全,且诉讼保全受诉前扣船期限的限制。船舶的所有权人在法律规定期限届满前如果没有提供充分的担保,或者是由于被扣船舶本身的原因而不适合继续扣押的,海事法院可以根据申请人的申请拍卖所扣押的船舶。

我国《海事诉讼特别程序法》规定海事法院可以扣押有这些情况的当事船舶:船舶所有人对海事请求负有责任,并且在实施扣押时是该船的所有人;船舶的光船承租人对海事请求负有责任,并且在实施扣押时是该船的光船承租人或者所有人;具有船舶抵押权或者同样性质的权利的海事请求;有关船舶所有权或者占有的海事请求;具有船舶优先权的海事请求。

另外,海事法院可以扣押对海事请求负有责任的船舶所有人、光船承租人、定期租船人或者航次租船人在实施扣押时所有的其他船舶,但与船舶所有权或者占有有关的请求除外。从事军事、政府公务的船舶不得被扣押。

(2)船舶扣押的分类

无论是我国目前的《海事诉讼特别程序法》还是《民事诉讼法》,都没有对船舶扣押的分类做出具体规定,但我国在长期的司法实践中摸索出了一条具有中国特色的扣船方式,即"死扣押""活扣押"。

"死扣押"是指海事法院依法指令涉案当事船舶在特定的港口停泊,不允许其随意移动,也不允许所有权人或被申请人、被执行人继续对该船舶占有、使用、经营、收益,同时扣押与该船舶有关的所有证件,并通知船籍管理机关的海事部门或者渔港监督部门不予办理该船舶的买卖、赠与等所有权转移手续,不予办理在该船舶上设立抵押权或者其他限制船舶所有权等权利的手续的一种海事请求保全措施或者强制执行措施。"死扣押"是传统的扣船方式,保全效果佳,船舶灭失、损坏或产生具有船舶优先权的债权的可能性较小,同时也可迫使船东尽快提供担保。但是,“死扣押”也有其弊端,船舶被“死扣押”后便不能发挥其自身的经济价值,需要耗费大笔的管理经费开支,不利于商事流转。

依照《海事诉讼特别程序法》第27条和《最高人民法院关于人民法院执行工作若干问题的规定(试行)》第42条的规定,“活扣押”是指只限制对被扣船舶的买卖、赠与等转移所有权或设置抵押权等处分行为,但允许所有权人或被申请人、被执行人对被扣船舶占有、使用、经营、收益。相对于“死扣押”,“活扣押”是一种较为温和的处分措施,不仅可以避免扣押期间的营运收入损失,还可以避免因扣押产生的费用损失,而且“活扣押”使申请人的责任风险降到最低,因而受到广泛认可。审判实践中“活扣押”较多运用于国内沿海运输船舶。

五、海事强制令

1. 海事强制令的概念

我国《海事诉讼特别程序法》第51条规定:“海事强制令是指海事法院根据海事请求人的申请,为使其合法权益免受侵害,责令被请求人作为或者不作为的强制措施。”显然,《海事诉讼特别程序法》的这一规定明确表明了以下几点内容:

第一,海事强制令的申请主体是海事请求人。这就决定了并非任何人都可以申请海事强制令,而只有对被请求人有具体、明确海事请求的人才有权提出海事强制令申请。

第二,有权受理海事强制令申请并相应地做出海事强制令的机构是海事法院。同时,海事法院只能应海事请求人的申请做出海事强制令的裁定,而无权主动依职权做出海事强制令的裁定。显然,这一制度与海事请求保全制度一样,同我国《民事诉讼法》中关于财产保全的规定存在明显不同。

第三,海事强制令这一特殊海事诉讼法律制度的根本目的是保障海事请求人的合法权益免受侵害或在已遭受侵害时尽量减少损失。

第四,海事强制令裁定的内容是责令被请求人作为或不作为,其针对的对象是被请求人的行为。而正是在这个意义上,海事强制令常常被认为是一种行为保全措施,从而区别于一般的保全。

第五,海事强制令是一种强制性措施,这就要求海事法院针对当事人的申请,只能做出是否准予签发海事强制令的裁定,而不能够在请求人与被请求人之间进行调解。

可见,海事强制令制度作为一种全新的海事诉讼法律制度,将诉讼保全的对象从一般的财产扩及至当事人的行为。这对及时有效地保障海事请求人的权利不受或者少受侵害,暂时性地平息当事人之间的争议从而避免损害进一步扩大等都会起到相当积极的作用,而且在一定程度上弥补了我国传统民事诉讼保全对象范围过于狭窄的缺陷。

2. 海事强制令的条件

海事强制令是在情况紧急的情况下,经海事请求人的申请,由海事法院做出裁定强制被请求人作为或者不作为的制度,海事法院的裁定一经做出即得以执行。在这种情况下,由于时间紧迫、证据缺乏及被请求人不能抗辩等多方面的原因,海事法院事实上很难就整个海事纠纷的发生过程加以详细调查分析,而只能根据海事请求人提供的有限证据材料做出裁定。如果海事法院不能严格把关,很容易做出错误的裁定。而海事强制令裁定的即时执行性、海事纠纷的特殊性又导致了海事强制令一旦错误执行,很难执行回转。这就要求海事法院在做出海事强制令的裁定之前,必须非常慎重。《海事诉讼特别程序法》对此问题进行了规范,其中第56条

详细规定了海事强制令的审查标准,即做出海事强制令应当具备的条件:

(1)请求人有具体的海事请求;

(2)需要纠正被请求人违反法律规定或者合同约定的行为;

(3)情况紧急,不立即做出海事强制令将造成损害或者使损害扩大。

六、海事诉讼时效

1. 海事诉讼时效的概念

海事诉讼时效,是指海事请求权人于一定期间内通过诉讼程序请求海事法院保护其合法权利的法律制度。如果海事请求权人未在诉讼时效届满前行使自己的权利,则丧失请求海事法院依法强制义务人履行义务的权利。实行海事诉讼时效制度可以促使权利人及时行使其权利,保证海事法院正确、合理、及时地审判各种海事纠纷,避免因时过境迁难以取证,给审判工作带来困难,同时有利于国际海上运输秩序的稳定。

2. 海事诉讼时效期间

根据海上运输的特点,参照有关国际公约,我国《海商法》第十三章对不同性质的海事请求,分别规定了不同的海事诉讼时效。具体内容如下:

(1)就海上货物运输向承运人索赔的诉讼时效期间为 1 年,自承运人交付或者应当交付货物之日起计算;在时效期间内或者时效期间届满后,被认定为负有责任的人向第三人提起追偿请求的,时效期间为 90 天,自追偿请求人解决原赔偿请求之日起或收到受理对其本人提起诉讼的法院的起诉状副本之日起计算。

最高人民法院司法解释,承运人就海上货物运输向托运人、收货人或提单持有人要求赔偿的请求权,比照适用《海商法》第 257 条第 1 款的规定,时效期间为 1 年,自权利人知道或者应当知道权利被侵害之日起计算。

(2)有关航次租船合同、船舶租用合同的诉讼时效期间为 2 年,自知道或者应当知道权利被侵害之日起计算。

(3)海上旅客运输合同的诉讼时效期间为 2 年。有关旅客人身伤害的请求权,自旅客离船或应当离船之日起计算;有关旅客死亡的请求权,发生在运送期间的,自旅客应当离船之日起计算;因运送期间内的伤害而导致旅客离船后死亡的,自旅客死亡之日起计算,但是此期限自离船之日起不得超过 3 年;有关行李灭失或损坏的请求权,自旅客离船或者应当离船之日起算。

(4)海上拖航合同的请求权,诉讼时效期间为 1 年,自知道或者应当知道权利被侵害之日起算计。

(5)船舶碰撞的请求权,时效期间为 2 年,自碰撞事故发生之日起计算;对第三人的人身伤亡承担连带责任的赔偿额超过自己应承担的责任比例的,其追偿请求的诉讼时效期间为 1 年,自当事人连带支付损害赔偿之日起计算。

(6)海难救助的诉讼时效期间为 2 年,自救助作业终止之日起计算。

(7)共同海损分摊的诉讼时效期间为 1 年,自理算结束之日起计算。

(8)就海上保险合同向保险人要求保险赔偿的请求权,时效期间为 2 年,自保险事故发生之日起计算。

(9)船舶油污损害的诉讼时效期间为 3 年,自损害发生之日起计算;但是,在任何情况下诉讼时效期间不得超过从造成损害的事故发生之日起 6 年。

沿海、内河海事海商诉讼时效

1. 根据法释〔2001〕18 号的规定，沿海、内河货物运输合同纠纷的诉讼时效期间定为一年，自承运人交付或者应当交付货物之日起计算。

2. 根据《涉外商事海事审判实务问题解答（一）》，《海商法》关于航次租船合同的请求权时效期间为两年的规定，适用于沿海航次租船合同。

3. 根据《2001 年全国海事法院院长座谈会纪要》，沿海拖航合同、沿海船舶碰撞、沿海船舶海难救助、沿海船舶共同海损、沿海船舶海事赔偿责任限制、沿海船舶污染损害赔偿、沿海保险合同之时效，适用《海商法》相关规定。内河船舶相关案件、沿海船舶触碰等其他侵权案件之时效，适用《民法总则》（现《民法典》）相关规定。

3. 诉讼时效中止与中断

（1）时效中止

时效中止，是指在时效进行中因不可抗力或者其他障碍，阻碍权利人提起诉讼的情况下，应暂时停止时效期间的进行，以前经过的时效期间仍然有效，待阻碍时效进行的原因消灭后，时效继续计算。时效中止制度，是为了保障请求权人真正享有法律规定的提出诉讼的必要时间。

我国《海商法》第 266 条规定，在时效期间的最后 6 个月内，因不可抗力或者其他障碍不能行使请求权的，时效中止。自中止时效的原因消除之日起，时效期间继续计算。该条的规定与我国《民法典》第 194 条的相应规定是一致的，即在时效期间的最后 6 个月内，因不可抗力不能行使请求权，或者权利被侵害的无民事行为能力人、限制民事行为能力人没有法定代理人，或者法定代理人死亡丧失代理权，或者法定代理人本人丧失民事行为能力因而不能行使请求权，适用时效中止；不可抗力，是指不能预见、不能避免并不能克服的客观情况。

（2）时效中断

时效中断，是指在时效进行中，因法定事由的发生阻碍了时效的进行，致使以前经过的时效期间统归无效，从中断时起，其时效期间重新计算。法定中断时效事由的发生打破了不行使权利的事实状态的持续，使原来的权利义务关系又一次明确，故应重新计算时效期间。时效中断不同于时效中止，两者分别为时效完成的永久性障碍和暂时性障碍；同时时效中止只允许存在于时效期间的最后 6 个月内，而时效中断的发生于时效期间的任何一刻。

值得注意的是，与《民法典》相比，《海商法》对时效中断法定事由的规定有所不同。《民法典》第 195 条规定了四项诉讼时效中断的事由：①权利人向义务人提出履行请求；②义务人同意履行义务；③权利人提起诉讼或者申请仲裁；④与提起诉讼或者申请仲裁具有同等效力的其他情形。而《海商法》第 267 条规定："时效因请求人提起诉讼、提交仲裁或者被请求人同意履行义务而中断。但是，请求人撤回起诉、撤回仲裁或者起诉被裁定驳回的，时效不中断。请求人申请扣船的，时效自申请扣船之日起中断。自中断时起，时效期间重新计算。"由此可见，按照该条的规定，请求人仅仅向被请求人要求履行义务不能中断时效的，只有被请求人同意履行义务时，时效才能中断。例如，关于海上货物运输合同的货损货差赔偿请求，如果遭到被请求人即承运人的拒绝，时效不能中断；只有承运人表示同意理赔时，时效才能中断。

单元四 涉外海事法律关系的法律适用

涉外关系，是指其主体、客体、内容或引起它发生的民事法律事实具有涉外因素的民事法律关系。如具有涉外因素的海上国际货物运输合同关系、租船关系、旅客运输关系、船舶碰撞等海事侵权关系、共同海损、海事赔偿责任限制、海上保险等各种具有涉外因素的海事法律关系。

由于各国民法和海商法的实体规范互相歧异，而对于涉外关系在一定展度内有适用外国法的必要和可能，那么就需要有一种法律规则来决定在什么情况下应适用国内法，在什么情况下应适用外国法，以及应适用哪一外国法。这就是涉外关系的法律适用问题，解决这一问题的国内法规范的总和就是该国的法律适用法，或称国际私法、法律冲突法。

从本质上讲，涉外关系仍然是一种国内的民事法律关系，而非“国际”的民事法律关系。相应地，国际私法的规则也不是国际的，而是每一国内法律制度的分支和特殊部门。当一个法律问题包含超国界或涉外因素，以及需要同时考虑外国法的规则时，必须援用国际私法。由于大量的海事关系是涉外关系，而且有其特殊性，故我国《海商法》专门对涉外海事关系的法律适用做出规定。

一、涉外海事关系法律适用的基本原则

（一）国际条约优先适用原则

我国《海商法》第 268 条第 1 款的规定，即中华人民共和国缔结或者参加的国际条约同本法有不同规定的，应优先适用国际条约的规定，但是我国声明保留的条款除外。

按照我国法律的一般原则，承担国际条约义务应超越承担我国国内法的义务，这是我国尊重和强调国际条约义务的体现，也是国际经济、文化等方面交流的需要。国际海事法律关系通过各种国际公约和议定书，实现了比较广泛的国际统一，我国是很多国际海事公约的缔约国，例如《1974 年海上人命安全公约》《1966 年国际载重线公约》《1992 年国际油污损害民事责任公约》《1978 年海员培训、发证和值班标准国际公约》等。按照本条规定，我国国内法的规定如果与我国加入或批准的国际公约的规定发生差异时，应执行国际公约的规定。我国在批准或加入国际公约时做出的保留条款，当然对我国不发生效力。

《最高人民法院关于适用〈中华人民共和国涉外民事关系法律适用法〉若干问题的解释（一）》第 7 条规定：“当事人在合同中援引尚未对中华人民共和国生效的国际条约的，人民法院可以根据该国际条约的内容确定当事人之间的权利义务，但违反中华人民共和国社会公共利益或中华人民共和国法律、行政法规强制性规定的除外。”

（二）适用国际惯例原则

《海商法》第 268 条第 2 款规定，我国法律和我国缔结或者参加的国际条约没有规定的，可以适用国际惯例，即我国法律承认国际惯例具有法律效力。由于海事法律关系过于复杂，种类纷繁多样，再完备的海商法也不可能把全部的海事法律关系都概括进来，必定会有遗漏。因而在法律没有明文规定时，适用习惯处理海事海商纠纷。

在海事裁判中适用国际惯例作为请求权法律基础的规则是:①该请求权确系法律所未规定者,需要国际惯例予以补充;②该国际惯例具有通用性,被多数人所相信,并且在一定期间内就同一事项反复为同一的适用;③该国际惯例不违反《民法典》平等、公平、诚实信用和公序良俗规则。符合这样要求的国际惯例,就是习惯法,就可以予以适用,作为司法裁判的依据。

(三)公共秩序保留原则

《海商法》第276条规定,适用外国法律或者国际惯例不得违背中华人民共和国的社会公共利益。这是各国国际私法中普遍接受的一项原则,即如果外国法或国际惯例的适用与法院地的公共秩序(Public Order)相抵触,则对其不予适用。

《最高人民法院关于适用〈中华人民共和国涉外民事关系法律适用法〉若干问题的解释(一)》第7条也做出了同样的规定。

二、涉外海事关系的法律适用

(一)涉外合同的准据法

我国《海商法》第269条规定:"合同当事人可以选择合同适用的法律,法律另有规定的除外。合同当事人没有选择的,适用与合同有最密切联系的国家的法律。"

按照本条的规定,涉外合同的准据法可以由当事人自行选择,正像合同当事人在合同中可以自行决定相互间的权利义务一样。这就是意思自治原则或当事人自治原则。在实务中,海运提单和租船合同中通常都有一个准据法条款,在一般情况下是有效的。本条同时对意思自治原则规定了限制,合同当事人不能协议排除应强制适用的法律。我国《涉外民事关系法律适用法》第4条也做出了同样的规定。

在合同当事人没有对合同应适用的法律做出选择的情况下,本条规定应依客观的方法,即根据与合同有关的一切情况,如合同订立地,合同履行地,当事人的国籍、住所或营业地,船旗国,物的所在地,对合同最有利益关系的法律,合同使用的文字,合同价款使用的货币,仲裁或管辖地点等,确定哪一个国家与合同有最密切的联系,就适用哪个国家的法律。这就是最密切联系原则。

(二)船舶物权的准据法

船舶物权包括船舶所有权和船舶担保物权,后者又包括船舶抵押权、船舶优先权和船舶留置权。

1. 船舶所有权的准据法

我国《海商法》第269条规定:"船舶所有权的取得、转让和消灭,适用船旗国法律。"

虽然船舶所有权的取得、转让和消灭,在实体法方面是将船舶作为不动产处理的,但在法律适用方面,却不宜将船舶作为不动产处理以适用物之所在地法,因为船舶毕竟是动产,位置不确定,而且当船舶处于公海上时,根本无物之所在地的国家。我国《海商法》规定的船舶所有权的取得、转让和消灭适用船旗国法是与国际通行的做法相一致的。我国《船舶登记条例》规定,船舶所有权登记后,才能申请船舶国籍,悬挂我国国旗航行。《联合国海洋法》规定:"船舶具有其有权悬挂的旗帜所属国家的国籍。国家和船舶之间必须有真正联系。"船旗国法律与船舶所有权紧密联系,各国国际私法一般也以船旗国法或船舶登记地法为船舶所有权的准据法。

2. 船舶抵押权的准据法

我国《海商法》第 271 条规定:“船舶抵押权适用船旗国法律。船舶在光船租赁以前或者光船租赁期间,设立船舶抵押权的适用原船舶登记国的法律。”

我国《船舶登记条例》规定,设定船舶抵押权的,应到船籍港船舶登记机关办理抵押权登记,未经登记的不得对抗第三人。因此,各国国际私法一般规定船舶抵押权的准据法是船旗国法律,与船舶所有权的法律适用相同。

光船租赁是船舶所有人或经营人进行融资的一种方式。在光船租赁期间,光船承租人要求变更船旗的,在原登记国法律允许并且中止原登记国国籍证书的情况下,可以向新的登记国申请船舶临时国籍并悬挂新登记国的国旗航行。在光船租赁以前设立的船舶抵押权,其准据法仍应是原船舶登记国的法律,以保护抵押权人的利益。在光船租赁期间设立抵押权应事先取得承租人的书面同意,应适用的法律仍为原船舶登记国的法律,以便利船舶所有人在光船出租的船舶上设立船舶抵押权。光船租赁更换船旗的船舶原登记国的登记册上应注明光船租赁人和更换的船旗国,而新的船旗国的船舶记录上也应注明船舶的原登记国及抵押权设定的情况,相互参照,以避免船舶的双重登记,也便于船舶融资,并在光船租赁届满后,承租人可以按照租购条款取得船舶所有权,而由出租人注销原登记国的所有权和抵押权登记,以完成船舶融资。

3. 船舶优先权的准据法

我国《海商法》第 270 条规定:“船舶优先权,适用受理案件的法院所在地法律。”

船舶优先权的准据法——法院地法的适用范围,包括船舶优先权的项目,各项目之间的优先顺序,同一项目之间的优先顺序,船舶优先权与其他请求权之间的优先顺序,船舶优先权的标的,以及船舶优先权的产生、转让和消灭等。

各国对船舶优先权的法律适用并不一致。作为法定的担保物权,其实体法即优先权项目的规定,多适用船旗国法,其顺序作为程序法,适用于受理法院所在地国的法律,也有国家均按法院地法处理。有些国家在实践中也感到船舶优先权的实体法与程序法实在不能分割而同意适用法院地法。我国从船舶优先权的随船特性出发,在实施船舶优先权时,可能已多次更换船籍,如果按船舶产生优先权时的船旗国法,则可能要分别适用若干国法律,法院审理案件将无所适从,只有适用一种法律,即法院地法才能顺理成章,妥善处理。

4. 船舶留置权的准据法

船舶留置权法律制度被各国普遍承认,并且在司法实践中一直是海事债权人保护和实现自己债权的有力武器。我国《海商法》第 25 条(修造船人的留置权)、第 161 条(船舶作为被拖物情形下拖航人的留置权)对行使船舶留置权均做出了规定。但我国《海商法》没有规定船舶留置权的法律适用问题,国内学者一般倾向适用被留置船舶所在地法。

首先,物之所在地法一直是各国调整物权关系法律适用的基本规范。从 19 世纪《法国民法典》问世之后,各国国际私法关于物权的立法趋势是,不管动产物权还是不动产物权均适用物之所在地法。《中华人民共和国涉外民事关系法律适用法》第 37 条规定,当事人可以协议选择动产物权适用的法律。当事人没有选择的,适用法律事实发生时动产所在地法。船舶虽与一般动产不同,但船舶留置权乃是一种担保物权,因此,对其应适用所在地法。这里的“所在地”就是指船舶被留置地。

其次,适用船舶被留置地法能够有效地保护债权人的合法权益。因为船舶留置权以权利人合法占有为前提，债权人为了实现自己的债权，必须当船舶在其占有之下时在当地对船舶进行留置。也就是说，只要根据船舶所在地法律享有留置权，他就可以在该地扣留船舶。相反，若以船旗国法为船舶留置权准据法，势必迫使债权人必须了解船旗国法的负担。而且，如果根据船舶被留置地法律，债权人可以行使留置权，而船旗国法不承认他的留置权，他就不能对船舶进行留置。显然，这违反了国际私法中“保护既得权”的原则。

(三)船舶碰撞的准据法

我国《海商法》第273条规定：“船舶碰撞的损害赔偿，适用侵权行为地法律。船舶在公海上发生碰撞的损害赔偿，适用受理案件的法院所在地法律。同一国籍的船舶，不论碰撞发生于何地，碰撞船间的损害赔偿适用船旗国法律。”

船舶碰撞损害赔偿的准据法，原则上是侵权行为地法，包括船舶碰撞发生地法和船舶碰撞损害发生地法，但公海上发生的碰撞，其行为地不属于任一国家，因而无法适用行为地法，只能适用法院地法。

公海虽然是国际法上的概念，但在此是指沿海国内水、领海和群岛国的群岛水域以外的全部水域，包括沿海国的专属经济区。

同一国籍的船舶，碰撞船舶之间的损害赔偿，适用船旗国法。至于碰撞涉及第三方的损害赔偿时，仍应适用侵权行为地法或法院地法。

船舶碰撞损害赔偿的准据法的适用范围很广，包括船舶碰撞责任的基础和划分原则，对第三人的连带责任的范围，应予赔偿的损害的种类和范围，损害赔偿请求权的转让和继承，有权要求损害赔偿的人、委托人对其代理人、雇主对其受雇人的行为的责任举证责任和诉讼时效等。

(四)共同海损的准据法

我国《海商法》第274条规定：“共同海损理算，适用理算地法律。”

实务中，共同海损分摊须通过共同海损理算。共同海损理算，涉及共同海损的成立条件，哪些项目应该列入共同海损受到补偿，哪些人是共同海损受益方应该参加分摊，共同海损损失和费用的范围，分摊共同海损的标准，共同海损分摊价值的确定和结算办法等。

由于共同海损理算适用理算地法，故确定合适的理算地非常重要。这分为两种情况：一是航次已完成，在到达目的港时船货没有分离，在这种情况下，共同海损理算地为目的港所在地（航程终止地）；二是航次中途中断，在到达目的港前船货发生分离，在这种情况下，共同海损理算地为航程中断地。

(五)海事赔偿责任限制的准据法

我国《海商法》第275条规定：“海事赔偿责任限制，适用受理案件的法院所在地法律。”

海事赔偿责任限制的申请人，必须在提出限制赔偿诉讼的法院依法院所在地的法律设立海事赔偿责任限制基金或担保；此项基金或担保仅可用于支付涉及责任限制的海事赔偿请求，在请求人之间，依其对该限制基金或担保确定的请求额，按比例分配。可见，海事赔偿责任限制的行使，一方面体现法院所在地国家的政策，另一方面与有关的程序问题密不可分，故以法院地法作为其准据法是切合实际的。

(六)船舶扣押的准据法

就其性质而言，船舶扣押是一种保全，无论作为诉前保全还是诉讼保全，均属程序法的范畴。关于“程序问题适用法院地法”的原则已为各国国际私法普遍接受,因此,虽然我国《海商法》没有规定船舶扣押的准据法,但是在我国海事国际私法理论及司法实践中均适用法院地法来处理该问题。需要说明的是,引起船舶扣押的受实体法调整的海事争议并不一定适用法院地法,而应根据该海事争议案件的性质来确定其准据法。

配套电子资源

请扫描二维码、领取各单元配套电子资源：

参考文献

[1]交通部政策法规司交通法律实务中心. 中华人民共和国海商法条文释义[M]. 北京:人民交通出版社,1993.
[2]司玉琢. 海商法[M]. 4 版. 北京:法律出版社,2018.
[3]杨立新. 中华人民共和国民法典释义与案例评注:总则编[M]. 北京:中国法制出版社,2020.
[4]杨立新. 中华人民共和国民法典释义与案例评注:合同编[M]. 北京:中国法制出版社,2020.
[5]杨立新. 中华人民共和国民法典释义与案例评注:侵权责任编[M]. 北京:中国法制出版社,2020.
[6]李建伟. 李建伟讲民法[M]. 北京:人民日报出版社,2017.
[7]王欣. 海上服务标准合同法律制度研究[M]. 大连:大连海事大学出版社,2017.
[8]袁雪. 海事诉讼与仲裁法[M]. 北京:科学出版社,2018.
[9]张忠晔. 各国和地区海商法比较[M]. 北京:人民交通出版社,1994.
[10]王恩韶,许履刚. 共同海损[M]. 大连:大连海事大学出版社,1996.
[11]刘刚仿. 海难救助法初论[M]. 北京:对外经济贸易大学出版社,2014.
[12]吴焕宁. 鹿特丹规则释义:联合国全程或者部分海上国际货物运输合同公约[M]. 北京:中国商务出版社,2011.
[13]王强,李耕耘,顾珩. 中国口岸管理工作实务指南[M]. 北京:中国人民公安大学出版社,2012.
[14]苏同江. 租船运输实务与法律:英汉对照[M]. 大连:大连海事大学出版社,2010.
[15]中国国际商会/国际商会中国国家委员会. 国际贸易术语解释通则 2020[M]. 北京:对外经济贸易大学出版社,2019.
[16]中国法制出版社. 安全生产法及相关法规汇编:含典型案例[M]. 北京:中国法制出

版社,2021.
[17]韩心怡.韩心怡讲民诉法之精讲[M].北京:中国商务出版社,2020.
[18]中国海事服务中心.船舶管理:船长[M].北京:人民交通出版社,2012.